Stephanie Butenkemper

Toxische Gemeinschaften

Stephanie Butenkemper

Toxische Gemeinschaften

Geistlichen und emotionalen Missbrauch erkennen, verhindern und heilen

HERDER

FREIBURG · BASEL · WIEN

MIX
Papier | Fördert gute Waldnutzung
FSC® C014496

www.herder.de

Umschlaggestaltung: Sabine Hanel, Gestaltungssaal
Umschlagmotiv: © Phatthanit / shutterstock, © Sopelkin / shutterstock, © W. Phokin / shutterstock
Satz: Daniel Förster, Belgern
Druck: GGP Media GmbH, Pößneck

Printed in Germany

ISBN Print 978-3-451-39378-5
ISBN E-Book (EPUB) 978-3-451-82946-8
ISBN E-Book (E-PDF) 978-3-451-82947-5

INHALT

VORWORT

von Dieter Rohmann

Vor einigen Tagen hörte ich, wie ein alter, sympathischer Bauer auf einer Führung durch sein altes, denkmalgeschütztes Holzhaus in der Nähe von Waging am See sagte: »Früher glaubten die Leut' ja noch an Dämonen. Aber die gibt es heute ja nicht mehr.« Das machte mich nachdenklich. Nachdenklich, weil allein in dieser kurzen Aussage in absoluter Selbstverständlichkeit mit zweierlei Maß gemessen wurde: Mit »Glauben« im ersten und mit »Wissen« im zweiten Satz. Das fand ich sehr interessant. Zumal ein ehemaliger Klient von mir auf meine Frage: »Aber warum haben Sie all das denn einfach so ungeprüft geglaubt«? geantwortet hatte: »Ich habe mich halt eines Tages dazu entschlossen, das glauben zu wollen.« Er wollte Teil einer religiös-spirituellen Gemeinschaft werden und traf seine Entscheidung. Eine Willens-, keine Glaubensentscheidung. Ihm war damals weniger wichtig, ob es »wahr« ist oder ob es sich nur »wahr« anfühlt. Glauben hat eben oft auch mit einer Art Geborgenheit im Nicht-wissen-Wollen zu tun. Das ist zutiefst menschlich und fühlt sich oft auch ganz richtig an. (Als mein Klient und ich uns begegneten, hatte ihn übrigens eine ähnlich motivierte Entscheidung auch wieder zum Verlassen seiner Gemeinschaft bewegt.)

Michael Luger schrieb in seinem Buch mit dem Titel *Die Notwendigkeit zu glauben und die Begabung zu irren* 2011: »Im Akt des Glaubens verbirgt sich auch die Offenheit zum Unbestimmten.

Wenn wir lernen, das Glauben als Glauben zu erkennen, finden wir Freiheiten im Unbestimmten.« – Ein wunderbarer Gedanke. Eine Chance zum Aufbruch in die Freiheit. Leider wird und wurde in Gemeinschaften, die als bedenklich – weil totalitär und manipulativ – definiert werden, genau solchen Überlegungen keinen Raum gegeben. Ganz im Gegenteil. Hier dominiert der Wunsch nach einfachen Antworten auf komplexe Fragen, nach Vereinfachung und Reduzierung in Form von monokausalen Erklärungen und Gewissheiten. In gut – schlecht, richtig – falsch, schwarz – weiß. Durch solch ein verabsolutiertes, dichotomes Denken wird unsere Welt zwar schnell und leicht erklär- und damit subjektiv auch kontrollierba, der Zauber der Vielfalt, der Toleranz, der Neugier, der Widersprüche, der Multikausalität unseres Lebens in unserer Welt geht dabei jedoch leider verloren. Die einstige Deutungs- und Interpretationshoheit über alle Belange des Lebens wird abgegeben.

Das ist der hohe Preis, den zu zahlen viele erst einmal bereit sind. Denn es lockt der Lohn in Form von Lebenssinn und Gemeinschaft. – Bis zu dem Tag, an dem die eigenen Zweifel an dieser einstigen Lebensentscheidung unerträglich werden: »Wie soll ich denn noch glauben, was du sagst – wenn ich jetzt sehe, was du tust?« Und schließlich nach vielen inneren Kämpfen und Selbstzweifeln zu einem Ausstieg führen.

Barfuß und auf Zehenspitzen, vorsichtig, still und leise muss dann eine Annäherung und endlich auch Begegnung in Form einer ehrlichen Auseinandersetzung mit dem äußerst komplexen Themenbereich des geistigen, geistlichen und emotionalen Missbrauchs stattfinden. Vorsichtig, still und leise besonders deshalb, weil diese Missbrauchsformen oft im Verborgenen, meist versteckt, subtil und oft gänzlich ohne Worte vollzogen wurden und werden. Ihre Wirkung allerdings ist für die Betreffenden immer schmerzhaft und überaus deutlich spürbar.

Seit nun mehr 40 Jahren begleite ich ausschließlich sogenannte Sekten- und Kultaussteiger*innen auf ihrem Weg in ihre persönliche

Unabhängigkeit und Freiheit. In dieser Zeit begegneten mir zahllose wunderbare Persönlichkeiten mit den unterschiedlichsten Biografien. Was sie allerdings alle gemein hatten, war eine schmerzhafte und irritierende Erfahrung von Täuschung, Fremdbestimmung, Entwertung, Unterordnung, Gehorsamkeit und Demütigung. Und dies meist im Rahmen eines religiös-spirituellen Settings. Meist in der einstigen Geborgenheit einer vermeintlich geistigen Heimat. Missbrauch hat in diesem Kontext viele Facetten, ist dort allerdings noch nicht wirklich sicht-, hör- oder greif- und dadurch schließlich bewusst wahrnehmbar. Es fehlen der Person schlichtweg noch alle Worte und Begrifflichkeiten für das dort so subtil Geschehene und Erlebte.

Zuerst dominieren Gefühle von Schuld, Angst, Trauer, Einsamkeit, Wut, Misstrauen, Orientierungslosigkeit etc. Das Gefühl, sich im freien Fall zu befinden, einsam und nirgends mehr zugehörig zu sein. Die noch als lähmend und betäubend empfundene eigene Sprachlosigkeit muss zuerst langsam und behutsam durchbrochen werden. Erst wenn Erklärungen, Begrifflichkeiten und Worte zur Verfügung stehen, kann ein eigenes Verstehen einsetzen und ein Prozess der Auf- und Verarbeitung des erlebten Missbrauchs stattfinden.

Dieser Prozess findet oft in einem Zustand von: »Nicht mehr – noch nicht« statt. Die alte Wertewelt hat sich als Täuschung und Illusion erwiesen. Die neue Wertewelt ist aber auch noch nicht wirklich bewusst betreten worden. Die Person fühlt sich in dieser Welt wie eine Art Alien. Fremd und nirgendwo zugehörig. Vorübergehend heimat- und sinnlos. Vorübergehend deshalb, weil nun durch behutsames Erklären und Begleiten der Aussteiger*in eine Reise weg vom einstigen, alles dominierenden Dogma und dem Kollektivbewusstsein der Gemeinschaft hin zu einer realistischen Selbstwahrnehmung erfolgen kann. Ein deutlich empfundenes »Nein« zur Gruppe (Wir) und ein noch vages und zaghaftes »Ja« zu sich selbst (Ich) und zu den eigenen Entscheidungen, Gedanken und Gefühlen.

Das Glauben an sich war und ist ja nicht das eigentliche Problem, sondern wie und von wem der Glaube formuliert, definiert und interpretiert wird. Das Problem ist also weniger was und wie *muss, soll, darf* ich glauben, sondern vielmehr was *möchte* ich eigentlich glauben. Unser persönlicher Umgang mit dem Glauben entscheidet, ob wir durch ihn zu neuen und guten Erkenntnissen gelangen und dadurch persönliche Freiheiten gewinnen oder ob wir uns durch den Glauben verbiegen und beschneiden lassen, immer kleiner werden und schließlich Schaden nehmen. Das gilt für fast alle Lebensbereiche, egal ob wir religiös, spirituell, atheistisch oder in anderer Weise orientiert sind. Wir Menschen glauben ja schon immer an alles Mögliche und auch Unmögliche. Warum nicht auch zur Abwechslung einmal an uns selbst, die eigenen Gedanken und Visionen, Wünsche und Träume? Einfach so. Das könnte der Beginn einer wunderbaren Freundschaft sein. Ein Versuch ist es allemal wert ...

Stephanie Butenkemper hat mit dem vorliegenden Buch einen hohen Leuchtturm auf eine Klippe gesetzt, der seine Wirkung in der Arbeit und Begleitung von Missbrauchsopfern aus sogenannten toxischen Gemeinschaften auch im Nebel weit sichtbar machen wird. Sie hat dabei dem immens wichtigen Thema der Bewusstseinskontrolle in und durch missbräuchliche Systeme ebenso ausführlich Raum gegeben wie der realistischen Erkenntnis, dass emotionaler Missbrauch eben nicht nur ein Monopol der Kirchen ist. All das kann ich nur unterstreichen und bin überaus dankbar, dass Frau Butenkemper dieses Buch geschrieben hat.

Danke!

Im Januar 2023

Dieter Rohmann
Diplom-Psychologe (Univ.), http://www.kulte.de

1. EIN WORT ZU BEGINN

Ein Mann sitzt mir gegenüber am Tisch und weint. Er ist um die 50 Jahre alt und erzählt mir von der Erfahrung geistlichen Missbrauchs, die er gemacht hat. Seine Erlebnisse liegen inzwischen mehr als 25 Jahre zurück, doch sie beschäftigen ihn nach wie vor: »Ich weine jeden Tag darüber.« Dieser Satz des Mannes geht mir nicht aus dem Kopf. Niemand hat ihn sexuell missbraucht und es wurde ihm auch kein körperlicher, äußerlich sichtbarer Schaden zugefügt. Doch die seelische Wunde ist groß, sie klafft offen und findet keine Heilung und der Schmerz darüber hält bis heute an. Der geistliche Missbrauch in der katholischen Kirche ist ein wichtiges Thema, über das, wie ich finde, noch viel zu wenig gesprochen wird und das für viele noch immer unter die Rubrik »böhmische Dörfer« fällt. Mit diesem Buch möchte ich einen Beitrag dazu leisten, dass sich das ein wenig ändert. Zum einen richte ich mich dabei an Menschen, die selbst von geistlichem Missbrauch betroffen sind und die etwas mehr verstehen wollen von dem, was sie erleben oder erlebt haben. In gleicher Weise wende ich mich an Familienangehörige oder Freunde, die vielleicht in Sorge sind und sich informieren wollen, sowie an alle »Professionellen«, die Betroffene von geistlichem Missbrauch begleiten, seien es Berater, Therapeutinnen oder geistliche Begleiter.

Dabei schreibe ich aus zwei Perspektiven: Die eine Perspektive ist eine wissenschaftliche, analytische. Meine feste Überzeugung ist, dass wir jede Form des Missbrauchs, auch den geistlichen Missbrauch, nur dann verstehen können, wenn wir mit den Betroffenen sprechen und ihnen aufmerksam zuhören. Nur sie können uns authentisch berichten, was genau sie erlebt haben, unter welchen Folgen sie leiden oder was sie als hilfreich erleben auf dem Weg der Heilung. Aus diesem Grund habe ich eine qualitative Studie durchgeführt, mit der ich der Frage auf den Grund gehe, wie Menschen in Strukturen geistlichen Missbrauchs geraten und wie es kommt, dass sie häufig über einen längeren Zeitraum darin verharren. Mit acht Betroffenen aus Deutschland, Österreich und der Schweiz habe ich ausführliche Interviews geführt, in denen sie mir ihre persönlichen Geschichten erzählten. Sie alle haben den geistlichen Missbrauch in acht unterschiedlichen neuen geistlichen Gemeinschaften innerhalb der katholischen Kirche erlebt. Was mich persönlich fasziniert, ist, wie sehr sich die Erfahrungen ähneln, obwohl sich die Personen nicht kennen und die Gemeinschaften untereinander nicht strategisch verbunden sind. Die Ergebnisse der Studie stelle ich in diesem Buch vor, gerahmt von grundlegenden Erkenntnissen des aktuellen Wissenstands zum Thema geistlicher und geistiger Missbrauch sowie einigen praktischen Beispielen aus den Erfahrungsberichten, die selbstverständlich anonymisiert wurden.

Zwar fokussiere ich mich mit den neuen geistlichen Gemeinschaften gewissermaßen auf spezielle und meiner Meinung nach besonders anfällige Systeme innerhalb der katholischen Kirche. Allerdings lassen sich die grundsätzlichen Strukturen, die hier deutlich werden, durchaus übertragen. Denn geistlicher Missbrauch findet natürlich gleichermaßen in Klöstern, Gemeinden oder seelsorgerischen Einzelbeziehungen wie geistlicher Begleitung oder Beichte und nicht zuletzt auch in Familien statt. Dass sich diese missbräuchlichen Strukturen nicht allein auf Kirche und Religion begrenzen lassen, zeige ich in einem Exkurs in die Gesellschaft. Hier werden wir uns einige ausgewählte »geschlossene Systeme« anschauen, die interessanterweise ganz ähnliche Mechanismen anwenden, um Menschen in Abhängigkeit zu bringen und für die Umsetzung eigener Interessen und Ziele zu manipulieren.

Die zweite Brille, durch die ich bei dieser Thematik schaue, ist die der eigenen Erfahrung. Viele Jahre war ich Mitglied einer neuen geistlichen Gemeinschaft und habe dort selbst erfahren, was es bedeutet, zunächst von einer anfänglichen Euphorie geblendet zu werden und schleichend, ja fast unmerklich, in eine immer größer werdende Abhängigkeit zu geraten. Der Weg zum Ausstieg aus diesem machtvollen System war nicht nur äußerst steinig, ich fühlte mich dabei auch völlig mir selbst überlassen. Viele Betroffene berichten von der Erfahrung, dass ihre Suche nach professioneller Hilfe häufig ins Leere läuft oder sie mehrere Anläufe benötigten, bis sie einen kompetenten Ansprechpartner fanden. Andere geben schon früher frustriert auf und bleiben allein mit ihren Wunden. Tatsächlich glaube ich, dass es für Außenstehende äußerst herausfordernd ist zu verstehen, was es denn eigentlich bedeutet, geistlich missbraucht zu werden, wenn sie die Strukturen nicht selbst kennengelernt haben. Andererseits müssen Betroffene auch erst sprachfähig werden, um ihre Erfahrungen in Worte fassen und sich verständlich machen zu können. Beides ist nicht leicht.

Vor dem Hintergrund meiner Forschungserkenntnisse habe ich daher ein Beratungskonzept entwickelt, das eine Orientierung bietet für Beraterinnen und Therapeuten, Seelsorgerinnen, Angehörige oder Betroffene auf dem Weg der inneren Heilung. Es soll dabei helfen, das Geschehene einzuordnen, zu benennen und ihm eine Sprache zu geben. Dabei werden vor allem die psychologische, aber auch die seelsorgerische Dimension des geistlichen Missbrauchs berücksichtigt. Wenn wir von Heilung sprechen, so bedeutet das selbstverständlich nicht, dass ich hier ein »Heilmittel« gegen geistlichen Missbrauch anbiete. Es geht mir vielmehr und in erster Linie darum, Wege aufzuzeigen, wie wir uns den schmerzenden Wunden zuwenden können, und Hoffnung zu vermitteln, dass eine Integration der schlimmen Erfahrungen durchaus möglich ist. Dabei sieht jeder Heilungsweg anders aus. Jede Verletzung ist individuell, ebenso wie die persönlichen Ressourcen, die dem Einzelnen zur

Verfügung stehen. Und es kann sein, dass sich der Weg der einen etwas länger oder schmerzhafter gestaltet als der des anderen. Manchmal ist es auch zu Beginn erst einmal wichtig, nur zu hören, dass es sich bei den missbräuchlichen Erlebnissen um ein Phänomen handelt. Andere Personen haben in anderen Kontexten die gleichen Erfahrungen gemacht. Das kann für Betroffene sehr entlastend sein, insbesondere wenn sie sich dem Vorwurf ausgesetzt sehen, zu übertreiben, sich in etwas »hineinzusteigern«, zu empfindlich zu sein oder etwas »nur falsch verstanden« zu haben.

Schließlich geht es auch darum, etwas mehr zu verstehen von dem Zusammenspiel der individuellen soziologischen, psychologischen und lebensgeschichtlichen Hintergründe und den jeweiligen Lock- und Kontrollmethoden der Täter. Nur so können betroffene oder bedrohte Menschen wirkungsvoll begleitet, unterstützt oder vor weiteren Missbrauchserfahrungen geschützt werden. Dabei sind die Betroffenen mit ihren persönlichen Erfahrungen die wichtigsten Ressourcen und Erkenntnisquellen für all diejenigen, die das Phänomen ergründen wollen. Wir müssen ihnen achtsam zuhören, wenn wir etwas verstehen und verändern wollen.

2. GEISTLICHEN MISSBRAUCH VERSTEHEN

Gefährliche Seelenführer – kein neues Phänomen

Was hat es nun mit dem Phänomen des geistlichen Missbrauchs auf sich? Handelt es sich um eine völlig neuartige Erkenntnis oder wird hier nur eine lang vertraute, dunkle Seite des Glaubens in neue Begrifflichkeiten gepackt? Tatsächlich ist das Thema des geistlichen Missbrauchs im weiten Kontext von Glauben und Spiritualität ganz und gar nicht neu. Schon im Alten Testament wird die Problematik der ungenügenden Leitungsverantwortung angesprochen (vgl. Ez 34) und im Neuen Testament lässt sich vielfach nachlesen, wie Jesus in die Auseinandersetzung mit der damaligen geistlichen Führungsschicht geht (vgl. Mt 23). Auch in der katholischen Tradition gibt es zahlreiche Texte, die sich immer wieder mit schädlichen Formen der Seelenführung und des Gehorsams befassen und davor warnen. In erstaunlich aktuellen Worten äußern sich dazu bedeutende Persönlichkeiten wie Franz von Assisi, Johannes vom Kreuz, Teresa von Ávila oder Ignatius von Loyola.

So beschreibt Ende des 16. Jahrhunderts der spanische Karmelit Johannes vom Kreuz mit prägnanten Worten, was in geistlicher Begleitung schieflaufen kann: »Es mögen doch jene, die Seelen führen, beachten und bedenken, dass der Haupthandelnde und Führer und Beweger der Seelen bei diesem Unternehmen nicht sie sind, sondern der Heilige Geist. [...] Doch diese spirituellen Leute wollen nicht, dass die Seele rastet oder ausruht, sondern dass sie immerfort arbeitet und derart wirkt, dass sie Gott keine Gelegenheit zum Wirken gibt. Allerdings irren diese vielleicht im Eifer des Gefechts, weil ihr Wissen nicht weiter reicht. Doch sind sie deswegen für die Ratschläge, die sie vermessen erteilen, ohne zuvor den Weg und Geist der Menschenseele zu verstehen, nicht entschuldigt, und ebenso wenig dafür, dass sie, wenn sie sie schon nicht verstehen, mit ihrer groben Hand in etwas hineinpfuschen, das sie nicht verstehen, statt sie einem anderen zu überlassen, der sie versteht. Es ist nämlich keine Sache von geringer Bedeutung und Schuld, eine Menschenseele unschätzbare Güter verlieren zu lassen und sie manchmal sogar wegen ihres vermessenen Rates geradezu verwüstet zurückzulassen.«[1] In wenigen Zeilen spricht Johannes vom Kreuz wichtige Punkte an, die wir heute als geistlich missbräuchlich bezeichnen würden: Seine eigenen Gedanken mit der Stimme des Heiligen Geistes verwechseln, religiösen Leistungsdruck aufbauen, der das Wirken Gottes regelrecht ausbremst, sowie Unwissenheit und mangelnde geistliche Bildung des Seelenführers. Auch das ungeheure Ausmaß der Bedeutung, der Schuld und der Folgen für die betroffene Person bringt er auf den Punkt.

Wenn wir darüber hinaus in den Verlauf der Kirchengeschichte schauen, kommen uns weitere missbräuchliche Entwicklungen entgegen wie die Kreuzzüge, die Ablasslehre, die Hexenverfolgung oder der mit Gewalt ausgeführte Exorzismus an vermeintlich Besessenen (der nicht selten zum Tod der betroffenen Personen führte). Auch hier wurde der Glaube für die Ausübung von Macht und zur Durchsetzung persönlicher, institutioneller oder politischer Ziele missbraucht. Nachdem in den 1990er-Jahren der Skandal des sexuellen Missbrauchs anfing die katholische Kirche weltweit zu erschüttern und spätestens 2010[2] auch in der deutschen Kirche offengelegt wurde, ist die Sensibilität für missbräuchliche Strukturen innerhalb des religiösen Lebens gewachsen – und damit auch für den geistlichen Missbrauch. In evangelikalen Kreisen setzt man sich mit diesem Thema hingegen schon länger auseinander. Erste Publikationen dazu gab es Anfang der 1990er-Jahre von drei langjährigen amerikanischen Pastoren: 1991 von David Johnson und Jeff VanVonderen sowie 1993 von Ken Blue. Inge Tempelmann, die ebenfalls aus einem freikirchlichen Kontext kommt, veröffentlichte 2007 erstmals in deutscher Sprache ein umfassendes Grundlagenwerk zur Thematik.

Nun ist das Thema auch in der katholischen Kirche angekommen. Zunächst angestoßen wurde es sicherlich durch die viel beachteten, teils autobiografischen Herausgaben von Doris Reisinger, geb. Wagner, 2014 und 2019. Im November 2020 fand schließlich in Leipzig die Fachtagung »Gefährliche Seelenführer? Geistiger und geistlicher Missbrauch« statt und bot erstmals eine umfangreiche Plattform zur Auseinandersetzung mit der Problematik. Sie wurde organisiert von der katholischen Akademie des Bistums Dresden-Meißen in Zusammenarbeit mit der Deutschen Bischofskonferenz (DBK) und der Landesärztekammer Sachsen. An zwei Tagen nahmen Experten aus Medizin, Psychologie, Theologie und Rechtswissenschaft das Phänomen des geistlichen Missbrauchs in den Fokus ihrer Überlegungen und erreichten damit etwa 400 digital zugeschaltete Interessierte. Zum Abschluss der Tagung zog der Mitveranstalter und Bischof von Dresden-Meißen, Heinrich Timmerevers, ein deutliches Fazit: »Die geistliche Begleitung von Menschen ist zu wichtig für uns als Religionsgemeinschaft, als dass wir auf einen Reflexionsprozess warten können, der uns von außen angetragen wird. Es geht nicht um den Schutz der Institution, denn: Der Schutz der Würde des Einzelnen ist zu wichtig, als dass wir geistlichen Missbrauch im Raum unserer Kirche unreflektiert lassen könnten. ›Ja‹ zur schmerzhaften Realität. [...] Wir sind am Beginn eines Marathons.«[3]

Womöglich ermutigt von der im Zuge der Tagung angeregten intensiven und selbstkritischen Analyse, Hinterfragung und Diskussion, richteten sich im Februar 2021 Betroffene mit einem offenen Brief an die DBK. Darin machen sie auf ihre leidvollen Erfahrungen in hauptsächlich neuen geistlichen Gemeinschaften aufmerksam und beklagen eine mangelnde Empathie sowie fehlende Verantwortungsübernahme seitens der Kirchenleitung. Sie fordern die präzise Analyse der Mechanismen und Umstände sowie die Aufarbeitung und Wiedergutmachung geistlicher Missbrauchsfälle. Die DBK beschloss daraufhin in ihrer Frühjahrsvollversammlung im Februar 2021, dass die jeweiligen (Erz-)Bistümer erste Ansprechpartner in diesem Gebiet sein sollen, und beauftragte gleichzeitig eine Arbeitsgruppe damit, eine Definition und Kriterien für geistlichen Missbrauch zu erarbeiten sowie Empfehlungen zur Qualifikation zukünftiger diözesaner Ansprechpersonen zu formulieren. Darüber hinaus haben einige Bistümer bereits eigene Arbeitsgruppen eingerichtet, um sich mit der Problematik auseinanderzusetzen, ein bistumseigenes Vorgehen bei Fallmeldungen zu planen und präventive Maßnahmen in den Blick zu nehmen. Sind all das nur öffentlichkeitswirksame Schritte zur Beruhigung der Gläubigen und der Gesellschaft? Oder ist hier vielleicht auch ein Hoffnungsschimmer zu erkennen?

Nachdem 2020 die »Katholische Integrierte Gemeinde« und 2021 die Gemeinschaft »Totus Tuus« von den jeweils zuständigen Bischöfen aufgelöst wurden, scheint dies durchaus ein Anzeichen zu sein, dass das Bewusstsein für geistlichen Missbrauch tatsächlich wächst und die Erfahrungen Betroffener ernst genommen werden. Und ein weiterer Hoffnungsschimmer tut sich am Horizont auf. Im Dezember 2022 gaben die Bistümer Münster und Osnabrück bekannt, in Kooperation mit der Bischofskonferenz und den Thuiner Franziskanerinnen ein unabhängiges Forschungsprojekt zum Thema geistlicher Missbrauch in Auftrag gegeben zu haben. Wissenschaftler der Universität Münster sollen auf der Grundlage von

Erfahrungsberichten Betroffener, Interviews mit Zeitzeugen und einer Aktenanalyse die grundlegenden Faktoren erforschen, die geistlichen Missbrauch begünstigen. Davon ausgehend sollen Täterstrategien entlarvt und Präventionsmöglichkeiten entwickelt werden. In dem Projekt, das Anfang 2023 beginnt und auf drei Jahre angelegt ist, werden vor allem geistliche Gemeinschaften aus den Bistümern Münster und Osnabrück in den Fokus genommen. Mit zunehmendem Interesse der Öffentlichkeit wächst auch die Sensibilisierung, Aufklärung und Enttabuisierung des Themas. Damit bekommt der geistliche Missbrauch auch für die psychologischen Beratungsstellen eine besondere Bedeutung. Es ist davon auszugehen, dass zumindest ein Teil der kirchlich sozialisierten Betroffenen bevorzugt eine Beratungsstelle in kirchlicher Trägerschaft aufsucht, in der Hoffnung, dass die kirchlich-religiösen Strukturen hier bekannt sind und sie somit besser verstanden werden. Dabei darf nicht vergessen werden, dass einige Betroffene von geistlichem Missbrauch durchaus den Wunsch haben, sich in der Kirche wieder beheimatet zu fühlen und sich auf die Suche nach einer gesunden Spiritualität zu machen. Mit dem Wunsch nach einem lebendig gelebten Glauben haben sie sich einst auf den Weg gemacht – dass ihnen genau diese Ressource zerstört oder zumindest beschädigt wurde, ist ein tiefer Schmerz. In diesem Sinne haben manche Betroffene durchaus auch theologische und seelsorgerische Fragen, deren Antworten sie womöglich von und in der Kirche suchen. Darauf sollten auch die kirchlichen Beratungsstellen vorbereitet sein.

Anders als die vorausgegangenen Titel beleuchte ich das Thema »geistlicher Missbrauch« nicht aus einer theologischen, philosophischen oder autobiografischen Perspektive, sondern aus der Perspektive einer systemischen Beraterin und Therapeutin. Dabei ist es mir wichtig, mich der Thematik von verschiedenen Blickwinkeln her zu nähern. Als Systemikerin denke ich dabei an Betroffene, Täterinnen, geistliche Gemeinschaften, die Kirche als verantwortliche Institution und ihre Amtsträger, Beraterinnen und Therapeuten,

Familienangehörige und Freunde. Gleichzeitig versuche ich, durch verschiedene Brillen auf das Phänomen des geistlichen Missbrauchs zu schauen: mit einer psychologisch-beraterischen, einer theologisch-seelsorgerischen, einer kirchenrechtlich-historischen und – ganz wichtig – mit einer Betroffenen-Brille. Das Brillensortiment lässt sich vermutlich noch erweitern, ebenso wie das der involvierten Systeme.

Ganz grundlegend ist für mich dabei die wissenschaftliche Annäherung durch mein qualitatives Forschungsprojekt. Der kostbare Erfahrungsschatz persönlich betroffener Menschen wird dadurch von einer rein subjektiven Ebene auf ein theoretisches Fundament gehoben, mit dem wir arbeiten können. Von hier aus habe ich Hypothesen erarbeitet und ein Beratungskonzept entwickelt. Von hier aus versuche ich zu verstehen, was Täterinnen motiviert. Von hier aus möchte ich anregen, über Prävention nachzudenken. Mein Leitsatz lautet daher: Wir können geistlichen Missbrauch nur verstehen, wenn wir Betroffene und ihre Geschichten anhören, sie verstehen wollen, sie ernst nehmen und unser Handeln davon leiten lassen.

Was ist geistlicher Missbrauch?

Der Missbrauch einer Sache setzt voraus, dass es auch einen guten, gesunden oder maßvollen Gebrauch derselben gibt. Geistliches Leben kann eine echte Ressource für den Menschen darstellen und ihn zu größerer Freiheit, Ausgeglichenheit und innerem Wachstum führen. Es kann Halt, Orientierung und Beheimatung bieten und eine Kraftquelle in schweren Zeiten und Krisensituationen sein. Dabei betrifft und prägt Spiritualität alle Dimensionen des Menschseins: sein Denken, Fühlen, Handeln, Glauben, Beten und Leben in Gemeinschaft. Gleichzeitig kann all das, was christliches Glaubensleben ausmacht, aber auch dazu benutzt werden, Macht auszuüben und Menschen abhängig zu machen.

Beim geistlichen Missbrauch handelt es sich um eine Form emotionalen Machtmissbrauchs, der überall dort stattfinden kann, wo sich Menschen in einer gewissen Abhängigkeitsbeziehung zu geistlichen Autoritäten befinden. Das kann jegliches spirituelles Setting betreffen: religiöse Gemeinschaften, Pfarrgemeinden, individuelle Seelsorge oder streng gläubige Familien. Geistlicher Missbrauch geschieht dann, wenn innerhalb asymmetrischer Beziehungen[4] der Glaube, christliche Lehren und Werte benutzt werden, um die sich anvertrauende oder abhängige Person nach den eigenen Vorstellungen und Bedürfnissen zu manipulieren, auszunutzen oder zu unterdrücken. Dieser Prozess geschieht häufig sehr subtil, schleichend und meist ohne vorsätzlich böse Absicht, da die geistliche Autorität des Täters oder der Täterin mit der »Stimme Gottes« gleichgesetzt und als solche legitimiert wird. Auf diese Weise stülpt der Täter der betroffenen Person sein eigenes Gottesverständnis oder das einer Gruppierung über, kontrolliert sie und nimmt Einfluss auf wichtige Lebensentscheidungen sowie ihr Denken, Fühlen und Handeln. Die Folgen können derart dramatisch sein, dass viele Betroffene sich auf lange Zeit und in allen Bereichen ihres Lebens beeinträchtigt, blockiert und beschädigt fühlen, wie später noch gezeigt werden wird.

Der Begriff des geistlichen Missbrauchs stammt ursprünglich aus dem Bereich der evangelikalen Gemeinden in den USA, die sich zuerst intensiv mit der Thematik auseinandergesetzt haben. Die englische Bezeichnung *spiritual abuse* wird im Deutschen entweder mit geistlichem, spirituellem oder religiösem Missbrauch übersetzt. Weitere inhaltliche sowie begriffliche Überschneidungen gibt es zudem mit geistigem, emotionalem und psychischem Missbrauch. Darüber hinaus gibt es vielfältige Schnittmengen mit sexuellem Missbrauch. Zahlreiche Betroffene schildern, wie geistlicher Missbrauch sexuellen Übergriffen häufig vorausging und dabei die vertrauliche, vom Glauben geprägte Beziehung ausgenutzt wurde. Dabei denke ich insbesondere an die Fälle von sexuellem Missbrauch an erwachsenen

Personen. Behaupten die Täter, die sexuellen Handlungen hätten einvernehmlich stattgefunden, haben die betroffenen Personen kaum eine Chance, das Gegenteil zu beweisen. In der Regel wurden sie in solchen Fällen nicht unter massiver Gewaltanwendung körperlich überfallen und vergewaltigt, sondern über längere Zeit schleichend in eine emotionale Abhängigkeit gebracht, manipuliert und verführt, sodass sie im Moment des sexuellen Missbrauchs wie gelähmt waren und sich nicht mehr in der Lage sahen, sich zu wehren oder eine eigene Entscheidung zu treffen. Bei der Auseinandersetzung mit der Thematik geht es also ein Stück weit auch darum, den sexuellen Missbrauch mit im Blick zu haben, der häufig durch vorherigen geistigen oder geistlichen Missbrauch angebahnt wird und durch eine entsprechende Sensibilisierung mit verhindert werden kann. Blandine de Dinechin und Xavier Léger bringen dieses Phänomen in ein treffendes Bild: »Spiritueller Missbrauch in der Kirche führt nicht immer zu sexuellem Missbrauch, aber er ist das Vorzimmer dazu.«[5]

Die vier Charakteristika geistlichen Missbrauchs

Um das Phänomen näher zu beschreiben, möchte ich einige anonymisierte Fallbeispiele anführen. Dabei ordne ich sie jeweils vier Grunddimensionen zu, zwischen denen sich das komplexe Geschehen des geistlichen Missbrauchs aufspannt: Grenzverletzung und Eingrenzung sowie Idealisierung und Entwertung. Die Psychologin Katharina Kluitmann hat diese vier Charakteristika im Bild eines Fadenkreuzes mit jeweils gegenüberliegenden Polen dargestellt.[6] Diese Dimensionen sind nicht nur spezifisch für geistlichen Missbrauch, sondern auch aus der Sektenforschung bekannt. Darüber hinaus finden sie sich ebenfalls in der toxischen Dynamik gesellschaftlicher Systeme wieder, wie wir später noch sehen werden.

Vielleicht mag der Vergleich mit Sekten an dieser Stelle irritieren. Doch selbst wenn der äußere Anschein einer katholischen geistlichen

Gemeinschaft einen »rechtmäßigen« Eindruck erweckt oder gar eine kirchliche Anerkennung vorliegt, können ihre Strukturen im Fall von geistlichem Missbrauch durchaus als sektenähnlich bezeichnet werden. Die französische Bischofskonferenz bezeichnet das Phänomen des geistlichen Missbrauchs sogar sehr konkret als *»dérives sectaires dans des communautés catholiques«*[7], was so viel bedeutet wie »sektiererisches Abdriften innerhalb katholischer Gemeinschaften«.

Die vier Charakteristika stehen in einem untrennbaren Zusammenhang miteinander. Das wird in den Fallbeispielen deutlich werden, in denen nicht nur ein einziges Merkmal beschrieben wird, sondern häufig auch die anderen Pole mitschwingen. Sozialpsychologisch gesehen entsteht aus der Dynamik von Grenzüberschreitung und Eingrenzung ein gravierender Mangel an persönlicher Freiheit des Einzelnen. Der Soziologe Erving Goffman hat für solch ein kontrollierendes System den Begriff »totale Institution« geprägt und beschreibt diese Einrichtungen als Orte, in denen Menschen gewissermaßen »Zuflucht vor der Welt« suchen. Dabei spricht er ausdrücklich auch von Organisationen, die eine religiöse Ausbildung vermitteln wollen. Die geschlossene Lebensform von Gemeinschaften, die in einem Haus oder Kloster zusammenleben, erleichtert gewisse Kontrollmechanismen oder Einflussmöglichkeiten. Dennoch ist es nicht unbedingt notwendig, dass Personen in einer festen Lebensgemeinschaft wohnen, um sie einzuengen oder ihre Grenzen zu überschreiten. Zeitlich und inhaltlich stark einnehmende Strukturen sorgen auch so für eine entsprechende Milieu- und Gedankenkontrolle. Da die Gemeinschaft für ihre Mitglieder eine ideell hoch aufgeladene und moralisch verpflichtende Organisation darstellt, ist sie in der Lage, das Leben der einzelnen Personen auch aus der Entfernung zu regeln und zu kontrollieren.

In der tiefenpsychologischen Dimension von Idealisierung und Entwertung lässt sich eine andauernde Frustration bei den betroffenen Personen beobachten, da die geforderte Perfektion niemals erlangt werden kann. Aus dieser Dynamik erwächst häufig der unreife

Abwehrmechanismus der Spaltung, der die Welt zunehmend in schwarz und weiß beziehungsweise in gut und böse oder Freunde und Feinde einteilt. Diese Polarisierung kennt keine Graustufen und sorgt zunächst für ein Gefühl der Sicherheit und Orientierung. Auf lange Sicht und bei starker Ausbildung führt sie Betroffene jedoch oftmals ins soziale Abseits. Die vier beschriebenen Grunddynamiken werden uns wieder begegnen, wenn wir uns mit dem Prozess der Bewusstseinskontrolle beschäftigen, der hierbei eine wichtige Rolle spielt.

Grenzverletzungen

Grenzverletzungen geschehen, wenn Menschen auf das Leben anderer Einfluss nehmen und sich in wichtige Lebensentscheidungen einmischen, obwohl dies – ganz objektiv gesehen – nicht in ihrem Verantwortungsbereich liegt. Ein Beispiel dafür ist die Vermischung von *forum internum* und *forum externum*. Das *forum internum* bezeichnet den inneren Bereich, das *forum externum* den äußeren Bereich des Menschen. Im Kirchenrecht ist zum Schutz der geistlichen Freiheit der Gläubigen vorgesehen, dass diese beiden Bereiche des Menschen nicht von ein und derselben Person geleitet werden dürfen. Ist der Leiter einer Gemeinschaft oder eines Priesterseminars gleichzeitig geistlicher Begleiter für die Mitglieder bzw. die Seminaristen, wird gegen diese Regel verstoßen. Der Sinn dahinter ist, dass im *forum internum* ein geschützter Raum zur Verfügung gestellt wird, in dem sich eine Person öffnen kann, ohne zu befürchten, dass ihre persönlichen und intimen Belange nach außen getragen werden und womöglich Einfluss auf die Entscheidungen im *forum externum* haben. Vergleichsweise nehmen Psychotherapeutinnen oder Beraterinnen auch nicht ihren eigenen Vorgesetzten als Supervisor, sondern suchen sich eine externe Person, bei der sie sich geschützt öffnen können.

Grenzverletzungen oder Übergriffigkeiten können darüber hinaus stattfinden, wenn in unangemessener Weise Gehorsam und persönliche Rechenschaft eingefordert werden. So berichten mehrere Betroffene von unterschiedlichen Kontexten und Zusammenkünften, in denen Mitglieder öffentlich beichten oder sich selbst anklagen, *»wie schlecht sie doch die Gemeinschaft leben«*[8]. Es entsteht eine Art Zwang, voreinander zu bekennen, wo man gefehlt habe und der Umkehr bedürfe. Manche berichten von solchen »offenen Bekenntnisrunden« als eine Art feste Einrichtung im Gemeinschaftsleben, andere erleben es als ein Ritual aufgrund eines unausgesprochenen, subtilen Erwartungsdrucks, dem die Mitglieder einer Gemeinschaft oder eines Gebetskreises scheinbar freiwillig folgen.

Begünstigt werden diese Grenzverletzungen, wenn innerhalb einer Gemeinschaft, einer Gemeinde oder sonstigen Gruppierung ausschließlich interne Begleitung angeboten oder nahegelegt wird und keine echte Wahlmöglichkeit besteht. Dieses Vorgehen wird den Betroffenen gegenüber häufig damit begründet, dass die geistlichen Begleiterinnen oder Priester außerhalb der Gemeinschaft oder Gruppe im Tiefsten nicht verstünden, was die Mitglieder leben wollten und worin genau ihre Berufung bestehe. Nur wer zum »inneren Kern« gehöre oder selbst ein entsprechendes (subjektiv zu beurteilendes) »geistliches Leben« führe, könne dies begreifen und entsprechend hilfreich und wirkungsvoll begleiten. Auch die Missachtung der Privatsphäre und das Einmischen in den persönlichen Lebens- und Gestaltungsraum einer Person gehören zu klaren Übergriffigkeiten beim geistlichen Missbrauch. Indem die Grenzen der Würde und des Respekts der Betroffenen überschritten werden, verlieren sie ihren inneren Schutzraum und sind der willkürlichen Steuerung durch die Täterinnen ausgeliefert.

Ein Beispiel: Yvonne ist 19 Jahre alt, als sie sich einer neuen geistlichen Gemeinschaft anschließt, die Niederlassungen auf der ganzen Welt hat. Das Haus, in dem sie die Gemeinschaft zuerst kennenlernt, ist geprägt von enthusiastischer, missionarischer Aufbruchstimmung. Vor allem an den Wochenenden sind ständig junge

Menschen und Familien zu Gast, mit denen gesungen und gebetet wird. Doch auch außerhalb, in Gemeinden und bei größeren Gebetstreffen in Deutschland, ist die Gemeinschaft präsent. Dieses Leben fasziniert Yvonne. Sie ist eine junge, kontaktfreudige Frau und möchte sich gerne mit ihrem ganzen Leben in den Dienst Gottes stellen. Unmittelbar nach dem Abitur tritt sie ohne Ausbildung oder Studium in die Gemeinschaft ein und wird schon bald in verschiedene Häuser versetzt. Als sie ins Ausland geschickt wird, stellt sie plötzlich fest, dass das Gemeinschaftsleben ganz anders gestaltet wird als in Deutschland: statt aktiv missionarisch wird hier kontemplativ gelebt, statt Evangelisationsarbeit ist Haus- und Gartenarbeit angesagt. Yvonne fühlt sich zunehmend unwohl in der Stille und Einsamkeit. Das ist nicht das Leben, für das sie sich entschieden hat.

In einem Gespräch mit ihrem geistlichen Begleiter, der selbst Gemeinschaftsmitglied ist, spricht sie die Problematik an. Sie artikuliert klar den Wunsch nach einem missionarischen Leben und hofft, dass sie gemeinsam überlegen, wie sie ihre Neigungen und Bedürfnisse innerhalb der Gemeinschaft leben kann und ob es einen anderen Ort gibt, der mehr zu ihr passt. In dem Gespräch jedoch fühlt sich Yvonne in ihrem Anliegen nicht ernst genommen. Der Pater zeigt sich verständnislos. Sie solle sich überlegen, was sie denn tun würde, wenn sie taub und blind sei. Dann könne sie auch nicht evangelisieren. Es ginge doch darum, sich in jede Lebenslage einzufügen, egal wie es ihr selbst damit gehe. Ihre persönliche Befindlichkeit sei nicht von Interesse, da es doch um die Nachfolge Christi gehe. Alle eigenen Bedürfnisse müssten sterben und mit Jesus ans Kreuz genagelt werden. Yvonne ist weder taub noch blind, sondern eine junge Frau, die im Saft ihres Lebens steht und ihre Kraft sinnvoll einsetzen möchte. Die Reaktion des Paters kann sie nicht ganz nachvollziehen, doch offenbar bleibt ihr keine andere Wahl. Ein Austritt erscheint ihr undenkbar und so versucht sie sich zu fügen. Darüber entwickelt die junge Frau eine Depression und ist nach wenigen Monaten so krank, dass sie nicht mehr einsatzfähig ist. Da sie so für die Gemeinschaft nicht mehr tragbar ist, legen ihr die Verantwortlichen nahe, das Haus zu verlassen, und schicken sie zu ihren Eltern zurück.

Eingrenzung

Der Gegenpol zur Grenzüberschreitung ist die Eingrenzung der einzelnen Person, was häufig in einer schleichend zunehmenden Milieukontrolle mündet. Die starren und engen Grenzen im System führen zu subtilen oder sogar offen ausgesprochenen Kontaktverboten gegenüber anderen Menschen, Gedanken, Büchern, (auch kirchlichen) Gruppierungen und Veranstaltungen mit der Begründung, deren Haltung oder Ausrichtung passe nicht zum eigenen spezifischen Charisma. Es wird die Angst gesät, der bloße Kontakt oder gar die Auseinandersetzung mit anderen Einstellungen und Haltungen könnten einen selbst negativ beeinflussen und vom »wahren Weg« abbringen. Lieber solle man sich mit Gleichgesinnten umgeben, um sich gegenseitig anzuspornen und gemeinsam voranzugehen. Meist gibt es auch eine spezielle Richtung der Spiritualität, die bevorzugt und gefördert und als »bester Weg« der Heiligkeit oder des persönlichen Seelenheils deklariert wird. Auf diese Weise wird der Zugang zu dem umfassenden und reichhaltigen spirituellen Wissens- und Erfahrungsschatz der Kirche vorenthalten. Dadurch wird die einzelne Person daran gehindert, ihre ganz individuelle Spiritualität zu entdecken und zu entwickeln.

Unter die Rubrik der Eingrenzung fällt auch die Forderung nach Geheimhaltung und Schweigen bezüglich interner Angelegenheiten, die nicht nach außen gelangen dürften, weil sie dort »falsch verstanden« oder der Gruppierung negativ ausgelegt werden könnten. Viele Betroffene berichten darüber hinaus von verschiedensten Abhör- und Überwachungspraktiken durch die Leitung oder die Mitglieder untereinander. Ebenso werden persönliche, berufliche, finanzielle oder partnerschaftliche Entscheidungsfindungen zensiert im Hinblick darauf, ob sie für die Gemeinschaft als förderlich oder hinderlich bewertet werden. Auf diese Weise entwickelt sich schrittweise ein perfides Kontrollsystem, in dem sich mehr oder weniger jeder von jedem beobachtet fühlt. Im Zuge einer solchen Gruppendynamik entsteht unweigerlich der Zwang, sich innerlich wie äußerlich anzupassen, sich möglichst regel- und systemkonform zu verhalten und nicht »negativ« aufzufallen. Dies kann sich in einem eigenen Insiderjargon, spezieller Kleidung oder typischen Verhaltensweisen ausdrücken, die für die Gruppenzugehörigkeit stehen und auch von Außenstehenden deutlich wahrgenommen werden. Von freiheitlicher und individueller Entwicklung kann unter diesen Umständen keine Rede mehr sein. Im Gegenteil: Nicht die einzelne Person zählt, sondern das große Gemeinsame, dem es sich unterzuordnen gilt.

Ein Beispiel: Oliver hat von klein auf eine emotional sehr enge Beziehung zu seinem Vater. Er ist für ihn die Hauptbezugsperson in der Familie. Als Oliver 12 Jahre alt ist, erkrankt sein Vater psychisch und verlässt völlig überraschend die Familie. Seine Mutter und der zwei Jahre ältere Bruder haben ein enges Verhältnis zueinander und sind mit sich selbst beschäftigt, während Oliver nicht weiß, wohin mit seiner Trauer und Angst. In der Schule wird er schon seit Langem gemobbt und er tut sich schwer, Freundschaften aufzubauen. In dieser schwierigen und einsamen Situation lernt er über einen Mitschüler eine neue geistliche Gemeinschaft kennen. Hier macht er plötzlich die Erfahrung, willkommen und angenommen zu sein und dass die anderen sich wirklich für ihn interessieren. Das Gefühl der Zugehörigkeit zu einer religiösen Elite, die überzeugt ist, vom Heiligen Geist dazu berufen zu sein, Seelen zu retten, bewirkt bei ihm eine enorme Aufwertung seines Selbstwertgefühls. Ihm wird egal, dass die Mitschüler ihn hänseln, und er bemüht sich nun erst recht nicht mehr um Sozialkontakte. Seine Freunde und seine neue Familie hat er in der Gemeinschaft gefunden. Olivers Hobbys wie lange Radtouren und Trompete spielen gibt er bald auf, weil dafür keine Zeit bleibt.

Auch raten ihm andere Mitglieder davon ab, da er an den Wochenenden musikalische Aufführungen hat und dann nicht zu den wichtigen Treffen der Gemeinschaft kommen kann. Als Oliver nach der Schule ein Studium aufnimmt, bemüht er sich auch hier nicht um neue Kontakte und Freundschaften zu den Kommilitonen. Er fühlt sich ihnen überlegen und schaut herab auf deren »weltliches« Leben mit Partys, Beziehungen und Alkohol – so oberflächlich stellt er es sich zumindest vor, wissen tut er es nicht. Eigentlich weiß Oliver zu diesem Zeitpunkt auch schon gar nicht mehr, wie das geht, Kontakt zu anderen Gleichaltrigen aufzunehmen und Beziehungen zu pflegen. Da seine Mutter zunehmend in Sorge gerät um die Isolation ihres Sohnes und ihm gegenüber Befürchtungen äußert, dass er in eine Sekte geraten sei, drängen die Gemeinschaftsmitglieder Oliver, möglichst bald von zu Hause auszuziehen. Das tut er auch. Er sucht sich eine Wohnung in räumlicher Nähe zu anderen Mitgliedern der Gemeinschaft und reduziert den Kontakt zu Mutter und Bruder auf das Notwendigste. Gleichzeitig bietet er sich der Gemeinschaft immer häufiger für verschiedene Aufgaben und Dienste an, die es zu erledigen gilt. Das füllt einen großen Teil seiner Freizeit. Außerhalb des Studiums und später seiner Arbeitsstelle besteht das soziale Umfeld von Oliver über Jahre ausschließlich aus der Gemeinschaft. Erst als er 20 Jahre später aufgrund einer körperlichen Erkrankung den Ausstieg schafft, wird ihm bewusst, in welch abgekapselter Blase er gelebt hat. Ohne freundschaftliche Kontakte und mit einem zerrütteten Verhältnis zu seiner Familie muss er mit Blick auf sein soziales Netzwerk ganz bei null anfangen.

Idealisierung

Auf der einen Seite werden ganze Gemeinschaften oder einzelne, meist charismatische (Gründungs-)Personen überhöht in der Annahme, sie seien von Gott beauftragt und durch den Heiligen Geist geführt. Daraus leitet sich die Überzeugung ab, dass eine Mitgliedschaft ebenfalls einer Erwählung und göttlichen Berufung gleichkomme. Wird die Gemeinschaft verlassen, hieße das, die eigene Berufung aufzugeben, sich Gott zu widersetzen und womöglich den »wahren« Glauben zu verlieren. Vor diesem Hintergrund verbietet sich eine kritische Hinterfragung der Leitungsperson, ihrer Handlungen und Entscheidungen. In vielen Fällen gilt sie als perfekt und unangreifbar und auch die eigene Praxis oder Frömmigkeit wird als einzig richtige dargestellt. Kritik oder Widerspruch seitens der Mitglieder wird gewissermaßen als Widerstand gegen den Heiligen Geist gedeutet oder als eine Verschlossenheit gegenüber der göttlichen Gnade und ist dementsprechend nicht erwünscht. Das kann sich neben der direkten Kritik an der Leitung auch auf den Austausch unter den Mitgliedern beziehen. Um ein eigenständiges kritisches, kontroverses oder differenziertes Nachdenken und Diskutieren zu vermeiden, verfügen manche Gemeinschaften über die ausgesprochene oder unausgesprochene subtile Regel, »nicht schlecht voneinander zu denken oder übereinander zu reden«.

Damit geht einher, dass Täter von geistlichem Missbrauch sich häufig mit einer Art »göttlichen Aura« umgeben. Das können charismatische (Gründer-)Figuren sein oder auch ganz einfache Personen, die sich Zugang zum Inneren einer Person verschaffen, indem sie eine besondere Verbundenheit mit Gott suggerieren. Dies wird oft untermauert durch eine spektakuläre Geschichte über die eigene Bekehrung oder Transformation vom »alten« zum »neuen« Menschen, die zeigen soll, wie Gott sie auserwählt, verwandelt und in die gegenwärtige Position erhoben hat. Da sie sich als »Sprachrohr Gottes« darstellen, werden ihre Worte wie göttliche Eingebungen gehandelt und gelten als »Gesetz«. Mit dieser vermeintlichen göttlichen Erwählung und Berufung ist oftmals auch eine gemeinsame, höhere Mission verbunden. Neben der eigenen Bekehrung kann das der Auftrag zur Rettung der Seelen sein und zur Evangelisierung am besten gleich der ganzen Menschheit. Die Latte liegt in jedem Fall sehr hoch. Auch die eigene Umkehr wird in diesem Zuge zum

Leistungssport, in dem es kein »genug« gibt und bei dem das Ziel niemals erreicht werden kann.

Aus diesen hohen Idealen, die sowohl der Gemeinschaft, der Leitung, dem gemeinsamen Auftrag als auch der persönlichen Lebensführung gelten, wird gleichzeitig ein enormes Gruppengefühl von Überlegenheit und Elitarismus erzeugt. Dabei sein zu dürfen ist alles. Und sowohl die persönliche Erwählung als auch der großartige Auftrag schweißen die Mitglieder unweigerlich zusammen – ganz unabhängig von persönlicher Zuneigung oder Freundschaft. Es ist eine Art Schicksalsgemeinschaft, die sie zu Höherem berufen hat. Trotz aller Ungleichheit gibt es einen über allem persönlichen oder zwischenmenschlichen Interesse stehenden Auftrag, an dem das »Schicksal der Welt« hängt. Die Gemeinschaft zu verlassen, würde Fahnenflucht, Versagen oder Verrat bedeuten.

Ein Beispiel: Rebecca kommt aus einem katholischen Elternhaus, in dem der Glaube eine wichtige Rolle spielt. Ihre Mutter äußert immer wieder wehmütig, wie gerne sie doch selbst ins Kloster gegangen sei. Stattdessen habe sie geheiratet und nun eine Familie »am Hals«. Über die Jahre verinnerlicht Rebecca das von ihrer Mutter subtil vermittelte Ideal des Klosterlebens. Schon während des Abiturs macht sie sich auf die Suche nach einer idealen Gemeinschaft, in der sie glücklich werden kann. Glücklicher als ihre unzufriedene Mutter. Rebecca reist durch Deutschland, besucht Klöster und Gemeinschaften, nimmt an Glaubens- und Gebetstreffen teil und lernt so eine ganz Reihe Leute kennen.

Schließlich stößt sie auf eine Gemeinschaft, die selbstbewusst und euphorisch von sich sagt, dass sie »alles« habe, was es in der katholischen Kirche gebe: Stundengebet, eucharistische Anbetung, Marienverehrung, Kontemplation und Apostolat, zölibatäres Leben und Familien, Männer und Frauen unter einem Dach, arm und reich, jung und alt. Darüber hinaus haben sie in ihre eigene Liturgie und Gesänge sowohl orthodoxe als auch jüdische Elemente eingebaut. Rebecca ist begeistert. Endlich hat sie eine Gemeinschaft gefunden, die über allen anderen steht, die alles in sich vereint, während die anderen nur Teile des großen Ganzen leben können. Hier kann sie endlich glücklich werden, ohne (wie ihre Mutter) einmal sagen zu müssen, dass sie etwas im Leben verpasst habe.

Der Leiter der Gemeinschaft ist eine charismatische Figur und tritt sehr selbstbewusst auf. Er entscheidet alles: von der Verteilung der Aufgaben im Haus bis hin zu der Art, wie der Tisch gedeckt wird. Immer häufiger erlebt Rebecca, wie der Leiter regelrechte Wutanfälle bekommt, wenn sich jemand seinen Anweisungen widersetzt. Mit einer Schwester gerät er in einen solchen Streit, dass er alle Gegenstände, die auf einer Kommode stehen, quer durch den Raum wirft und die Schwester fliehen muss, um sich in Sicherheit zu bringen. Das passt nicht zur vermeintlichen »Heiligkeit« des Leiters, doch werden diese Wutausbrüche unter den Gemeinschaftsmitgliedern ehrfurchtsvoll als »heiliger Zorn« bezeichnet. Er lodere so sehr für die Sache Gottes, dass er sich mit all seiner Kraft dafür einsetze. Ohnehin dreht es sich zunehmend um den Leiter. Ist er begeistert, steckt er die Mitglieder an und reißt sie mit im Freudentaumel. Geht es ihm nicht gut, schleichen alle durchs Haus und sorgen für Ruhe, um ihn nicht zu stören. Man zeigt sich überaus rücksichtsvoll angesichts der schweren Bürde, die er mit der Leitung der Gemeinschaft zu tragen habe. Wie es einzelnen Mitgliedern mit der Launenhaftigkeit und Aggression des Mannes geht, spielt keine Rolle. Das eigene Leid könne man aufopfern für die Rettung der Seelen – und somit sei auch das nicht umsonst.

Entwertung

Die oben beschriebene narzisstische Dynamik der Idealisierung zieht unweigerlich die Abwertung und Erniedrigung des Einzelnen nach sich. Ein selbst ernannter Heilbringer lebt davon, dass er diejenigen klein macht, die ihm anhängen. Daraus bezieht er seine

Größe und erhält sie aufrecht. Diese Erniedrigung geschieht oftmals sehr subtil. Wie in den obigen Beispielen schon beschrieben, können das kontinuierlich wiederholte Botschaften sein, dass der einzelne Mensch mit seinen persönlichen Wünschen, Bedürfnissen und Emotionen nicht zähle. Die Wahrnehmung der eigenen Gefühle wird als schlecht bewertet und systematisch abgeschnitten. Hierfür werden christlich angehauchte Formulierungen gewählt, um die Forderungen glaubhaft zu untermauern. »Du bist dir selbst dein größter Feind« oder: »Die Gefahr lauert nicht von außen, sondern ist in dir selbst.« Die Grundbotschaft ist, dass der Mensch sich von dem Schlechten in sich lösen und davon gereinigt werden müsse, um zum Heil zu gelangen. Deshalb sei es notwendig, sich selbst zu misstrauen und nichts Gutes von den eigenen Gedanken, Gefühlen und Bedürfnissen zu erwarten. Der eigene Wille wird nur deshalb erkundet, um ihn dann als schlecht zu erkennen, ihm zu widersagen und ihn einem Gehorsamssystem zu unterwerfen.

Darüber hinaus kann es aber auch zu offenen und direkten Abwertungen, Beschämungen und Demütigungen kommen, wenn Personen aus der Konformität des Systems ausscheren oder sich trauen, Probleme anzusprechen. Zur Abschreckung kann dies durchaus vor einer Gruppe von anderen Mitgliedern geschehen. Die Botschaft dahinter: Wer nicht bloßgestellt werden will, sollte sich möglichst angepasst verhalten und nicht auffallen. Als erstrebenswerte Tugenden gelten Demut, Ergebenheit und eine gewisse Indifferenz demgegenüber, was einem widerfährt oder wie mit einem umgegangen wird. Stolz und Hochmut müssen bekämpft werden. Täterinnen von geistlichem Missbrauch nutzen dieses Ideal, um Demütigungen zu rechtfertigen und ihren Opfern zu vermitteln, dass sie ihnen im Grunde einen Dienst erweisen: Sie helfen ihnen, demütig zu werden.

Ein Beispiel: Phillip ist seit vielen Jahren treues und engagiertes Mitglied einer Gemeinschaft. Er hat über die Jahre viel investiert und viel aufgegeben. Obwohl er den Eindruck hat, alles zu geben in Bezug auf Gebet, Umkehrbemühungen, missionarischen Einsatz und Verfügbarkeit in der Gemeinschaft, ist es nie genug. Die Latte hängt so hoch, dass sie immer unerreichbarer scheint. Phillips geistlicher Begleiter ist gleichzeitig der Leiter der Gemeinschaft. Vor einigen Jahren hat er sich ihm »angeboten«, da er den Impuls verspürt habe, dass Phillip nun »festere Nahrung« brauche als bisher. Er sei geistlich so weit fortgeschritten, dass die »Muttermilch« der vorherigen Begleitung nicht mehr reichen würde. Der Leiter selbst meint, er könne ihm diese feste Nahrung am besten geben. Phillip fühlt sich geehrt und geschmeichelt. So ein Lob hört man vom Leiter nicht häufig, eigentlich fast gar nicht. In den ersten Wochen und Monaten ermutigt dieser ihn auf väterliche und freundliche Weise. Er macht ihm deutlich, dass er die »untere Ebene« des geistlichen Wachstums verlassen habe und nun vorbereitet werden müsse auf den »steilen Anstieg«, der bevorstehe. Der Leiter fragt Phillip, ob er bereit sei zu leiden. Das gehöre dazu. Jesus habe auch den steilen Berg Golgotha besteigen müssen. Wer ihm nachfolgen wolle, müsse ihm auch darin ähnlich werden. Wer vorher mit ihm essen und trinken konnte, muss seine Treue nun im Leiden beweisen. Auch fragt der Leiter, ob Phillip demütig werden wolle wie Maria. Was für eine Frage, natürlich! Er fragt weiter, ob er wisse, wie das gehe, um dann die Heilige Mutter Teresa zu zitieren: »Demütig wird man nur durch Demütigungen!« Phillip schaudert ein wenig, doch wenn das der Weg ist, ist er bereit, ihn zu gehen.

Doch was dann folgt, erlebt Phillip als gezielte Schikane. So sehr sein geistlicher Begleiter ihn umgarnt und gefördert hatte, so eiskalt lässt er ihn nun fallen. Wenn er nach Gesprächsterminen fragt, hat dieser plötzlich keine Zeit mehr und Phillip fühlt sich zunehmend als Last. Findet der Leiter doch Zeit, beendet er das Gespräch manchmal abrupt nach 10 Minuten. Phillip fühlt sich vor den Kopf gestoßen. Dass er eine einstündige Anfahrt mit Bus und Bahn hat und die gleiche Zeit für den Rückweg benötigt, scheint seinen Begleiter nicht zu interessieren. Auf Treffen der

Gemeinschaft begrüßt er ihn manchmal offensiv vor anderen mit dem Satz »Du schon wieder?«, führt ihn vor oder macht sich über ihn lustig. Dann gibt es wieder Zeiten, in denen er sich im Gespräch sehr zugewandt und verständnisvoll zeigt. In den Ansprachen des Leiters vor der Gruppe hat Phillip manchmal das Gefühl, dass er ihn sehr persönlich anspricht und anschaut oder vertrauliche Dinge aus den Begleitgesprächen ausplaudert. Dann folgen wieder Ignoranz und Abwertung, ohne dass Phillip versteht, woran es liegt. Während er anfangs versucht, darüber zu stehen, merkt er nach und nach, in welch emotionaler Abhängigkeit er verstrickt ist. Nimmt der Leiter ihn wahr, ist er überglücklich, ignoriert er ihn, ist er untröstlich.

Nach einer scheinbar endlosen Zeit nimmt Phillip endlich all seinen Mut zusammen. Er will in der geistlichen Begleitung ansprechen, wie es ihm mit dem ambivalenten Verhalten des Leiters geht. Er hält diesen »Psychoterror«, wie er es erlebt, nicht mehr aus. Im Gespräch platzt es also aus ihm heraus: »Warum bist du immer so schlimm zu mir?« Der Leiter zeigt sich sehr betroffen. Er habe auch gemerkt, dass sein Verhalten sehr hart gewesen sei. Auch für ihn sei es wirklich schwer, Phillip so zu behandeln, er leide vermutlich noch mehr darunter. Er könne aber nicht anders, da der Heilige Geist ihm eingegeben habe, so mit ihm umzugehen. Phillip ist völlig perplex. Nun liegt der Schwarze Peter also beim Heiligen Geist. ER ist der eigentliche Bösewicht. Zermürbt von dem Katz-und-Maus-Spiel und erschöpft von seinem Einsatz bricht Phillip kurze Zeit später zusammen. Das diagnostizierte Burn-out wird für ihn schließlich zur ungeplanten Exitstrategie aus der Gemeinschaft.

Abgrenzung: Was geistlicher Missbrauch nicht ist

Wir haben uns damit beschäftigt, was wir unter geistlichem Missbrauch verstehen. Ebenso wichtig scheint es mir darüber zu sprechen, was geistlicher Missbrauch nicht ist. Je mehr das Phänomen in den Blick genommen wird, angemessene Definitionen dafür gesucht werden und Betroffene sich zu Wort melden, um ihre Geschichte zu erzählen, desto mehr bedarf es einer Ein- und Abgrenzung des Begriffs. Die Herausforderung dabei ist es, Menschen mit ihren Erfahrungen und subjektiven Wahrnehmungen ernst zu nehmen, ohne die objektiven Aspekte aus dem Blick zu verlieren. Damit würden wir Gefahr laufen, dass der Begriff des geistlichen Missbrauchs verwässert würde.

Zudem soll mit einer klaren Abgrenzung vermieden werden, dass jegliche geistliche Autorität unter einen Generalverdacht gestellt wird. Religion, Spiritualität, Frömmigkeit oder Glaube können unter einer guten (An-)Leitung wachsen und sich entfalten. Gute und gesunde geistliche Begleitung ist für viele Menschen eine großartige Unterstützung und Ressource bei der Suche nach dem persönlichen Weg, dem Sinn im eigenen Leben oder nach einer stabilen Gottesbeziehung. Dazu braucht es allerdings einen Vertrauensvorschuss der geistlichen Begleitung gegenüber, die gut ausgebildet und dafür sensibilisiert sein sollte, dass die Grenzen zwischen geistlicher Führung und geistlichem Missbrauch manchmal fließend sein können.

Ein erster Punkt, den es im Rahmen von Beziehungsdynamiken zu berücksichtigen gilt, ist das psychologische Phänomen der Übertragung. So ist es möglich, dass eine Person einen alten, übertragenen Autoritätskonflikt in sich trägt, der innerhalb eines asymmetrischen Machtverhältnisses, z. B. in der geistlichen Begleitung, aktiviert wird. So kann eine Person beispielsweise einen extrem dominanten und übergriffigen Elternteil erlebt und daraus eine Abwehr gegenüber jeglicher Form von Führung oder Leitung entwickelt haben. Vor diesem Hintergrund erlebt sie einen Vorschlag schnell als Bevormundung oder eine Anweisung als Unterdrückung. Diese Person kann somit ein Ereignis aufgrund von früheren übergriffigen oder sogar missbräuchlichen Erfahrungen in der Vergangenheit als ein missbräuchliches Geschehen in der Gegenwart erleben. Alte Gefühle werden dabei unbewusst auf die aktuelle Situation oder einen Menschen in dieser Situation übertragen. Die hochkommenden

Emotionen fühlen sich für die betroffene Person identisch an wie damals. Sie fühlt sich übergangen, ausgenutzt und missbraucht. Die Verletzungen sind also echt und real, allerdings werden sie einer falschen Ursache zugeordnet. Vor dem Hintergrund solcher Übertragungsphänomene kann es also durchaus zu falschen Missbrauchsvorwürfen kommen. Die Unterscheidung ist dabei gewiss nicht leicht.

Zum anderen gibt es innerhalb verbindlicher Beziehungen in religiösen Gemeinschaften notwendigerweise eine geistliche Leitung, die wie gesagt durchaus in einem guten Sinne zu verstehen ist. Dabei kann es natürlicherweise auch zu zwischenmenschlichen Konflikten kommen. Dazu gehören beispielsweise Gedankenlosigkeit, Ruppigkeit, Meinungsverschiedenheiten, Konfrontationen oder unliebsame Entscheidungen, die jedoch nach bestem Wissen und Gewissen getroffen werden. Solange der Grundtenor eines solch konfrontativen Miteinanders prinzipielles Wohlwollen, gegenseitiger Respekt, konstruktive Kritikfähigkeit und die Bereitschaft zur Aussprache und Versöhnung ist und beide Seiten in der Lage sind, einen wenn auch kontroversen Diskurs miteinander zu führen, kann man noch nicht von geistlichem Missbrauch sprechen.

Darüber hinaus kann ein intrinsisches religiöses Leistungsdenken des Einzelnen Ursache einer selbstschädigenden Haltung werden, die später mit geistlichem Missbrauch verwechselt wird. Die Vorstellung von Religion als Leistung kann hohe Erwartungen in Bezug auf den eigenen geistlichen Fortschritt oder das Gemeinschaftsleben mit sich bringen und auf Dauer zu negativen Auswirkungen auf die körperliche und psychische Gesundheit bei Mitgliedern geistlicher Gemeinschaften führen. Da die Betroffenen diese intrinsische Motivation manchmal bereits mitbringen, wird die eigene Spiritualität oder der Glaube von ihrem eigenen schädigenden Verhalten verstümmelt oder sogar vernichtet, ohne dass es zu einer direkten oder manipulativen Einwirkung durch eine geistliche Autorität kommt. Im Idealfall gelingt es in diesen Fällen durch angemessene geistliche

Begleitung, dieses selbstschädigende Leistungsdenken in geordnete Bahnen zu lenken.

Geistlicher Missbrauch liegt also nicht automatisch vor, sobald eine Person aufgrund ihrer geistlichen Autorität spricht, entscheidet und handelt und dabei einer anderen Person etwas abverlangt – auch wenn die Grenzen hier manchmal fließend sein können. Darunter fallen z. B. Dienstanweisungen eines legitimen Vorgesetzten bzw. einer Oberin oder die selbst gewählte (!) Lebensform nach den evangelischen Räten Gehorsam, Keuschheit und Armut. Entscheidend ist an dieser Stelle, dass die begleitete Person immer in der Lage ist, aufgrund ihrer spirituellen Selbstbestimmung in Freiheit und im Bewusstsein ihrer eigenen Verantwortung zu handeln.

3. WEGE UND VERHARREN IN TOXISCHEN GEMEINSCHAFTEN – EINE STUDIE

Meinen Erkenntnissen liegt ein Forschungsprojekt zugrunde, für das ich Betroffene interviewt habe. Die Leitfrage lautete: »Wie geraten Menschen in Strukturen geistlichen Missbrauchs und wie kommt es, dass sie darin über einen längeren Zeitraum verharren?« Ich bin überzeugt, dass jede Person, die verstehen und ergründen möchte, was geistlicher Missbrauch ist, wie er sich im Tiefsten anfühlt und was er im Leben eines Menschen bewirken kann, den persönlichen Geschichten der Betroffenen aufmerksam zuhören muss. Aus diesem Grund habe ich mich mit Menschen unterhalten, die bereit waren, mir Einblick zu gewähren in einen Ausschnitt ihrer Lebensgeschichte und ihr ganz persönliches und leidvolles Erleben. Aus solchen Berichten können wir eine Menge lernen.

Betroffene hören

Um Personen zu finden, die bereit waren, mit mir über ihre Erfahrung des geistlichen Missbrauchs zu sprechen, machte ich durch ein Posting in den sozialen Netzwerken auf mein Projekt aufmerksam und ließ zudem eine allgemeine Mailanfrage an Betroffene schicken. Die Kontaktaufnahme erfolgte über eine gut vernetzte Mittelsperson. Dabei war mir wichtig, dass die Betroffenen über ein notwendiges Maß an Reflexionsfähigkeit bezüglich des geistlichen Missbrauchs verfügten und sich in der Lage sahen, aus einer mehr oder weniger großen Distanz (selbst-)kritisch auf ihr Leben in dem Missbrauchssystem zurückzublicken.

In den Interviews, die ich mit ihnen führte, haben sie ihren Eintritt in das missbräuchliche System und das teils sehr lange Verharren darin als einen zeitlichen Prozess und als eine persönliche Zustandsveränderung in den Blick genommen und aus ihrer subjektiven Perspektive heraus autobiografisch rekonstruiert. Als Erhebungsmethode eignete sich hierfür hervorragend das narrative Interview. Dabei erzählen die Interviewpartner in einer spontanen Stegreiferzählung ihre persönlichen Erfahrungen als Geschichte. Hintergrund dieser Methode ist die Annahme, dass durch die Dynamik des Erzählvorgangs die zurückliegenden Erlebnisse wieder lebendig werden und der Erzähler in die damalige Situation zurückversetzt wird. Dabei können mögliche Erinnerungsbarrieren abgebaut und Erinnerungslücken ausgefüllt werden. Auch gelingt es den Erzählenden häufig, die Perspektive anderer am Geschehen beteiligter Personen zu berücksichtigen und einzubinden. Im Vergleich zum Beschreiben oder Argumentieren ist das Erzählen daher die Darstellungsform, die der kognitiven Aufbereitung der Erfahrung am meisten entspricht.

Das Interview wurde so geführt, dass der Erzählfluss des Befragten von mir in Gang gebracht und aufrechterhalten wurde, ohne allerdings etwas abzufragen. Mein Part war es, aufmerksam zuzuhören, Pausen auszuhalten und nur dann einzugreifen, wenn die Erzählung versiegte. In jedem Interview galt es, aufs Neue feinfühlig einzuschätzen, wann Nachfragen zur Aufklärung von Unklarheiten sinnvoll waren und wann sie den Erzählduktus nur stören würden. Voraussetzung war in jedem Fall eine vertrauensvolle Atmosphäre zwischen der Interviewerin und dem Befragten. Denn die

Missbrauchserfahrung als Thema der Narration wird vom Erzählenden häufig als sehr intim empfunden, rührt an eine innere Wunde und ist womöglich mit persönlichen Schuldgefühlen und schmerzhaften Erinnerungen verbunden.

Alle geführten Interviews wurden auf Tonband aufgenommen und anschließend vollständig transkribiert, um später als Grundlage für die Auswertung und Interpretation der Forschungsergebnisse zu dienen. Alle personenbezogenen Daten der Interviewpartner sowie die Namen der Gemeinschaften wurden selbstverständlich anonymisiert, um Rückschlüsse auf die einzelnen Personen zu vermeiden.

Erzählungen auswerten

Bei der Auswertung der Daten habe ich mich an der Grounded-Theory-Methodology (GTM) orientiert, was so viel bedeutet wie »in den Daten begründete Theorie«. Diese Methode unterteilt das Datenmaterial nicht nur in Kategorien, sondern fragt auch nach den dahinterliegenden Sinnstrukturen und versucht, diese zu rekonstruieren. Auch indirekt formulierte Bedeutungen werden dabei erfasst.

Zur Aufgliederung der Daten in Sinneinheiten werden sie auf verschiedene Fragen hin beleuchtet, wie zum Beispiel: Welche Akteure waren beim Eintritt in die Gemeinschaft beteiligt? Wie und womit wurde geworben? In welchen zeitlich-biografischen Kontext fiel der Einstieg? Wer hat (nicht) gewarnt oder geschützt? Welchen Sinn hat es damals für die betroffene Person gehabt, sich einer radikalen Gruppierung anzuschließen? Welche Strategien wurden von der Gemeinschaft angewandt, um die Person zu gewinnen? Wozu war es gut, so lange Zeit in der Gruppierung zu bleiben?

Auf Grundlage der so analysierten und interpretierten Daten werden nach und nach neue Hypothesen und Theorien bezüglich der Forschungsfragen entwickelt, differenziert, bestätigt oder verworfen. Im Laufe des Verfahrens werden die Daten immer weiter verdichtet, bis schließlich eine Schlüsselkategorie herausgearbeitet und eine gegenstandsgegründete Theorie ausformuliert wird. Im Fall meines Forschungsprojekts habe ich zwei Forschungsfragen gestellt und damit auch zwei Schlüsselkategorien entwickelt. Die Ergebnisse werde ich später noch erläutern und dabei auch das Kodierparadigma »Familienersatz« vorstellen, zu dem ich an dieser Stelle schon ein paar Worte sagen möchte.

Ein Kodierparadigma ist eine Art Orientierungshilfe bei der Datenanalyse. Es stellt die Beziehungen zwischen den einzelnen Kategorien heraus und bezieht sich auf Kontext, ursächliche und intervenierende Bedingungen, Strategien und Konsequenzen. Auf diese Weise entsteht ein komplexes Netz von aufeinander bezogenen Kategorien, das zunächst unübersichtlich wirken kann. Bei näherer Beschäftigung verschafft es jedoch einen guten Überblick und lässt das beschriebene Phänomen anschaulicher und differenzierter werden.

Abschließend noch ein wichtiger Hinweis zur Homogenität des Datenmaterials: Da die Stichproben breit gestreut waren, bilden sich in den durchgeführten Interviews die notwendigen Kontrastdimensionen ab. Zu den relevanten Differenzen gehören beispielsweise das Geschlecht (Frauen und Männer), das aktuelle Alter (33 Jahre – 63 Jahre), das damalige Eintrittsalter (14 Jahre – 28 Jahre), die Dauer der Mitgliedschaft (2–18 Jahre), die Zeit, in der die Betroffenen seitdem außerhalb des Systems leben (1–27 Jahre), sowie das jetzige Verhältnis zur katholischen Kirche (positiv/aktiv – kritisch/ausgetreten). Auch die Gemeinschaftsform reichte vom klösterlichen Zusammenleben bis hin zu einer lockeren Mitgliedschaft, bei der die Personen allein lebten und sich nur zu Treffen der Gemeinschaft versammelten. Die Interviews variieren minimal darin, dass alle Personen als junge Menschen in eine katholische Gemeinschaft eingetreten sind.

Fragen stellen

In meinen Gesprächen mit Betroffenen von geistlichem Missbrauch habe ich die interessante Beobachtung gemacht, dass viele von ihnen sich im Rückblick auf das Erlebte dieselben Fragen stellen. Fragen, die sehr quälend sein können, wenn es keine klaren, einfachen Antworten darauf gibt und man es selbst nicht recht begreifen kann: Was ist mir da passiert? Und warum ist es ausgerechnet mir passiert? Warum war ich so ansprechbar für ein missbräuchliches System? Warum konnte ich mich nicht früher abgrenzen und »Nein« sagen? Warum habe ich so lange ausgehalten, obwohl es mir nicht gut ging? Wieso konnte ich mich selbst nicht schützen? Und warum hat mich von außen niemand schützen können?

In meiner Forschungsfrage habe ich mich zwei zentralen Fragen gewidmet, die sowohl Betroffene als auch Angehörige, Freunde, Beraterinnen oder Therapeuten interessieren und beschäftigen. Sie beziehen sich zum einen auf den Einstieg in die Gruppierung, auf das, was attraktiv und anziehend war; und zum anderen auf den lange nicht vollziehbaren Ausstieg, auf das, was Betroffene gehindert hat, sich abzulösen.

Wie geraten Menschen in religiös missbräuchliche Situationen?

Zunächst einmal: Grundsätzlich kann jeder Mensch in ein System geistlichen Missbrauchs geraten. Es muss nicht zwingend ein Zusammenhang mit einer persönlichen Disposition bestehen. Diese Aussage ist wichtig für alle Betroffenen, die an Schuldgefühlen, Scham und Selbstzweifeln leiden und sich die Frage stellen, warum ausgerechnet ihnen der geistliche Missbrauch widerfahren ist. Gleichzeitig gibt es verschiedene Aspekte, die beim Eintritt in die missbräuchliche Gemeinschaft eine entscheidende Rolle spielen können und manche Menschen ansprechbarer machen als andere.

Das können die aktuellen Lebensumstände sein zu dem Zeitpunkt, wenn der Einzelne auf die Gemeinschaft trifft, seine persönliche Lebensgeschichte mit vorherigen prägenden Beziehungserfahrungen sowie der intensive Wunsch nach einem bewusst gelebten christlichen Glauben.

Werfen wir einen kurzen Blick auf die »Anwerbung« bei geistlichen Gemeinschaften. Häufig werden neue Mitglieder von Gleichaltrigen angeheuert, die vielleicht selbst noch nicht allzu lange Mitglied sind und die mit ihrer Begeisterungsfähigkeit andere junge Menschen ansprechen können. Zum einen gibt es ein Interesse der Gruppe, junge Menschen für sich zu gewinnen. Zum anderen sind manche jüngeren und vermutlich auch unsicheren Mitglieder selbst daran interessiert, Gleichaltrige an ihrer Seite zu wissen. Auch wenn sie selbst womöglich ängstlich sind oder Zweifel hegen, können sie dank ihrer Zugehörigkeit und Identifizierung mit der Gemeinschaft mit einer erstaunlich großen Sicherheit auftreten und so die Angesprochenen beeindrucken. Ihr »Bekehrungszeugnis«, das häufig von einer faszinierenden Veränderung, Bereicherung und Erweiterung des persönlichen Lebens erzählt, bewegt und motiviert die Angeworbenen dann ebenfalls zu einer großmütigen Entscheidung.

Was sich für die Anwerberinnen zunächst wie ein Erfolg anfühlt, kann sich später allerdings in eine verhängnisvolle Vorbildrolle umkehren, in der sie eine Mitverantwortung für die Lebensentscheidung anderer deutlich zu spüren bekommen. Die Aufgabe, mit wehenden Fahnen und anhaltender Begeisterung voranzugehen, kann zu einer schweren Last werden, wenn die eigene Motivation abhandenkommt oder leise Zweifel an der Lebensform wach werden. Ebenso kann es in einer solchen Situation zur Belastung werden, wenn die früheren Anwerber zusehen müssen, wie die »Neuzugänge« sich mit noch größerer Radikalität in das Gemeinschaftsleben werfen, sie darin sogar noch übertreffen und das eigene Handeln nicht reflektieren.

Aber zurück zu den Betroffenen, die sich der Gruppierung anschließen. Was macht sie so ansprechbar für das Angebot »Gemeinschaft«? Befinden sich Menschen gerade in einer Lebensphase, die von Veränderungen, Krisen oder Verlusten geprägt ist, sind sie eher offen für Neues, Unbekanntes und Idealisiertes. Missbräuchliche Systeme sprechen sie dann besonders an durch ihre verführerische Positivität. Was ihnen zunächst und häufig in Überfülle entgegenschwingt, sind das Gefühl, bedingungslos geliebt und angenommen zu sein, die Erfahrung von Hilfe und Unterstützung in Wort und Tat, gefördert und bestätigt zu werden, sowie das Angebot einer echten Hoffnung und Vision für das eigene Leben. Die amerikanische Psychologieprofessorin Margaret Singer benutzte in ihrem 1996 erschienenen Buch »Cults in Our Midst« den sehr treffenden Begriff »love bombing«, um zu beschreiben, was hier passiert: »Love Bombing ist eine koordinierte Anstrengung, in der Regel unter der Leitung der Anführer, bei der langjährige Mitglieder Neulinge und neue Mitglieder mit Schmeicheleien, verbaler Verführung, liebevollen, aber normalerweise nicht sexuellen Berührungen und viel Aufmerksamkeit für jede ihrer Bemerkungen überfluten. Love Bombing – oder das Angebot von sofortiger Kameradschaft – ist ein trügerischer Trick, der für viele erfolgreiche Anwerbungsaktionen verantwortlich ist.«[9]

Darüber hinaus bewirkt die Dazugehörigkeit zu einer erwählten und elitären Gruppierung, oft verbunden mit der Nähe zu einer charismatischen Führungspersönlichkeit und der hohen Wertschätzung durch die kirchliche Hierarchie, ein starkes Sicherheitsgefühl. Auch intensive Liturgien sind ein Faktor, der suchende Menschen auf der emotionalen Ebene tief berühren und anziehen kann. Die gute Seite des Systems und die eigene zunehmende Gleichförmigkeit trüben auf diese Weise schnell den Blick für das Grenzüberschreitende hinter der Fassade. Anfällig sind häufig auch solche Menschen, denen es noch an psychischer und emotionaler Reife mangelt und die das Bedürfnis haben, dass ihnen jemand sage, was richtig oder falsch sei und was sie am besten tun oder lassen sollten. Je mehr sie auf der Suche nach Anerkennung von außen sind, desto leichtfertiger beherzigen sie fremde Vorgaben und begeben sich in Abhängigkeiten. Aufgrund ihrer eigenen Unsicherheit folgen sie nicht selten hohen und überzogenen Idealen, wobei sie sich selbst und ihre eigenen Kräfte oft nicht gut einschätzen können. Kommen Personen aus ungesunden und missbräuchlichen Familiensystemen, können sie sich im Laufe ihres Lebens bereits so sehr an solch toxische Dynamiken gewöhnt haben, dass sie diese als normal erleben. Entsprechend empfänglicher sind sie für die Einlassung auf ein weiteres Missbrauchssystem.

Der geistliche Aspekt bei der Frage nach der Attraktivität des missbräuchlichen Systems ist häufig eine tiefe Sehnsucht der Betroffenen nach einem intensiven geistlichen Leben und manchmal auch der Wunsch nach einer gewissen Radikalität. Menschen, die nach Sinn und Erfüllung in ihrem Leben suchen, nach etwas, für das sie ihr Leben voll und ganz einsetzen können, lassen sich besonders von fundamentalen christlichen Gruppierungen ansprechen, die ihnen genau das anbieten, indem sie ein Leben in Heiligkeit und vollkommener Hingabe proklamieren. Es geht also um das große Ganze, um die Wahrheit, um einen Lebensentwurf, der zum eigenen Seelenheil führt. Diese Ernsthaftigkeit erlaubt und rechtfertigt gewissermaßen eine besonders strenge Praxis sowohl sich selbst als auch anderen gegenüber. Tatsächlich geht es häufig jedoch um Unterwerfung und die Instrumentalisierung von Leitungsfunktionen, um auf die Lebensführung der Mitglieder Einfluss zu nehmen.

Personen, die für solche Systeme anfällig sind, haben selten gelernt, religiöse Überzeugungen und Praktiken kritisch zu beobachten und zu beurteilen. Oder sie haben sogar gelernt, dass sie zu religiösen Dingen keine eigene abweichende Meinung entwickeln, geschweige denn aussprechen dürfen. Grund dafür kann eine durch die Erziehung oder andere prägende Erfahrungen stark verinnerlichte moralische Instanz sein, die sie gewissermaßen von innen her mit Angst vor Sanktionen reguliert und kontrolliert.

Darüber hinaus gibt es noch eine weitere Gruppe von Betroffenen, auf die wir hier nicht im Detail eingehen können, die aber nicht vergessen werden darf: diejenigen, die von Kindheit an in einer geistlichen Gemeinschaft aufgewachsen sind. Werden diese Kinder zu Jugendlichen und jungen Erwachsenen, wehren sie sich manchmal im Zuge ihres stärker werdenden Strebens nach Autonomie gegen die strengen und dogmatischen Normen ihres Umfelds. Doch nicht immer bringen sie die Kraft auf, sich dieses mächtigen Systems zu erwehren. Für sie, die in ihrem Leben nichts anderes kennengelernt haben, ist die Abkehr um ein Vielfaches schwerer und die Folgen umso tief gehender. Sich von dem System zu trennen bedeutet für sie in der Regel, sich auch von ihren Eltern und Familienmitgliedern trennen zu müssen bis hin zum Kontaktabbruch.[10]

Wie kommt es, dass Menschen längere Zeit in missbräuchlichen Strukturen verharren?

Viele Betroffene berichten, dass sie nach ihrem Ausstieg aus der Gemeinschaft gefragt wurden: »Warum bist du nicht früher gegangen, wenn es dir nicht gutgetan hat?« Doch so einfach ist es nicht. Jedes missbräuchliche System lässt seine Opfer auch etwas Gutes erfahren, sei es noch so gering. Dies löst bei den Betroffenen den Wunsch aus, etwas zurückzugeben, und bewirkt somit auf die Dauer eine emotionale Abhängigkeit sowohl von einzelnen Personen als auch vom Leben in der Gemeinschaft. Zudem haben sie häufig schon viel Zeit, Energie und Ressourcen in die Gemeinschaft investiert. Man hat gemeinsam gearbeitet, etwas erreicht und es besteht eine tiefe Verbundenheit durch die gemeinsame Vision. Freundschaften sind gewachsen. All dies erschwert es, den Missbrauch offen anzuschauen, denn damit wäre eine tiefe Enttäuschung verbunden. Daher entschuldigen, verdrängen und uminterpretieren Betroffene die

Missstände über lange Zeit, bis eine Konfrontation mit der Realität unumgänglich ist oder endlich gewagt werden kann. Die bereits beschriebene Eingrenzung der sozialen Kontakte und der persönlichen Freiheit bewirkt über die Jahre, dass Mitglieder missbräuchlicher Gemeinschaften zunehmend keine Alternative mehr für sich sehen. Die Abhängigkeit ist in manchen Fällen so groß und umfassend geworden, dass sie nicht mehr wissen, ob sie überhaupt außerhalb des Systems überleben könnten: sowohl emotional und ideell als auch sozial und finanziell. Sie haben alles aufgegeben – innerlich wie äußerlich – und trauen sich ein Leben ohne die Gemeinschaft oftmals gar nicht mehr zu.

Auch Schuldgefühle, Scham und Selbstzweifel, Angst vor den Tätern sowie davor, mit der Gemeinschaft auch den »einzig richtigen« Glauben zu verlieren, spielen eine entscheidende Rolle, dass Opfer geistlichen Missbrauchs das schädigende System nicht verlassen können. Die systematische Erniedrigung und Beschämung hat ihnen die persönliche Stärke geraubt, sich zu wehren – oder sie haben dies schon in ihrem Familiensystem nie gelernt. Ihr Selbstbild ist geprägt von diesen Erfahrungen und dem, was ihnen immer wieder gesagt wurde: Sie halten sich für weniger fähig, weniger kompetent und weniger stark, als sie in Wirklichkeit sind. Sehr treffend wird dieser Prozess in der Geschichte vom angeketteten Elefanten erzählt[11]: Wird im Zirkus ein neuer Elefant geboren, so wird er mit dem Fuß an einen Pflock gekettet, der in die Erde gerammt wird. Der kleine Elefant zieht und zerrt anfangs und versucht, sich loszureißen. Doch irgendwann begreift er, dass es zwecklos ist. Er fügt sich seinem Schicksal und kämpft nicht mehr gegen den Pflock. Mit den Jahren wächst der Elefant zu einem großen, kräftigen Tier heran. Er entwickelt solche Kräfte, dass er Bäume ausreißen könnte, wenn er wollte. Auch den Pflock könnte er inzwischen mit Leichtigkeit ausreißen. Doch er tut es nicht. Die Erinnerung an seine Ohnmacht hat sich tief eingebrannt und seitdem hat er sie nicht mehr infrage gestellt. Er hat nie mehr versucht, seine Kraft auszuprobieren, und bleibt hilflos an den kleinen Pflock gekettet. Diese erlernte Kraftlosigkeit lässt auch die Betroffenen im Missbrauch bleiben. Eine entscheidende Rolle für das lange Aushalten und Ertragen schädigenden Verhaltens spielt dabei insbesondere der Prozess der Bewusstseinskontrolle, der später noch ausführlich erläutert wird.

Schließlich ist ein weiterer Aspekt zu erwähnen, der auch im Umgang mit dem sexuellen Missbrauch zu beobachten ist: das Schweigen in der Öffentlichkeit. Dieses Schweigen über die Existenz und die Erfahrung des geistlichen Missbrauchs sowohl im Allgemeinen als auch im einzelnen Fall ermöglicht, dass er weiterhin unbeachtet stattfinden kann. Solange die Kirche nicht den Mut findet, dem geistlichen Missbrauch und den Grenzüberschreitungen innerhalb katholischer Gemeinschaften und anderer seelsorgerlicher Kontexte ins Auge zu schauen, sie zum Thema zu machen und klar Stellung zu beziehen, werden Betroffene in ihrer Verunsicherung allein gelassen, da sie ihrer Wahrnehmung nicht mehr trauen können. Das erschwert ihnen umso mehr den Ausstieg aus dem System und die Aufarbeitung ihrer Verletzungen. Es braucht unbedingt Hilfe und Information von außen, um die Dynamiken zu durchschauen und das eigene veränderte und beeinflusste Denken, Erleben und Verhalten ablegen zu können.

Antworten finden

Welche Erkenntnisse können wir aus den Interviews gewinnen? Bei der Auswertung der Interviews haben sich 14 signifikante Kategorien herausgebildet, also wesentliche Aussagen über die Erfahrungen, die die Betroffenen in der Zeit vor der Gemeinschaft, während des Kennenlernens und nach der Gemeinschaft gemacht haben (s. Tabelle 1). Aus diesen Aspekten wurden schließlich zwei Schlüsselkategorien herausgearbeitet, die sich jeweils auf die Frage nach dem Eintritt und nach dem Verharren im System beziehen.

Zeitliche Einordnung	**Höherwertige Kategorien**	
bezogen auf die Zeit vor der Gemeinschaft	mangelnde psychosoziale Bedürfnisbefriedigung	
	geringer Selbstwert	
	Verdrängung eigener Bedürfnisse und Gefühle	
	Glaube als Ressource	
	Sehnsucht nach haltgebender Beziehung und Lebenssinn	**Schlüssel-kategorie**
bezogen auf die Zeit des Kennenlernens der Gemeinschaft	Erstkontakt in Umbruchs- und Orientierungsphase	
	Erstkontakt durch enge Bezugsperson	
	Gemeinschaft spricht tiefe Grundsehnsüchte an	
bezogen auf die Zeit in der Gemeinschaft	intensive Bindungs-/Beziehungserfahrungen	
	Halt und Orientierung	
	soziale Isolation	
	Ausübung von Macht und Einfluss	
	Entwertung	
	Existenzielle Verlustangst	**Schlüssel-kategorie**

Tabelle 1: Signifikante Kategorien

Darüber hinaus hat sich eine zentrale Hypothese herauskristallisiert, die ich »Gemeinschaft als Familienersatz« genannt habe. Diese bildet gewissermaßen den Kern der beiden Schlüsselkategorien und ist besonders relevant für die Ergründung der Forschungsfrage.

Im Folgenden stelle ich sowohl die zentrale Hypothese als auch die beiden Schlüsselkategorien vor und erläutere sie unter Zuhilfenahme von Zitaten aus den Interviews. Damit soll anschaulich gemacht werden, welche konkreten persönlichen Erfahrungen der Theorie zugrunde liegen. Auf diese Weise möchte ich die Betroffenen selbst zu Wort kommen lassen, die die eigentlichen Experten sind und von denen wir lernen können, was geistlicher Missbrauch ist, wie er sich anfühlt und wie er wirkt. Nur wenn wir ihnen zuhören, haben wir eine Chance, dieses Phänomen zu begreifen. Alle Zitate der Betroffenen sind dadurch erkenntlich, dass sie im Text kursiv gedruckt sind.

Gemeinschaft als Familienersatz

»Da waren plötzlich Jugendliche, andere Jugendliche und junge Erwachsene, die mich so angenommen haben, wie ich bin, und die gesagt haben, du bist hier willkommen und wir freu'n uns, dass du da bist, und die sich im Nachhinein auch als meine Schwestern und Brüder bezeichnet haben, und wo ich gemerkt hab, ja das kann irgendwie Ersatz für mich werden, das kann irgendwo Ersatzfamilie für mich werden.«

Dieses Zitat einer Interviewpartnerin beschreibt sehr anschaulich, was ich als Dreh- und Angelpunkt des geistlichen Missbrauchs beschreiben möchte: **Die Gemeinschaft macht das Angebot, für ihre Mitglieder zu einer Art Familienersatz zu werden.** Dieses Phänomen leuchtet in den Interviews mehrfach auf. Es erklärt mit, woher die starke emotionale und psychische Abhängigkeit rührt, auf deren Boden sich später ein umfassendes Manipulations- und Kontrollsystem sowie Indoktrinationen relativ widerstandslos etablieren lassen.

Das netzförmige Schaubild in Abb. 1 (Kodierparadigma) stellt deutlich heraus, in welchen verzweigten Zusammenhängen dieses Phänomen steht: Es geht um Kontext, Ursachen, intervenierende Bedingungen (strukturelle Vorbedingungen, die die betroffene Person »mitbringt«), Strategien und Konsequenzen. Die jeweils zugeordneten Unterpunkte entstammen den Interviewaussagen der befragten Personen. Zur Erläuterung des Schaubilds stelle ich die wichtigsten Aspekte vor und unterlege sie mit relevanten und aussagekräftigen Zitaten.

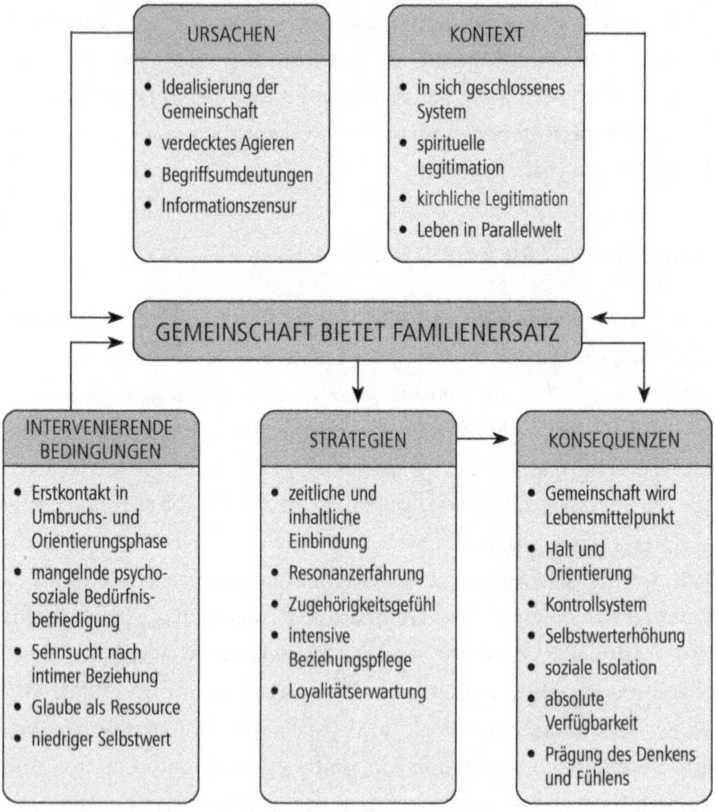

Abbildung 1: Die Gemeinschaft als »Familienersatz«

Kontext

Ein erster Blick gilt dem Kontext und damit der Frage, welche Bedingungen es im Umfeld einer Gemeinschaft gibt, die es ihr ermöglichen, mit ihrem Angebot des Familienersatzes Vertrauen bei der Zielgruppe zu gewinnen. Eine wichtige Rolle spielen hierbei sowohl die kirchliche Legitimierung, beispielsweise in Form einer kirchlichen Anerkennung, als auch die spirituelle Legitimierung. Ein Interviewpartner beschreibt dies als eine Erfahrung, *»dass da jemand scheinbar mit Vollmacht mir sagt, wer ich denn sei, und der da irgendwie sich immer selber legitimiert, also über Christus, über diese Kirche«*. Diese beiden Arten der Autorisierung vermitteln den Mitgliedern eine gewisse Sicherheit und Orientierung. Das Etikett »katholisch« vermittelt den Eindruck, dass von oberster Stelle geprüft und genehmigt worden sei, was die Gruppierung lehrt und wie sie handelt. Gleichzeitig verfügen die Verantwortlichen der Gemeinschaft damit über einen großen Vertrauensvorschuss und können sich leichter erlauben, im Namen der Kirche oder im Namen Gottes zu sprechen, ohne dies gleich verifizieren zu müssen. Dass zuständige Bischöfe oftmals keine Ahnung (oder kein Interesse) haben, was hinter den verschlossenen Türen einer solchen Gruppierung geschieht, ist neuen Mitgliedern häufig gar nicht so bewusst. Des Weiteren führen das in sich geschlossene System der Gemeinschaft sowie deren Konstruktion einer Art Parallelwelt dazu, dass verstärkt eine vertrauliche und enge Familienatmosphäre entsteht. Eine junge Frau berichtet: *»Ich erinner mich gut an mein Studium, dass ich da natürlich Kommilitonen kennengelernt habe, aber ich nie von meiner Seite ein gesteigertes Interesse an 'ner Freundschaft hatte oder nie darein investiert habe, Menschen näher kennenzulernen, intensiver kennenzulernen, weil* (holt tief Luft) *ich hatte ja meine Gemeinschaft, ich brauchte ja niemand anderen. […] sodass ich mich da also auch sozial immer mehr isoliert habe und rausgezogen habe und abgeschottet habe.«*

Ursachen

Ursächliche Bedingungen, die dieses Familiengefühl begünstigen, sind die Idealisierung der Gemeinschaft als Inhaberin der »einzig wahren Lehre und Praxis«; ihr anfänglich verdecktes Agieren, dass z. B. anfangs noch gar nicht klar kommuniziert wird, wie die Bedingungen und Erwartungen an die Mitglieder später tatsächlich aussehen; eine Informationszensur, die z. B. untersagt, dass gewisse Informationen nach außen getragen werden, weil sie nur für den internen Kreis bestimmt seien und von der Außenwelt nicht richtig verstanden werden könnten; und schließlich die Etablierung eines Insiderjargons mit entsprechenden Begriffsumdeutungen, wie sie ein Mann beschreibt: *»[...] die Worte bekommen andere Bedeutungen, also Familie, Erde, Welt, gut, böse, alles wird irgendwie [...] in einen neuen Kontext gestellt.«*

Die so aufkommende Atmosphäre vermittelt einerseits ein Gefühl von Zugehörigkeit und Zusammenhalt und rechtfertigt gleichzeitig das entstehende Machtgefälle, wie es natürlicherweise auch zwischen Eltern und Kindern besteht: Gewisse Informationen sind nur für die »Eltern« bzw. Verantwortlichen bestimmt, diese müssen die »Kinder« bzw. Mitglieder nicht in alle Entscheidungen einbeziehen und Familiengeheimnisse dürfen nicht nach außen dringen. Was in einer Familie seine interne Berechtigung haben mag, wird ganz subtil und unterschwellig auf eine Gemeinschaft von erwachsenen Menschen übertragen, die eigentlich auf Augenhöhe miteinander leben sollten. *»Aber das wusste ich alles nicht«*, erzählt ein Mann, *»das wusste aber auch keiner, es wissen auch meines Erachtens viele noch immer nicht, die da drin sind, wie das wirklich funktioniert.«* Dieses Machtgefälle impliziert gleichzeitig eine klare Zuweisung von Schuld und Fehlerhaftigkeit auf der einen Seite sowie eines Rechts- und Wahrheitsanspruchs auf der anderen Seite. Ein Betroffener beschreibt diese Dynamik sehr eindrücklich: *»Es war nie so ganz klar, wer welche Rolle hat, [...] aber die einen dann schon relativ* *gut zur Brust nahmen, sodass man wieder bei sich alle Fehler dieser Welt sah und auch emotional zusammenbrach und dann wiederum für eine Zeit wieder […] näher dran gebunden war. Oder gebunden sowieso ganz stark, aber wieder mehr im Einvernehmen war, man die Schuld wieder bei sich sieht.«*

Intervenierende Bedingungen

Die intervenierenden Bedingungen beziehen sich auf die persönlichen und strukturellen Vorbedingungen, die Betroffene bereits mitbringen und sie potenziell empfänglich machen für das Angebot eines Familienersatzes durch die Gemeinschaft. Dabei können folgende Aspekte einen Einfluss haben: ein niedriger Selbstwert; die Erfahrung eines bisherigen Mangels an psychosozialer Bedürfnisbefriedigung (z. B. Bindung, Kontrolle, Selbstwerterhöhung oder Lustempfinden); die Sehnsucht nach intimen, wahrhaftigen Beziehungen; oder wenn der Erstkontakt mit der Gemeinschaft in eine persönliche Umbruchs- bzw. Orientierungsphase fällt. So berichtet eine junge Frau von ihrer Ausgangssituation: *»Ich war wirklich so ein einsamer Mensch. […] Nach dem Suizid meines Vaters war die familiäre Situation einfach auch so, dass […] meine Mutter sich sehr viel um meine Schwester gekümmert hat, die schon pubertierend war, und die beiden hatten ohnehin ein engeres Verhältnis als ich zu meiner Mutter und somit stand ich ein Stück weit irgendwo allein da und musste mit meinem Schmerz und mit meinen Fragen und mit meiner Einsamkeit irgendwo klarkommen und hatte immer das Gefühl, ja da ist niemand, es ist niemand da, der sich für mich interessiert, der sich um mich kümmert, der mich gern hat […] ja. Das war so 'ne Einsamkeit.«*

Wurde der persönliche Glaube von der betreffenden Person bereits als Ressource erlebt oder befindet sie sich auf der Suche danach, kommt ein weiterer wichtiger Punkt hinzu, den ein anderer Interviewpartner beschreibt: *»Ich ging immer zur Kirche, also sonntags immer in die Kirche, und war auch in gewisser Weise aktiv, nicht sehr,* *weil mich das pfarrliche Leben nie so groß interessiert hat, das war mir immer zu lau, um das in diesen alten Vokabeln zu sagen. Also es hat mich nicht angesprochen, weil […] ich hab das nicht entdeckt, was das mit der Botschaft Jesu zu tun hat.«* In einer solchen Suchbewegung kann eine lebendige Glaubensgemeinschaft junger Menschen, die Begeisterung und Freude am Glauben ausstrahlen, eine große anziehende Wirkung haben.

Strategien

Die von der Gemeinschaft angewandten Strategien, um neue Mitglieder in ihr Familiensystem einzubinden, zeigen sich zunächst und vor allem in einer äußerst intensiven Beziehungspflege sowie der Erzeugung von Resonanzerfahrung und Zugehörigkeitsgefühl: *»[…] und da hab ich einfach erlebt, dass da so wahnsinnig viele fröhliche Menschen waren und die Interesse an mir gezeigt haben, die irgendwie auch freundlich waren, die hilfsbereit waren, die sich gekümmert haben, die irgendwie auch 'nen Blick für mich hatten und immer wieder gefragt haben: Brauchst du noch was?«* Ein anderer Betroffener erlebte die erste Begegnung so: *»Das Zentrale war eigentlich ich bei dem Ganzen, nicht diese Gemeinschaft, sondern ich, das hatte eine gewisse Attraktivität, weil das so im Regelfall ja nicht erlebt wird.«*

Mit der Zeit kommen dann meist eine zunehmende zeitliche und inhaltliche Einbindung hinzu sowie eine gewisse Loyalitätserwartung der Gruppe und ihren Vorgaben gegenüber: *»Aber […] die Gebetsverpflichtung der Gemeinschaft […] nahm schon immer mehr Zeit in Anspruch. Sehr viel intensiver wurde das Ganze nach meinem Abitur und dem damit verbundenen Auszug zu Hause, was mir auch die Gemeinschaft eben nahegelegt hat: Du musst zu Hause ausziehen, damit du frei bist, und damit du das alles leben kannst, was wir […] leben wollen und damit du auch mehr auf die Einsätze*[12] *fahren kannst. […] Das war für mich total klar, dass ich nach dem Abitur auf jeden Fall sofort ausziehe und zusehe, dass ich irgendwie mehr Anschluss* *bekomme, und damit war auch klar, dass ich irgendwo studieren werde, wo Menschen der Gemeinschaft in der Nähe sind, am besten da, wo der Leiter wohnt. Und somit bin ich […] quasi in so 'n, ja […] rückblickend würd ich sagen auch in so 'n Kontrollsystem geraten.«*

Konsequenzen

Als Konsequenz erzeugen die beschriebenen Strategien bei den neuen Mitgliedern zunächst eine enorme Selbstwerterhöhung und die Erfahrung von Halt und Orientierung. Nach und nach wird die Gemeinschaft zu ihrem Lebensmittelpunkt, für die sie zur absoluten Verfügung stehen. Eine Frau erzählt: »[…] *und ich habe da dann auch entsprechend meine Freizeit im Wesentlichen der Gemeinschaft zur Verfügung gestellt und ich war mittlerweile auch so in das Gedankengut der Gemeinschaft hineingewachsen, dass für mich Kontakte zur Außenwelt […] keinen großen Sinn und keinen großen Wert mehr hatten.«* Ein anderer Betroffener beschreibt sein Erleben so: »*Am Anfang war das in keiner Weise klar, dass das irgendwie mit Druck zusammenhängt oder so was, das war noch relativ frei. Und das wurde da, umso mehr man in dieser Gruppierung drin war, immer […] perfider. […] Es lief eigentlich nur noch über Druck.«*

Parallel zu diesem Prozess setzt in der Regel eine mehr oder weniger starke soziale Isolation ein. Infolge der engen Beziehungen und der organisch wachsenden Hineinnahme in die Aufgabenbereiche und das Gedankengut der Gemeinschaft werden Denken und Fühlen der Person zunehmend geprägt und verwandelt. Das umfassende, subtile Kontrollsystem sowohl auf institutioneller als auch auf persönlicher Ebene kann nun greifen. Personen, die bisher als Freunde geglaubt werden, entpuppen sich als »Spitzel«. Es ist nicht mehr klar, wer Vertrauter ist und wer im nächsten Moment zum Verräter werden kann. So erlebte es eine der interviewten Personen: » *[…] die gaukeln eine persönliche Freundschaft vor, die gar nicht existent ist, und nur um den andern im Grunde […] auszuhorchen und ihn manipulieren zu können. Und […] in diesem System wurde immer alles nach oben getragen. Also was man einem sagte, wusste immer der Leiter, was man einem Priester sagte, wusste auch der Leiter.«* Und: *»Das war irgendwann klar, [..] dass es wohl Einzelne gibt, die einem zugeordnet sind, die dann auch immer mehr von einem einforderten. Im Grunde war es so ein […] gläsern werden für den andern und […] vorauseilend gehorsam sein […]. Nicht dem gehorsam sein, was der andere verlangt, sondern schon erahnen, was der andere denn im Grunde da für richtig halten würde.«*

Sehnsucht nach haltgebender Beziehung und Lebenssinn

Auf die Forschungsfrage, wie Personen in geistlich missbräuchliche Systeme geraten, wurde folgende Theorie herausgearbeitet: **Menschen schließen sich der Gruppierung an, weil hier ihre Sehnsucht nach haltgebender Beziehung und Lebenssinn glaubhaft beantwortet wird.** Markant ist, wie häufig und emotionsstark in den Interviews bei der Beschreibung des Kennenlernens der jeweiligen Gemeinschaft von Suche, Sehnsüchten, Wünschen und Bedürfnissen die Rede ist. Bündelt und verdichtet man diese, stößt man zur Schlüsselkategorie[13] »Sehnsucht nach haltgebender Beziehung und Lebenssinn« vor (s. Abb. 2). Diese Haupthypothese beleuchtet die verschiedenen Dimensionen des inneren Sehnens: nach Beziehung, Halt und Orientierung, Lebenssinn und Gott.

»Diese Erfahrung bei der Gemeinschaft [Name der Gemeinschaft] *hat in mir so 'ne Sehnsucht geweckt nach Geborgenheit, nach Halt, nach Orientierung und nach Gott. Also es war wirklich auch so 'ne Sehnsucht nach, ja, einer Erfahrung Gottes oder einer Erfahrung des Glaubens, wo ich gedacht hab, ja, vielleicht find ich dort Halt, den Halt, den ich verloren hatte durch den Suizid meines Vaters. Diese Sehnsucht, die ist in mir gewachsen und die ist in mir geblieben.«* Das Beziehungsangebot der Gemeinschaft beschränkt sich nicht nur auf die Mitglieder. Über die zwischenmenschliche Perspektive hinaus gibt es vielmehr die

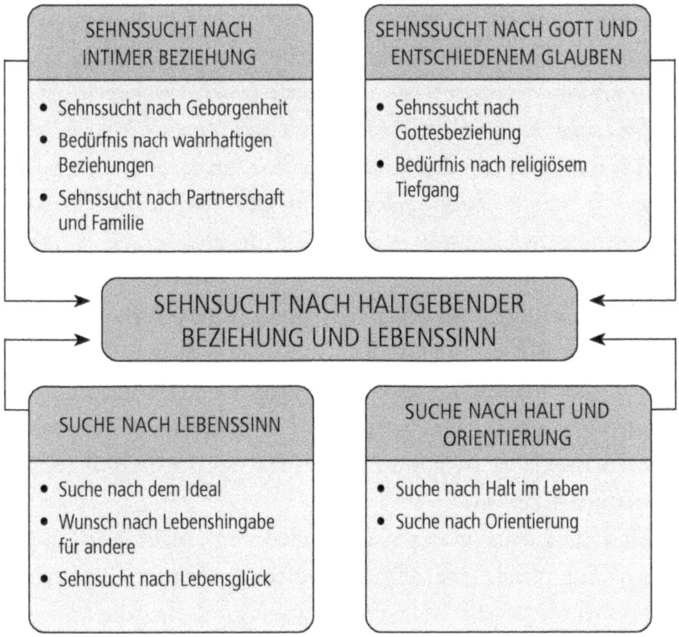

Abbildung 2: Schlüsselkategorie »Sehnsucht nach haltgebender Beziehung und Lebenssinn«

Aussicht darauf, zu einer intimen und vertrauten Gottesbeziehung geführt zu werden. Sollten (wieder) alle menschlichen Bindungen versagen und sich auflösen, gibt es hier die Vision einer alles überdauernden, göttlichen Beziehung, die alle Bedürfnisse des Menschen stillen kann. Gleichzeitig wird mit der Gottesbeziehung auch die Sinnfrage beantwortet: Für und mit Gott in der Gemeinschaft zu leben, wird zum Lebenssinn deklariert, der den Einzelnen glücklich machen wird, wenn er sich als treu und würdig erweist.

Haben Menschen in ihren bisherigen Bezugssystemen eine mangelhafte psychosoziale Bedürfnisbefriedigung erfahren, entsteht in ihnen ein gesteigertes Bedürfnis nach Geborgenheit, Bindung, Nähe, Halt und Orientierung. Gerade wenn der Erstkontakt zur

Gemeinschaft in einer Umbruchs-, Krisen- oder Orientierungsphase stattfindet, sind die frustrierten Bedürfnisse besonders aktiviert. Ein Mann erzählt von dieser Zeit des Einstiegs: *»Ich war sicherlich sehr auf der Suche; nach einer Gruppierung will ich noch nicht mal sagen, aber überhaupt auf der Suche nach was ich beruflich machen möchte, was ich in Partnerschaft machen möchte oder was da gelingen kann, und auch was religiös gelingen kann, [...] also ohne zu wissen, was ich suche.«* Durch die beschriebenen Strategien der Gemeinschaft (intensiver Beziehungs- und Freundschaftsaufbau, positive Resonanz, Einbindung, Willkommenskultur etc.) werden diese tiefen menschlichen Grundsehnsüchte nach Beziehung, Gemeinschaft, Zugehörigkeit, Geborgenheit, Sicherheit und Orientierung angesprochen und bedient. Damit steigt die Anziehungskraft der Gruppierung auf die betroffene Person.

Wenn der Glaube in der Vergangenheit, z. B. in schwierigen Situationen oder durch eine religiöse Erziehung, bereits als Ressource erfahren wurde, ist die Wahrscheinlichkeit groß, dass die Sehnsucht nach vertrauter Beziehung, einer haltenden und richtungsweisenden Hand sowie einem tieferen Lebenssinn auf Gott projiziert wird. Neben der Hoffnung auf menschliche Unterstützung und Zugewandtheit wird diese Erwartung dann insbesondere auf Gott gesetzt. Während Menschen begrenzt und fehlbar sind oder enttäuschen können, sind Gott ja keine Grenzen gesetzt. Er wird mich nicht enttäuschen. Er wird mich nicht fallen lassen. Wenn alle gehen, bleibt er doch treu. Mit diesen inneren Bildern bekommt die Beziehung zu Gott eine existenzielle Bedeutung, da sie ein gewissermaßen unfehlbares Konzept darstellt, sicher, geschützt und verbunden durchs Leben zu gehen. Wer kann das glaubhafter anbieten und umsetzen als ein unfehlbarer Gott? In Verbindung mit einer intensiven und alle Sinne ansprechenden Liturgie machen geistliche Gemeinschaften dieser Sehnsucht nach religiösem Tiefgang und geistlichem Wachstum ein oftmals überzeugendes Angebot. Und das umso mehr in Zeiten, in denen die eigene Gemeinde oder das Heimatbistum mit innerkirchlichen Grabenkämpfen oder politischen Themen beschäftigt sind und konkrete spirituelle Angebote Mangelware sind.

Hinzu kommt, dass den Mitgliedern von geistlichen Gemeinschaften die Vorstellung vermittelt wird, durch ihr Engagement in exklusiver Weise für ein höheres Ziel berufen und gesendet zu sein, z. B. die »Rettung der Seelen« oder heilig zu werden. Ihre Mitgliedschaft ist damit nicht nur ein spontaner und temporärer Entschluss, sondern sie wird zu einer göttlichen Berufung, einem Auftrag, einer Bestimmung, einer Begnadung. Es ist Geschenk und Verpflichtung zugleich. Eine Befähigung, verbunden mit dem Anspruch der unbedingten Treue und Erfüllung. Ein Betroffener beschreibt dieses höhere Ziel so: *»[...] und dann als junger Mensch hab ich das sehr verspürt, dass man im Grunde sein Leben ja geben will, ja? Also irgendwie für eine Idee [...], insbesondere für andere. [...] Und sehr auch [...] dieses Gefühl [...], dass man da eine gewisse Verantwortung auch hat für andere. Und wie gesagt, Jugend glaub ich, das is' in jeder Jugend so, die hat immer das Potenzial, sich ganz geben zu wollen für etwas.«* Eine andere Person berichtet: *»Fasziniert hat mich zum einen definitiv irgendwie dieses Angenommensein, da sein zu dürfen, das Gefühl, geliebt zu sein, und andererseits auch durch die immer wiederholten Predigten des Leiters der Gemeinschaft auch so ein Sendungsbewusstsein, dass ich gedacht hab, ich tu hier ja was ganz Sinnvolles, ich muss ja Seelen retten.«*

Im Rahmen der Gemeinschaft werden all diese Bedürfnisse und Sehnsüchte plötzlich in einer sehr dichten und neuartigen Form genährt. Es entsteht ein regelrechter Sog. Vielleicht vergleichbar mit einer Verliebtheit, die ebenfalls mit einer starken Sehnsucht einhergeht und gleichzeitig zu einer Einengung des Bewusstseins und zur Fehleinschätzung des Gegenübers führt. Positive Aspekte werden als besonders intensiv erlebt, während Fehler schnell übersehen werden. Gleichzeitig kommt es zur Projektion eines ersehnten Lebensgefühls auf die Gruppierung oder einzelne Personen, befeuert durch den positiven Einfluss auf das eigene Empfinden und ein Informationsdefizit. Dies führt schließlich – wie bei der Verliebtheit – zu kognitiven Verzerrungen. Eine Betroffene erzählt von ihrer ersten Begegnung mit der Gemeinschaft: *»Das war so 'ne Situation von Kennenlernen, also von etwas Fremdem, was ich entdecken durfte irgendwie, also grade was den Glauben auch anging. Ich weiß, dass ich auf dem Treffen meine erste Beichte seit meiner Erstkommunion irgendwie hatte, und das war totales Neuland für mich, also das war einfach, ja, auch der Reiz des Neuen sag ich mal.«*

Existenzielle Verlustangst

»Im Rückblick ist mir irgendwann auch dafür ein Bild eingefallen, dass dieser Stein [Name der Gemeinschaft], *das war so der tragende, der Mittelstein meines Turmes, den ich gebaut habe. Und wir kennen das alle vom Jengaspielen, wenn [...] dieser Mittelstein ganz unten plötzlich rausgezogen wird, dann stürzt der ganze Turm ein. Und das war wirklich 'ne Angst auch im Loslösungsprozess von der Gemeinschaft, dass ich gedacht hab, [...] wenn ich diesen Grundstein rausziehe, wenn ich das, worauf ich meinen ganzen Turm gebaut habe, irgendwie rausziehe, dann is' aber schwierig, dann hab ich einen riesen Steinhaufen da liegen, aber keinen Turm mehr stehen.«*

Abbildung 3: Schlüsselkategorie »Existenzielle Verlustangst«

Der zweite Teil der Forschungsfrage bezieht sich darauf, warum Betroffene häufig über einen erstaunlich langen Zeitraum in einer Gemeinschaft bleiben, obwohl ihnen diese Lebensform offensichtlich nicht nur guttut. In diesem Zusammenhang hat sich die Schlüsselkategorie »Existenzielle Verlustangst« herausgebildet. Die Theorie, die daraus entwickelt wurde, lautet: **Menschen verharren über längere Zeit im missbräuchlichen System, weil der Ausstieg mit einer existenziellen Verlustangst verbunden ist.**

Wie oben beschrieben, ist die Gemeinschaft durch zeitliche Einbindung, Milieukontrolle, klare Strukturen und Regeln sowie Idealisierung von einzelnen Personen oder der eigenen Praxis zunehmend zum Lebensmittelpunkt der betroffenen Person geworden: Sie bietet Familienersatz, Heimat und Halt, Orientierung und Sicherheit und ist damit alternativloser Lebensinhalt. Eine Betroffene beschreibt diese Alternativlosigkeit: *»[...] weil die Gemeinschaft war ja ganz wichtig für mich, das war ja meine Familie, das war ja mein Ein und Alles, mein Halt, den ich in meiner leiblichen Familie eben nicht mehr hatte und mit der ich quasi ziemlich gebrochen hatte. [...] Ja und ich war mir eben bewusst, [...] das ist meine Familie und die sind die wichtigsten Menschen und die darf ich nicht verlieren und es gab kein höheres Gut.«*

Doch es geht nicht nur um die engen Bande in den zwischenmenschlichen Beziehungen oder um emotionale Abhängigkeiten. Ein großes Gewicht hat auch die spirituelle Dimension. Das Bewusstsein, von Gott persönlich berufen und gesendet zu sein, führt dazu, dass der eigene Glaube unmittelbar an die Mitgliedschaft in der Gemeinschaft gebunden ist. Wer die Gemeinschaft verlässt, verlässt auch den wahren Glaubensweg. Wer geht, wird Gott und der persönlichen Berufung gegenüber untreu. Ein Betroffener beschreibt dieses Dilemma: *»Das wird aber auch natürlich sehr unterstützt durch Bibelstellen, [...] man ist ja da hineingerufen durch Jesus Christus persönlich und diese Gemeinschaft ist dazu ausersehen, einen zu führen. [...] immer ganz einfache Logik halt: von [...] Gott* *reingerufen und der böse Jung', der austritt, ist der böse Jüngling und so.«* Durch die Idealisierung der eigenen Gemeinschaft und Lebensweise entsteht eine immer tiefere Kluft zwischen der eigenen Welt und der Welt »da draußen«. Dies führt mit der Zeit zur Ausprägung eines klaren Schwarz-Weiß-Denkens, das keine Graustufen erlaubt. Die eigene Lebenswelt wird zunehmend eingeteilt in gut und böse, richtig und falsch, von Gott und nicht von Gott. Eine Betroffene erzählt: *»Ich hatte ja meine Gemeinschaft, ich brauchte ja niemand anderen [...], sodass [...] immer mehr in mir auch dieses Wir-und-die-anderen-Gefälle irgendwie gewachsen ist. Also wir, der heilige erwählte Rest, und die anderen, die böse Welt, die es zu meiden gilt irgendwie.«*

Wenn wir uns in diese komplexe, emotional und moralisch hoch aufgeladene Lebens- und Denkweise einfühlen, können wir eine Vorstellung davon entwickeln, wie sehr allein der Gedanke daran, die Gemeinschaft zu verlassen, mit existenziellen Ängsten verbunden sein muss. Die Angst vor Einsamkeit aufgrund der sozialen Isolation und des gemeinschaftlichen Familienbewusstseins. Mit einem Ausstieg würde in vielen Fällen das gesamte soziale Netzwerk wegbrechen. Je nachdem, wie stark die soziale Isolation ausgeprägt ist, stehen Betroffene vor der Herausforderung, sich einen ganz neuen Freundes- und Bekanntenkreis aufbauen zu müssen. Die Angst vor dem Verlust des Lebenssinns, der gewissermaßen aus der Gemeinschaft und ihren Regeln, Strukturen und Idealen besteht und ohne Alternative ist. Neben der Mission »die Welt zu retten«, erscheint alles andere banal und profan. Wofür lohnt es sich noch zu leben? Zudem fallen die Schutz- und Leitplanken der Gemeinschaft weg, die dem eigenen Leben die Richtung gewiesen haben. Wer sagt mir jetzt, was richtig und was falsch ist? Woher soll ich wissen, wie man sein Leben »da draußen« sinnvoll gestaltet? Und schließlich die Angst, den eigenen Glauben mit dem Ausstieg zu verlieren, da die Gemeinschaft den Anspruch erhebt, ihre Lehre sei erhaben über alle anderen. Dieses selbstwerterhöhende

Lebensgefühl, das Motivation zum Weitermachen und zur Überwindung jeglicher Schwierigkeiten ist, beschreibt ein Betroffener mit folgenden Worten: *»[...] und das aber in diesem Hochgefühl von wir haben aber den wahren Weg, wir haben Christus, wir folgen Christus wirklich nach.«* Mit dem Ausstieg würde man auch diesen Höhenweg verlassen und sich zu denen gesellen, die sich gegen die Wahrheit und gegen die radikale Nachfolge entschieden haben.

Diese Existenzängste machen es Betroffenen von geistlichem Missbrauch extrem schwer, sich von der Gemeinschaft zu lösen, da sie in vielen Lebensbereichen bei null anfangen müssten: soziale Beziehungen aufbauen, sich neu orientieren, neue Werte und Ideale definieren, wieder Zugang zu den eigenen Wünschen und Bedürfnissen finden, die bis dahin oftmals stark unterdrückt worden sind, sich neu mit dem persönlichen Glauben auseinandersetzen bis hin zu einem finanziellen oder beruflichen Neuanfang in manchen Fällen. Hinzu kommt die Herausforderung, zu erkennen und sich einzugestehen, dass das, was man für die ideale Lebensform gehalten hat, einen missbräuchlichen Charakter hatte und tief greifende Verletzungen verursacht hat.

Hier geht es an die Lebenssubstanz und es erklärt, warum es oft jahrelang dauert, bis der Ausstieg vollzogen wird. Ein Betroffener beschreibt diesen Kampf so: *»Ich war zwei Jahre drin und nach einem Jahr wollt ich nur noch raus* (mit zitternder Stimme) *und es ging nicht. Es ging nicht, da rauszukommen. Ich hab damals schon Fantasien [gehabt], dass mich da irgendwer entführen müsste oder so. Ich hab das nicht geschafft, da rauszukommen. [...] Wobei Absprung schaffen das falsche Wort dafür ist, weil man geht* (weinend) *[...] aus solch einer Gemeinschaft raus mit dem Gefühl, nicht mehr leben zu können. Dem Gefühl, darin nicht leben zu können, aber auch draußen nicht leben zu können. Und das ist kein Absprung, das ist also irgendwie ein Fall [...] in den Abgrund.«*

Zusammenfassung

Was in den Forschungsergebnissen deutlich wird und auch im Fachdiskurs immer wieder angemerkt wird, ist die enorme Komplexität und Verflechtung der Thematik, da alle Bereiche des Menschen von geistlichem Missbrauch betroffen sind: Psyche und Emotionen, Sozialisation und Spiritualität. In diesem Sinne ist die Hypothese, dass die Gemeinschaft für ihre Mitglieder zum Familienersatz wird, äußerst zentral. Sowohl bei der Frage nach der Anziehungskraft als auch nach dem Verharren im missbräuchlichen System spielen die tiefsten Grundsehnsüchte und Grundbedürfnisse des Menschen eine entscheidende Rolle. Diese werden natürlicherweise in den familiären Herkunftsbezügen befriedigt und im besten Fall wird hier ein sicherer Rahmen geboten für Persönlichkeitsentwicklung, Prägung von Werten und Idealen sowie wichtige Lebensentscheidungen. Ist die Befriedigung der psychischen Grundbedürfnisse aus unterschiedlichsten Gründen ausgeblieben oder nur mangelhaft erfolgt, entsteht in der betroffenen Person ein besonderes Bestreben, diese Bedürfnisse auf andere Weise zu erfüllen.

Dies spiegelt sich in der ersten Hypothese wider, dass die Sehnsucht nach haltgebender Beziehung und Lebenssinn eine zentrale Bedingung ist, damit sich eine Person von der Gemeinschaft angezogen fühlt. Diese Sehnsucht bezieht sich insbesondere auf die Grundbedürfnisse nach Bindung, Zugehörigkeit und Selbstwerterhöhung sowie nach Orientierung und Kontrolle. Indem die religiöse Gemeinschaft gezielt intensive Beziehungssysteme, Halt und Sinnbezüge anbietet und gleichzeitig die Rolle einer neuen Familie einnimmt, wird sie für Menschen mit einer solch ungestillten Bedürfnisbefriedigung besonders attraktiv. Die Gemeinschaft begibt sich auf diese Weise in eine äußerst einflussreiche Position. Ein vergleichbares Machtgefälle wie zwischen Eltern und Kindern begünstigt ein autoritäres, bevormundendes oder herablassendes Agieren der Verantwortlichen. Die spirituelle Dimension ihres Auftrags verleiht ihnen darüber hinaus eine exklusive Legitimation, mit der »Stimme Gottes« zu sprechen, und damit eine enorme Führungsgewalt über die einzelne Person. Genau das ist das Fundament für geistlichen Missbrauch. Mithilfe ihrer Machtposition nutzen diese Personen die Abhängigkeit und Bedürftigkeit der ihnen Anvertrauten emotional aus und begründen ihr Verhalten mit dem Glauben.

Vor dem Hintergrund dieses spiritualisierten Familienersatzes, der alle Bereiche des Menschen berührt und umfasst, sowie im Wissen um den Prozess der Bewusstseinskontrolle, der nachfolgend beschrieben wird, wird deutlich, wie schwer die Loslösung von solch einer toxischen Gemeinschaft auf die Dauer wird. Die Annahme, dass eine existenzielle Verlustangst die betroffene Person davon abhält, die Gemeinschaft wieder zu verlassen, macht deutlich, welchen Mut und Kraftaufwand es kosten muss, sich aus den verschiedenen Abhängigkeiten und vermeintlichen Sicherheiten zu lösen. In vielen Fällen heißt ein Ausstieg für die Betroffenen, ein mühsam errichtetes Lebenswerk und ein unter Kraftanstrengung verfolgtes Lebensziel aufzugeben, meist ohne bereits eine sinnvolle Alternative in Aussicht zu haben, mit der sie die zurückbleibende innerliche wie äußerliche Leere füllen könnten. Besonders schwer macht es der Aspekt, dass diese Menschen nicht nur einen vertrauten Personen- und Freundeskreis aufgeben, sondern ihnen über Jahre vermittelt wurde, dass ein Verlassen der Gemeinschaft dem Abfall vom wahren Glauben gleichkomme.

Im letzten Teil dieses Buches wird ein geeignetes Beratungskonzept für Betroffene von geistlichem Missbrauch vorgestellt, das ich auf der Grundlage der beschriebenen Erkenntnisse entwickelt habe. Insbesondere die Bedeutung der unbefriedigten und wiederholt enttäuschten Grundbedürfnisse nach Bindung und Zugehörigkeit, Selbstwerterhöhung sowie Orientierung und Kontrolle spielen eine wichtige Rolle für den Beratungsprozess. Der Beraterin kommt eine besondere und sensible Rolle zu, da sie als Modell für einen gelingenden und vertrauenswürdigen Beziehungsaufbau steht und die Sensibilität des betroffenen Klienten an dieser Stelle immer gut im Blick behalten muss. Aufgrund der Bedeutung des persönlichen Glaubens sowohl für den Einstieg als auch für das Verharren im missbräuchlichen System ist zudem die spirituelle Dimension im Beratungsprozess bedeutsam. Nicht jede Betroffene wird sich mit diesem Thema sofort auseinandersetzen wollen, doch gleichzeitig steht das Wissen um den Glauben als missbrauchte Ressource und die Frage nach einer gesund gelebten Spiritualität als zentraler Aspekt im Raum. Hier kann eventuell auch die zusätzliche Begleitung durch einen sensibilisierten geistlichen Begleiter sinnvoll sein. Nun wenden wir uns aber zunächst der psychologischen Manipulation zu, ohne die wir die Systematik von geistlichem Missbrauch nur schwer verstehen können.

4. BEWUSSTSEINSKONTROLLE IM MISSBRÄUCHLICHEN SYSTEM

Um zu verstehen, inwieweit das Denken, Fühlen und Handeln von Menschen innerhalb eines geistlich missbräuchlichen Systems beeinflusst wird und weshalb der Ausstieg aus einer solchen Gruppierung so schwierig ist, ist es unverzichtbar, das Phänomen der Bewusstseinskontrolle intensiv in den Blick zu nehmen. Dieser soziale Prozess ist insbesondere aus der Sektenforschung bekannt. Er bietet wichtige Hinweise, wie es dazu kommt, dass der Einzelne seine persönliche Identität und Autonomie schrittweise aufgibt und stattdessen Gruppenidentität und Konformität die Oberhand gewinnen. Es mag zunächst irritieren, katholisch approbierte Gemeinschaften mit Erkenntnissen aus der Sektenforschung in Verbindung zu bringen. Als geschlossene Systeme innerhalb der Kirche mit einer klaren Ausrichtung und Vorstellung von der Art, das Leben zu gestalten, sind geistliche Gemeinschaften jedoch grundsätzlich anfällig für das Aufkommen destruktiver Elemente und Dynamiken, wie wir sie auch in totalitären Sekten finden. Der Grad dieser Anfälligkeit hängt dabei von dem Reifungsprozess einer Gruppierung sowie der Fähigkeit zur kritischen Selbstreflexion vor allem seitens der Verantwortlichen ab. Was im Einzelnen den Nährboden und die Voraussetzungen für die Entfaltung sektiererischer Tendenzen bietet, schauen wir uns nun genauer an.

Acht Schritte zur mentalen Manipulation

Der Psychiater Robert Jay Lifton führte 1961 eine Studie mit Personen durch, die während des Koreakriegs und danach von der kommunistischen Regierung in China einer »gewaltfreien Gehirnwäsche« unterzogen worden waren. Dabei identifizierte er acht prägnante Kriterien, die zur Gedankenumbildung oder Gedankenkorrektur (thought reform) der betroffenen Personen angewandt wurden.[14] Lifton hat die Darstellung dieses Prozesses mit der Überschrift »Ideologischer Totalitarismus« versehen, da die beschriebenen Merkmale durchweg eine absolutistische und polarisierende Tendenz aufweisen und sich dabei auf eine Ideologie berufen wird, die das Vorgehen rechtfertigt. Interessanterweise beobachtete Lifton, dass das Zusammenspiel der angewandten Methoden trotz ihrer destruktiven und zerstörerischen Wirkung zeitweilig eine durchaus berauschende Atmosphäre erzeugte, die die Betroffenen gewissermaßen unter Strom setzte und ihnen zunächst Antrieb verlieh. Auf die Dauer bedeutet eine solche Gedankenumbildung jedoch eine in der Tat ernst zu nehmende und gravierende Bedrohung für die physische und psychische Gesundheit des Einzelnen. Was Lifton vor dem Hintergrund eines totalitären Systems beschreibt, lässt sich erstaunlich gut auf geistlich missbräuchliche Systeme übertragen.

1. Schritt: Kontrolle des sozialen Umfelds

Das wichtigste Mittel, um eine Person möglichst umfassend manipulieren zu können, ist die Kontrolle ihrer Kommunikation und damit ihres gesamten sozialen Umfelds. Mit welchen Menschen hat der Einzelne Kontakt? Mit wem pflegt er Umgang? Welche Informationen bezieht er woher? Was schaut und hört er sich an? Was liest und schreibt er? Welche Erfahrungen sammelt er und wie äußert er sich zu bestimmten Themen? Indem die Verantwortlichen einer Gruppierung in Bezug auf diese Fragen immer wieder explizite und implizite Warnungen, Verbote oder eindringliche Empfehlungen aussprechen, wird den Gruppenmitgliedern deutlich vermittelt, welche Kontakte erwünscht oder unerwünscht sind, welche als hilfreich oder schädigend, als förderlich oder bedrohlich eingestuft werden. Diese Zensur kann sich auf jegliche Kontaktform nach außen beziehen: die eigene Familie, konkrete Freundschaften, Arbeitskollegen oder Kommilitonen, Literatur, Filme, Kleidungsstile, Hobbys, Sportarten und Freizeitgestaltung. Gegründet ist dieser Kontrollanspruch auf der Überzeugung, die Gruppe sei im Besitz der »Wahrheit« und wisse deshalb, was für den Einzelnen gut und richtig sei. Bei geistlichem Missbrauch werden solche Vorgaben gerne durch das Zitieren von Bibelstellen, kirchlicher Lehre, Glaubenssätzen oder dem Vorbild der Heiligen bekräftigt. Die Bedeutung der »Lehre« im Prozess der Bewusstseinskontrolle wird weiter unten noch einmal aufgegriffen und genauer beschrieben, spielt aber auch hier schon eine wichtige Rolle.

Eine weitere »Hilfestellung« bei der Kontrolle des sozialen Umfelds ist die immer intensiver werdende zeitliche und inhaltliche Einbindung der Mitglieder. Dies geschieht durch regelmäßige Veranstaltungen der Gruppe, Einzelgespräche oder gemeinsam verbrachte Wochenenden. Damit einher geht eine wachsende Gruppendynamik sowie die Isolierung von anderen Personen. Häufig finden diese Settings in einer gewissen räumlichen Entfernung vom Wohnort statt, sodass die Mitglieder den Ort nicht ohne Weiteres verlassen können. Oder es gibt auf solchen Veranstaltungen eine festgelegte Abfolge von Ereignissen wie Vorträge, Gruppenaustausch oder Gebetszeiten, sodass den Betroffenen kaum Zeit bleibt, über das Geschehen zu reflektieren und sich eigene Gedanken zu machen. Je stärker eine Person in eine solche Gruppendynamik hineingezogen wird und je mehr sie sich von ihrem bisherigen Umfeld loslöst, desto schwerer wird es ihr fallen, sich sowohl körperlich als auch geistig wieder zu distanzieren.

Schafft eine Gruppe es, die Außenkontakte einer Person besonders intensiv zu kontrollieren, kann sie damit auch deren innere Kommunikation steuern. Das bedeutet, dass die betroffene Person die vorgegebenen Normen und Werte mit der Zeit internalisiert und diese schrittweise zu einem Teil ihrer eigenen Persönlichkeit werden. Entsprechend verändert sich die Art und Weise, wie sie ihre Gedanken, Wahrnehmungen und Gefühle einordnet, bewertet und zulässt. Das systemkonforme Handeln erfolgt also zunehmend »selbstbestimmt«. In der Folge geht die persönliche Autonomie der Betroffenen nach und nach verloren. Das wiederum ist gewollt, denn die individuelle Selbstbestimmung ist der natürliche Feind der Milieukontrolle. Der Autonomieverlust ist gewissermaßen der Preis dafür, dass die Gruppenmitglieder sich nun nicht mehr immer wieder aufs Neue mit der Frage auseinandersetzen müssen, was richtig oder falsch, gut oder böse, hilfreich oder schädigend, relevant oder bedeutungslos, angemessen oder unangemessen sei. In einer komplexen und manchmal unübersichtlichen Welt, in der es zunehmend schwerfällt, sich zu orientieren, kann eine solch klare Einteilung der Welt in schwarz und weiß durchaus befreiend und entlastend wirken.

Die so etablierte »Gedankenpolizei« in den Köpfen wird unter anderem dadurch verstärkt, dass sich die Mitglieder einer Gruppierung gegenseitig beobachten und kontrollieren: Hält sich auch jeder an die vorgegebenen Werte und Normen? Oder weicht jemand ab, erlaubt sich Ausnahmen, geht seinen eigenen Weg? Wir können uns vorstellen, wie sehr eine solche gegenseitige »Bespitzelung« das Misstrauen untereinander wachsen lässt. Zumal nie ganz klar ist, wer wem was über wen erzählt. Gleichzeitig ist unter den Mitgliedern durchaus bekannt, dass die Leitung oder die Verantwortlichen über ziemlich jede Person umfassende Informationen erhalten. Das wiederum wird gerechtfertigt mit dem Anspruch, die Leitung dürfe und müsse alles wissen, was in der Gruppe und in den einzelnen Personen vor sich gehe. Denn um die Seelen zu formen und zu führen, müssten sie beobachtet werden. Tatsächlich muss die Kontrolle des sozialen Umfelds von den Verantwortlichen umso intensiver und systematischer erfolgen, je mehr Widerstand von den Einzelnen oder ihrer Umgebung zu erwarten ist.

Der Schaden für die jeweilige Person ist hierbei nicht zu unterschätzen, denn mit der Kontrolle des sozialen Umfelds setzt auch die Persönlichkeitsveränderung ein. Je nach Intensität der Kontrolle kann es zur Abspaltung eines Persönlichkeitsanteils kommen. So entsteht ein zweites Ich, das autonom vom bisherigen Ich ist und gewissermaßen »nebenher« existiert. Entkommen Betroffene dieser intensiven Kontrolle, indem sie aussteigen oder ausgeschlossen werden, lässt sich beobachten, dass das frühere Selbst seine Autorität nach und nach zurückgewinnt. Die beiden »Identitäten« leben dabei zunächst übergangsweise nebeneinander, was für die betroffene Person häufig sehr verwirrend, verunsichernd und schmerzhaft ist. Dieser Zustand kann zudem ein sogenanntes »Floating« auslösen. Dabei rutschen Betroffene sehr heftig in die alte Denkweise des missbräuchlichen Systems zurück oder sie erleben ein vergangenes Ereignis erneut so intensiv, als würde es tatsächlich wieder stattfinden. Für die einzelne Person kann sich diese Erfahrung wie ein psychischer Kontrollverlust anfühlen und mit entsprechenden Ängsten verbunden sein.

2. Schritt: Mystische Manipulation

Der nächste Schritt, um einen umfassenden Einfluss auf eine Person zu gewinnen, ist die mystische Manipulation. Sie lebt von der Überzeugung, dass die Gruppe eine besondere Berufung habe und damit verbundene höhere Ziele verfolge. Im Mittelpunkt dieser »Mystik« steht die Idee, dass in den meisten Fällen der Führer oder Leiter der Gruppe als eine Art Mittelsmann zu Gott oder personalisierte Quelle des Heils gesehen wird. Dieser Mittelsmann (oder Mittelsfrau) ist noch greifbarer, naher und realer als ein abstrakter Gott, was ihn umso anziehender macht. Darüber hinaus werden die Mitglieder der Gruppierung als »Auserwählte« (von Gott, einer übernatürlichen Kraft oder vom Lauf der Geschichte) betrachtet. Auf diese Weise entsteht nicht nur ein ausgeprägtes Elitedenken, sondern es wird auch eine gewisse mystische Aura hergestellt. Im spirituellen oder geistlichen Kontext werden dabei folgende Botschaften vermittelt: »Hier spricht Gott selbst zu uns. Wir sind nicht nur ganz nah dran an der Wahrheit, wir können sogar sagen, dass wir die Wahrheit haben. Wir vermitteln einen direkten Kontakt nach oben, den es an anderer Stelle so nicht gibt. Wir zeigen den exklusiven und einzig wahren Weg zu einer besonderen, spirituellen Entwicklung, zur Heiligkeit und zum persönlichen Seelenheil.«

Bei außenstehenden Personen, die dafür ansprechbar sind, kann das eine große Begierde erzeugen, unbedingt zur Gruppe dazugehören zu wollen. Gleichzeitig verlangt dieser Schritt ein Vertrauen und einen Glauben von höchstem Ausmaß. Diejenigen, die sich der Gruppe und ihrer geheimnisvollen, hintergründigen Weltsicht anschließen, geben sich gleichsam wie ein Kind in die Arme der Mutter. Sie tun dies in der hoffnungsvollen Erwartung, dass sie hier gut aufgehoben sind, sich fallen lassen können und gut versorgt werden. Sie glauben an ein Geben und Nehmen und bemerken darüber nicht, wie sie zunehmend unter den Einfluss eines faszinierenden Charismas geraten und sich davon einlullen lassen. Der mystische, überirdische Auftrag, den die Gruppe angeblich auszuführen hat und für den sie bestimmt ist, verdrängt dabei unweigerlich alle anderen persönlichen Bedürfnisse, Wünsche oder Vorstellungen. Unter der Wirkung der mystischen Manipulation bewerten die Betroffenen diese Vernachlässigung ihrer eigenen Bestrebungen und Interessen als notwendig für die Erfüllung des höheren Ziels, das sie sich inzwischen zu eigen gemacht haben. Die Auserwählung und Exklusivität der Gruppe scheint sehr besonders und attraktiv und dient als Rechtfertigung dafür, dass die Mitglieder bereit sind, einen hohen Preis für ihre Zugehörigkeit zu zahlen und selbst persönliches Leid in Kauf zu nehmen.

Im Zusammenhang mit geistlichem Missbrauch kann eine solche »Mission« sein, einen persönlichen Grad der Heiligkeit anzustreben, den Menschen das Evangelium zu verkünden, Seelen zu retten oder die Welt vor dem Untergang zu bewahren. Alle Gedanken, Gefühle oder Verhaltensweisen, die dieses höhere Ziel infrage stellen oder behindern, werden als egoistisch, belanglos, oberflächlich, vergänglich oder diesseitig bewertet. Gegenüber der großen und übergeordneten Mission haben sie keine Bedeutung und müssen zurückgestellt, verdrängt und vernachlässigt werden. Solche »minderwertigen« Bedürfnisse können ganz basal Schlaf, Hunger- oder Durstgefühl betreffen. Darüber hinaus werden jedoch auch sehr individuelle, persönliche Entwicklungsschritte untergeordnet wie Berufswahl, Wohnort, Talentförderung, Beziehungswahl und -gestaltung, Familienstand oder Kinderwunsch.

Kommt es dazu, dass einem Gruppenmitglied sein elementares Vertrauen in die Verantwortlichen oder die ganze Gruppe mit der Zeit verloren geht und sich Misstrauen einstellt, verliert das höhere Ziel an Wirkmacht. Wenn die »Mission« nicht mehr ausreichend nährt und zufriedenstellt, wird der Sinn infrage gestellt. An einem solchen Punkt kann die Einzelne eine »Schachfiguren-Psychologie« entwickeln, wie es Lifton nennt. Da sie sich unfähig fühlt, den übermächtigen Kräften der Gruppe zu entkommen, ordnet sie sich vollständig unter und versucht, sich möglichst anzupassen. In der Folge entwickelt sie zahlreiche »Antennen« und wird sensibel für jegliche Hinweise oder Stimmungen innerhalb der Gruppe. Sie wird Expertin im Erspüren von emotionalem Druck und Spannungen und übt sich im vorauseilenden Gehorsam. Gleichzeitig wirkt sie durch dieses strategische Mitmachen nicht nur an der eigenen Selbsttäuschung aktiv mit, sondern ebenso an der Manipulation und Täuschung anderer.

3. Schritt: Forderung nach Reinheit

Ein weiteres Kennzeichen im Prozess der Gedankenumbildung ist die Forderung nach Reinheit. Dafür wird die innere und äußere Welt sehr klar eingeteilt in rein und unrein, gut und böse, richtig und falsch, erwünscht und unerwünscht. Graustufen gibt es hier nicht. Selbstverständlich entsprechen die Ideen, Vorstellungen, Überzeugungen und Verhaltensweisen der Gruppe dem »Guten« – alles, was dem zuwiderläuft, kann getrost dem »Bösen« oder zumindest dem »Unreinen« zugeordnet werden. Es wird davon ausgegangen, dass die geforderte absolute Reinheit erreichbar sei, und damit wird jegliche Handlung im Namen dieser Reinheit legitimiert. Ein Beispiel: Eine Gruppe erklärt einen gewissen Kleidungsstil für Frauen als »rein«, also als erwünscht und gut, bei dem Schultern und Knie immer bedeckt sein müssen. Wird dies nicht eingehalten, werden die Frauen als Versuchung und Bedrohung für die Männer diffamiert, die sich der weiblichen Reize so nicht mehr erwehren könnten. Diese moralische Vorgabe erlaubt es nun jeder Person innerhalb der Gruppe, den Kleidungsstil einer Frau entsprechend der Kleiderordnung zu kommentieren, zu kritisieren oder sogar ganz direktiv auszusortieren, zu verbieten oder wegzuwerfen. Im Sinne der Gruppierung werde ihr auf diese Weise nur geholfen, die geforderte Reinheit anzustreben.

Es werden also von der Gruppe oder vom Leiter Kriterien für ein »reines« Leben definiert und somit eine Perfektion als Standard gesetzt, die de facto nicht zu erreichen ist. Denn es geht nicht nur um eine äußerliche Makellosigkeit, sondern auch um eine innere. In der Folge wird ein Krieg gegen die Unreinheit geführt. Dieser Krieg richtet sich zum einen gegen die Welt »da draußen«, die zum Bösen verleitet und vom guten Weg abbringt. Er wird geführt durch kategorische Ablehnung, Abwertung und Distanzierung von Menschen, Orten oder Handlungen, die nicht den eigenen Idealen entsprechen. Zum anderen findet dieser Kampf in den einzelnen Mitgliedern statt sowie untereinander durch Beobachten, Bewerten, Kritisieren oder Belehren bis hin zur Gewaltanwendung in extremen Fällen. Das alles geschieht unter dem Deckmäntelchen, sich gegenseitig nur helfen zu wollen, die gewünschte Perfektion oder Heiligkeit zu erlangen. Unter den Argusaugen der anderen werden früher oder später entsprechende »Unreinheiten« auffällig, also Eigenschaften oder Verhaltensweisen, die als sündig und schädlich erachtet werden oder die den gesetzten Standards nicht entsprechen. In diesem Fall muss die betreffende Person mit Kritik, Demütigungen, Ächtung oder sogar einer Strafe rechnen. Entweder im »vertrauten« Zweier- oder Dreiergespräch oder öffentlich vor der ganzen Gruppe.

Auf diese Weise entsteht innerhalb des Systems eine enge Welt voll Schuld- und Schamgefühlen. Verstärkt wird diese Atmosphäre dadurch, dass eine Haltung der ständigen Umkehrbereitschaft gepredigt wird. Wie der Esel hinter der Möhre herläuft, so werden die einzelnen Mitglieder unaufhörlich angetrieben, sich selbst zu beobachten, ihr Gewissen nach Gutem und Bösem zu durchforsten, ihren Charakter entsprechend zu bewerten, das Böse auszutreiben und das Gute anzustreben. Wie der Esel die Möhre nie zu fassen bekommt, so kann auch dieses Unterfangen niemals abgeschlossen werden. Oder um ein weiteres Bild zu bemühen: Es fühlt sich an wie die Aufgabe des Sisyphos, der als Strafe einen Felsblock immer und immer wieder den Berg hinaufwälzen muss. Kurz vor dem Gipfel rollt er jedoch jedes Mal wieder hinunter. Auch Sisyphos findet weder Erleichterung noch ein Ende seiner Bemühungen.

Ich möchte an dieser Stelle noch einmal auf die Schuld- und Schamgefühle eingehen, die unter den beschriebenen Umständen heraufbeschworen werden. Menschen springen in unterschiedlichem Maße auf ein solches Klima an, je nachdem, welche frühen Erfahrungen sie in ihrem Leben diesbezüglich gemacht haben. Schuld und Scham gehören zu den sozialen Emotionen und unterstützen grundsätzlich die Entwicklung von prosozialem Verhalten, die Festigung von Bindungen und die persönliche Weiterentwicklung. Ein

Übermaß an Schamerleben kann jedoch dazu führen, dass sich der eigene Blick auf reale Schuldanteile verzerrt. Ein zu starkes Schulderleben kann bewirken, dass eine Person zu schnell etwas wiedergutmachen will und Reue bekundet. Indem sich verantwortliche Personen zu Schiedsrichtern über Gut und Böse erklären und ihre moralische Autorität ausnutzen, missbrauchen sie das Schuld- und Schamerleben der Betroffenen gezielt als emotionalen Hebel. Sie selbst sind keinen Grenzen unterworfen, spielen aber mit den Begrenzungen der Menschen, die sich ihnen anvertraut haben, und bringen sie so unter ihre Kontrolle und Manipulation. Auf diese Weise entsteht eine sehr mächtige emotionale Fessel, die die Betroffenen an die verantwortlichen Personen kettet.

4. Schritt: Das Ritual der Beichte

Die Praxis der persönlichen Beichte ist eng verbunden mit der Forderung nach Reinheit. Denn dieses Ritual lebt ebenfalls von den Schuld- und Schamgefühlen der Menschen, die durch das hohe Lebensideal und die enge, schwarz-weiße Weltsicht immer wieder neu stimuliert werden. Denn wie beschrieben übersteigt der gestellte Anspruch die menschlichen Kräfte. Das Ziel kann nicht erreicht werden. Schuld und Scham stellen sich früher oder später ganz von allein ein und damit auch das natürliche Bedürfnis, sich jemandem zu eröffnen. Das Ritual der Beichte bietet vor diesem Hintergrund die Gelegenheit, sich öffentlich oder vor einer Person zur persönlichen »Sündhaftigkeit« und zum eigenen Scheitern an den hohen Anforderungen zu bekennen. Vordergründig soll diese Praxis zunächst Erleichterung verschaffen, reinigen, frei und demütig machen und die »Bekennende« mit den anderen »Schwachen« auf eine Stufe stellen. So wird gleichzeitig ein Gefühl von Verbundenheit und Zugehörigkeit unter den Mitgliedern erzeugt. Das Frei-werden-Wollen von ihren Fehlern eint sie im Kampf gegen das Böse, das sowohl von außen als auch vom eigenen Inneren her auf sie lauert. All das, was eigentlich nicht sein darf, darf und muss in diesem Moment der Beichte ausgesprochen werden. Im gezielten Prozess der Bewusstseinskontrolle geht es jedoch viel weniger darum, dem Einzelnen Trost zu spenden, als vielmehr darum, seine Verletzlichkeit zu benutzen, mit ihr zu spielen und auf diesem Wege die emotionale Abhängigkeit zu verstärken.

Das Beichtritual steht zudem für einen symbolischen Akt der Selbstoffenbarung und soll die Haltung fördern, sich ganz zu entblößen und sein Innerstes offenzulegen. Das betrifft vergangene und gegenwärtige Lebenserfahrungen, Gedanken, Leidenschaften, Gefühle und Verhaltensweisen, die nicht systemkonform sind und deshalb verurteilt werden könnten. Dieser totalen Selbstoffenbarung liegt die Überzeugung zugrunde, die Gruppe habe einen gewissen Anspruch auf die Gedanken, Vorstellungen oder Erinnerungen des Einzelnen. Dieser Anspruch wird dadurch gerechtfertigt, dass die Mitglieder glauben, die Leitung oder die ganze Gemeinschaft habe einen solchen Zustand der Erleuchtung erreicht, dass ein Zurückbehalten der eigenen Gedanken oder Gefühle völlig unangebracht sei. Manche charismatischen Führungspersonen lassen sich sogar nachsagen, sie hätten die Gabe der Seelenschau, das heißt, sie könnten ins Innere der Menschen schauen und ihre Absichten, ihren Tugendgrad und ihre Fehlerhaftigkeit lesen. In diesem Fall wird die Selbstoffenbarung fast zum Zwang und die mystische Manipulation kommt deutlich ins Spiel.

Wie oben bereits erwähnt, kann die Beichte tatsächlich zu einer psychologisch sinnvollen Befriedigung führen, da sie Gelegenheit zur emotionalen Entspannung und Entlastung von unterdrückten Schuldgefühlen gibt. Damit einher geht in manchen Fällen die selbst strafende Tendenz, Gefallen an der persönlichen Erniedrigung zu finden. Gerade im Fall eines öffentlichen Bekenntnisses außerhalb des Beichtsakraments, wie es manche Gruppen praktizieren, kann durch die intensive Intimität mit den anderen Beichtenden ein regelrechter Enthusiasmus entstehen und ein Gefühl von wohliger

Selbstauflösung im Flow der Gruppendynamik. Es kann in einer solchen Atmosphäre tatsächlich die Erfahrung echter Selbstoffenbarung und Selbstverbesserung gemacht werden durch die Erkenntnis: »Das, was hier enthüllt und offen gezeigt wird, das bin ja ich.« Während das Eigene sonst unterdrückt und abgewertet wird, hat es hier einen Raum, es darf sein und angeschaut werden. Auch wenn es negativ konnotiert ist, so können die einzelnen Personen hier in Kontakt mit sich kommen und sich endlich spüren.

Doch diese authentische innere Erfahrung wird dadurch verdrängt, dass das Beichtritual zu einer wiederkehrenden Pflichtveranstaltung gemacht wird. Unter diesem Druck kann es mit der Zeit dazu kommen, dass der Einzelne gerade die Gefühle und Gedanken vermeidet, wegen derer er sich am meisten schuldig fühlt oder schämt. Das eigentliche Ideal der absoluten Selbstoffenbarung wird so in sein Gegenteil verkehrt: Statt dass sich die persönlichen Geheimnisse auflösen, vermehren und verstärken sie sich. Die Spannung zwischen der Forderung nach Selbstoffenbarung und dem natürlichen Bedürfnis nach Diskretion löst in den einzelnen Personen einen ständigen Konflikt aus zwischen Widerstand und Selbsthingabe: Welche persönlichen Dinge soll ich für mich behalten? Welche kann ich preisgeben? Was ist weniger wichtig und kann verraten werden, um Wichtigeres zu beschützen? Dieser permanente Druck führt oftmals dazu, dass die eigenen Grenzen zwischen Nähe und Distanz, Privatem und Öffentlichem zunehmend verschwimmen. Das Ritual der Beichte als manipulative Methode trägt in diesem Sinne dazu bei, dass es dem Einzelnen fast unmöglich gemacht wird, eine gesunde Balance zu finden, demütig zu sein und gleichzeitig seine persönliche Würde zu wahren. Vielmehr kann die ständige Beichte eine Identität des »richtenden Bekenners« züchten. Eine solche Person entwickelt aufgrund der eigenen wiederholten Selbstanklage eine gewisse Selbstgefälligkeit, durch die sie sich berechtigt fühlt, auch über andere zu richten.

Eine solche Identität beschreibt Albert Camus sehr trefflich in seiner Erzählung »Der Fall« in Gestalt des Bußrichters Jean-Baptist Clamence. Ihn lässt er folgende selbstoffenbarende Worte sagen: »Mit Asche bedeckt, Haar um Haar ausraufend, das Gesicht von Fingernägeln zerkratzt, aber mit durchdringendem Blick, so stehe ich vor der ganzen Menschheit und rekapituliere meine Schmach und Schande, ohne dabei den erzielten Effekt aus den Augen zu verlieren, und sage: ›Ich war der Gemeinste unter den Gemeinen.‹ Dann gleite ich unmerklich in meiner Rede von *ich* zum *wir*. Bin ich erst beim *so sind wir* angelangt, ist das Spiel gewonnen, und ich kann ihnen die Leviten lesen. Ich bin wie sie alle, gewiss, wir rudern alle auf derselben Galeere. Indessen bin ich ihnen in einem überlegen: Ich weiß es, und das verleiht mir das Recht zu sprechen. Wie vorteilhaft das ist, kann Ihnen nicht entgehen, dessen bin ich gewiss. Je ausführlicher ich mich selbst anklage, desto eindeutiger habe ich das Recht, Sie zu richten. Mehr noch: Ich provoziere Sie dazu, sich selbst zu richten, was mich entsprechend entlastet.«[15]

Exkurs: Eine gesunde Form der Beichte in der katholischen Kirche

An dieser Stelle möchte ich mich noch mal ausdrücklich zur Praxis der Beichte in der katholischen Kirche äußern. Wir können als Menschen tatsächlich echte Schuld auf uns laden. Die Beichte soll dann ein geschützter Ort sein, wo der Mensch sich aussprechen kann, ihm Vergebung zugesprochen wird, er wieder frei wird und sich positiv dem Leben und seinen Zielen zuwenden kann. Das Beichtgeheimnis soll ihm zusichern, dass mit den Inhalten der Beichte vertraulich umgegangen wird und diese unter keinen Umständen preisgegeben werden dürfen. Im Fokus steht die Versöhnung mit Gott, der jedem vergibt, der seine Schuld bereut und sein Leben ändern möchte. Es geht also vom Grundgedanken her nicht um Machtausübung, sondern um ein Angebot zur Unterstützung des Menschen auf seinem geistlichen Weg. Das Ziel ist, nicht bei der Schuld stehen zu bleiben und darauf festgelegt zu werden, sondern davon frei zu werden. In diesem Sinne verstehe ich die Beichte als eine sinnvolle Hilfe zur Bewältigung und Aufarbeitung persönlicher Schuld.

Um den Missbrauch zu identifizieren, müssen wir unterscheiden zwischen echten und unechten Schuldgefühlen. Was in Systemen geistlichen Missbrauchs geschieht, ist die künstliche Erzeugung »unechter« Schuldgefühle. Die Betroffenen entwickeln diese Schuldgefühle zunächst nicht aus einer intrinsischen Motivation heraus, sondern weil sie etwas tun, das von außen als »Vergehen« oder »Sünde« definiert und angeklagt wird. Unter der fortschreitenden Identifizierung mit der Gruppierung übernehmen sie die vorgegebenen Wertekataloge nach und nach und verinnerlichen sie als ihre eigenen. Die Beichte wird dann missbraucht, wenn der Priester oder die begleitende Person die falschen Schuldgefühle aufrechterhält, sie verstärkt oder sie als Druckmittel benutzt, um die Person zu steuern, abhängig zu machen oder zu demütigen. Darunter fällt auch das Brechen des Beichtgeheimnisses und die Weitergabe persönlicher und intimer Informationen, die dann ebenfalls gegen die Person verwendet werden können. Auf diese Weise boykottieren sie die heilende Kraft, das persönliche Wachstum und die Entlastung, die von diesem Sakrament durchaus ausgehen können.

5. Schritt: »Heilige Wissenschaft«

Um den Glaubenslehren und den Überzeugungen der Gruppierung die notwendige Macht und das Gewicht zu verleihen und sie unantastbar zu machen, wird diese Lehre mit einer Aura von Heiligkeit umgeben. Das geschieht, indem sie als ultimative moralische Vision für die gesamte Menschheit aller Zeiten dargestellt wird. Da diese Vision alternativlos ist, darf ihr logischerweise nicht widersprochen werden und sowohl ihrem Begründer als auch ihrem Überbringer gebühren Ehrfurcht und Gehorsam. Im spirituellen Kontext ist der

Begründer Gott selbst und der Überbringer die geistliche Begleitung, ein Prediger oder die Leiterin einer solchen Gruppierung. Dabei berufen sie sich nicht nur auf die theologischen Inhalte, sondern ebenso auf Glaubenslehren oder Überzeugungen, die sich zum Beispiel aus Privatoffenbarungen speisen oder ohne jedes wissenschaftliche Fundament entwickelt werden.

Um dieses Konzept »wasserdicht« zu machen, wird der Anspruch erhoben, es handle sich bei der Lehre um eine »wissenschaftliche« Theorie von objektiver und allgemeiner Gültigkeit. Damit wird vorausgesetzt, es werde ein begründetes, geordnetes und gesichertes Wissen vermittelt, das in einem rationalen Begründungszusammenhang stehe und überprüfbar sei. Auf diese Weise sollen Bedenken bezüglich der Logik der Lehren aus dem Weg geräumt oder zumindest mundtot gemacht werden. Wer es dennoch wagt, diese ultimative Vision zu kritisieren, der gilt nicht nur als unmoralisch, sondern auch als unwissenschaftlich. Das Ergebnis dieser »Sakralisierung« ist die Untermauerung des Machtanspruchs und der Autorität der Gruppierung oder der Verantwortlichen. Sie beanspruchen, am großen Erbe der Naturwissenschaften teilzuhaben. Gleichzeitig verbinden sie ihre Überzeugungen mit einer Fülle von moralischen Prinzipien.

Für den Einzelnen ist dieses Angebot einer »heiligen Wissenschaft« erst mal durchaus attraktiv. Es bietet Sicherheit, Orientierung und entlastet von der Notwendigkeit, Inhalte immer wieder neu für sich selbst überprüfen, hinterfragen und einordnen zu müssen. Dabei werden zwei wesentliche Erfahrungen eng miteinander kombiniert: behutsame logische Schlussfolgerungen und rauschende irrationale »Erkenntnisse«. Logik und Mystik verschmelzen und können nicht mehr klar unterschieden werden. Der stete Wechsel zwischen diesem Erleben kann sowohl bei der einzelnen Person als auch bei der ganzen Gruppierung ein extrem intensives Gefühl von Wahrheit hervorrufen. Im spirituellen Kontext wird eine solche Atmosphäre beispielsweise durch ein ständiges Wechselspiel von geistlichen

Vorträgen (inhaltlicher Lehre) und intensiven Gebetszeiten (mystischer Erfahrung) geschaffen.

Steht eine Person längere Zeit unter dem mächtigen Einfluss dieser »heiligen Wissenschaft«, kann dies Auswirkungen auf ihr kritisches Denkvermögen haben, also auf ihre Aufmerksamkeit, ihre Wahrnehmung, ihr Denken, Erinnern, Verstehen und Bewerten. Entsprechend werden auch ihre Einstellungen, Wünsche und Absichten beeinflusst und verändert. Fühlt sich diese Person im Laufe der Zeit von anderen Ideen, Gedanken oder Erkenntnissen angezogen, die den »heiligen« Überzeugungen widersprechen, so können sich bei ihr schwere Schuldgefühle oder Ängste entwickeln. Schafft sie es nicht (mehr), diese negativen Gefühle zu überwinden und sich davon zu distanzieren, wird in der Folge ihr Streben nach Wissen und wahrer Erkenntnis mehr und mehr unterdrückt. Im Namen der »heiligen Wissenschaft« wird sie davon abgehalten, sich der feinfühligen und unnachgiebigen Suche nach der Wahrheit zu widmen, die ja ein Kennzeichen echten wissenschaftlichen Fortschritts ist.

Erschwert wird diese Situation auch dadurch, dass es innerhalb des Systems im Grunde überhaupt keine Unterscheidung zwischen dem Geistlichen und dem Profanen gibt. Jeder Gedanke und jede Handlung können ohne Weiteres mit der »heiligen Wissenschaft« in Verbindung gebracht und entsprechend gedeutet werden. So kann eine banale Handlung wie das Putzen eines Klos plötzlich mystifiziert werden als wertvolle Handlung, die auf geistlicher Ebene eine entscheidende Auswirkung habe, wenn sie nur demütig vollzogen werde (z. B. könne damit eine Seele gerettet werden). Eine Unterscheidung zwischen Logik und Mystik wird so praktisch unmöglich gemacht, und das umso mehr, je stärker eine Person in dem System verankert ist und je mächtiger die mentale Manipulation bei ihr wirkt. Dabei dürfen wir nicht vergessen, dass parallel die soziale Isolation fortschreitet und die Erfahrungsräume außerhalb des Systems immer mehr wegbrechen. Damit verringert sich auch die Möglichkeit, Außenperspektiven zuzulassen und die systeminterne Wahrheit mit der Wirklichkeit der Außenwelt abzugleichen. An diesem Punkt gibt es kaum noch einen Ausweg aus dem feinmaschigen Netz unnachgiebiger Bestimmungen und Forderungen der Gruppierung.

Die Mitglieder können auf ganz unterschiedliche Weise mit einer solch machtvoll verkündeten Glaubenslehre umgehen: Sie können sie strikt und korrekt einhalten und befolgen, sie können in einen inneren Widerstand gehen oder sie entscheiden sich für eine kompromisshafte Koexistenz innerhalb des Systems. Unabhängig davon, welchen Weg sie wählen: Solange sie Mitglied der Gruppierung bleiben, werden sie sich gegenüber all jenen Erkenntnissen und Erfahrungen verschließen müssen, die für eine echte Selbsterkenntnis und kreative Persönlichkeitsentwicklung notwendig wären.

6. Schritt: Aufgeladene Sprache

Fast alle sozialen Gruppen entwickeln mit der Zeit einen eigenen Jargon, über den sie sich identifizieren und zugehörig fühlen. Diese eigene Sondersprache mit einem standardisierten Wortschatz finden wir mehr oder weniger stark ausgeprägt in zahlreichen beruflichen, gesellschaftlichen, politischen, kulturellen oder religiösen Gruppen. Sie wird Fachjargon, Szenesprache oder Slang genannt und ist erst mal nicht problematisch oder ungewöhnlich, sondern vielmehr Ausdruck von der Einheit und Ausschließlichkeit einer Gruppe. In absolutistischen Systemen, wie ich sie hier beschreibe, ist die Sprache jedoch viel extremer aufgeladen und spielt dabei mit Floskeln, die das individuelle Denken und Reflektieren verhindern. Selbst die komplexesten und schwierigsten Fragestellungen oder Probleme werden dabei in kurze, stark reduzierte und endgültig klingende Phrasen gepresst, die sich leicht einprägen und leicht verständlich sind. Sie werden zu »ultimativen Begriffen«, die entweder für das absolut Gute oder für das absolute Böse stehen.

Im religiösen Kontext beispielsweise fallen in die erste Kategorie Schlagworte wie »Ganzhingabe«, »Selbstverleugnung«, »Demut«, »Reinheit«, »Treue«, »Gib dich hin!«, »Opfer es auf!«, »absterben«, »geläutert werden«, »das Kreuz tragen«, »geistlich wachsen«, »umkehren«, »verzichten«, »sich nicht so wichtig nehmen« etc. Damit wird positiv bewertet, wenn man die eigenen Wünsche und Bedürfnisse zurückstellt, sich nicht beklagt, aufbegehrt oder Kritik äußert, schwere und leidvolle Situationen still aushält, religiöse Leistungen erbringt und sich den Erwartungen und Forderungen des Umfelds treu unterwirft. Auf der anderen Seite gibt es auch die negativ bewertete Kategorie. Darunter fallen Begrifflichkeiten wie »Egoismus«, »Weltlichkeit«, »Oberflächlichkeit«, »Äußerlichkeit«, »Lauheit«, »ungeistlich«, »unmoralisch«, »sündhaft«, »stolz«, »materiell«, »abhängig« etc. Damit soll ausgedrückt werden, dass Selbstverwirklichung, Individualität, Selbstfürsorge, Selbstmitgefühl, Ästhetik, Schönheitspflege, Mode, Karriere oder die Beschäftigung mit alternativen Ideen, Perspektiven und Urteilen kritisch bewertet und abgelehnt werden. Worte, die für Außenstehende erst einmal wenig aufregend klingen, für »Insider« allerdings stark aufgeladen sind und sofort innere Bilder und Gefühle hervorrufen.

Diese absolutistische Sprache ist dabei recht abstrakt, äußerst kategorisch und schonungslos wertend. Sie ist das Instrument, mit dem die Überzeugungen der »heiligen Wissenschaft« zum Ausdruck gebracht und vermittelt werden. Auf diese Weise gewinnt die Gruppierung eine gewisse Macht über die Sprache und macht sie sich zunutze, indem sie sie verändert, inhaltlich auflädt und bewusst zur Manipulation der einzelnen Personen einsetzt. In der Folge bekommen die Worte neue Bedeutungen, das Schwarz-Weiß-Denken wird verstärkt und das kritische Denkvermögen wird weiter eingeschränkt. Die Wirkung für den Einzelnen ist immens: Seiner Sprache beraubt, ist er – bewusst oder unbewusst – in verbale Fesseln gelegt und damit auch in seiner Gedanken- und Gefühlswelt stark beschnitten.

Auch hier können wir wieder die typischen Ambivalenzen beobachten. Einerseits ein Gefühl von Erkenntnis, Sicherheit, Zugehörigkeit und Einheit. Die Vereinfachung der Sprache hat einen gewissen psychologischen Reiz und eine enorme Anziehungskraft, weil sich alle Belange des Lebens auf wenige einfache Sätze reduzieren lassen. Andererseits kann sie ein gewisses Unbehagen auslösen, verbunden mit Angst und Schuldgefühlen, sollten andere als die korrekten Worte und Formulierungen benutzt werden. Als Reaktion auf diese Zerrissenheit kann die einzelne Person sich anpassen, indem sie sich in eine starre Orthodoxie zurückzieht oder die eigene Konformität deutlich demonstriert und den Insiderjargon erst recht und ausgiebig benutzt. Oder aber sie bleibt in ihrer inneren Zerrissenheit und während sie sich bei öffentlichen Auftritten pflichtbewusst der erwarteten Floskeln und Begrifflichkeiten bedient, sucht sie in stillen Momenten nach sinnvolleren Ausdrucksmöglichkeiten. In jedem Fall entkoppelt sich die eigene Vorstellungskraft zunehmend von den tatsächlichen Lebenserfahrungen, da intellektuelle Neugier, Kreativität oder Fantasie unterdrückt oder zumindest nicht gefördert werden.

7. Schritt: Die Lehre hat Priorität vor der Person

Ein weiteres charakteristisches Merkmal der Gedankenumbildung ist die Unterordnung der individuellen menschlichen Erfahrung unter die allgemeine Lehre der Gruppierung. Hier verbindet sich die unanfechtbare »heilige Wissenschaft« mit dem Mythos, dass die führenden Personen des Systems im Besitz der Wahrheit seien und gemeinsam ein höheres Ziel verfolgt werde. Diese Kombination führt zu einer zwingenden und fast zwanghaften »mythischen Logik«, die die Realitäten der individuellen Erfahrungen nicht ernst nimmt, wegwischt und am Ende einfach ersetzt. Stattdessen werden das Erleben und die Gefühle des Einzelnen nach den Interessen und Vorstellungen des Systems interpretiert oder umgedeutet. Das kann sogar so weit gehen, dass auch vergangene (sowohl historische als auch persönliche) Ereignisse rückwirkend so umgeschrieben, verändert oder ausgeblendet werden, dass sie mit der eigenen dogmatischen Lehre in Einklang gebracht werden.

So kann beispielsweise die eigene »Bekehrungsgeschichte« im Nachhinein mit Erzählungen und Interpretationen ausgeschmückt werden, die zwar nicht unbedingt der objektiven Realität entsprechen, aber in das Narrativ der Gruppierung passen. So erzählte eine junge Frau, sie sei eine »normale« Jugendliche gewesen, die sich gerne ausprobierte, neugierig war und ausgiebig feiern ging. Als sie die Gemeinschaft kennenlernte, habe sie nicht in deren Bild gepasst und eine enorme Anpassungsleistung erbringen müssen, um dazugehören zu dürfen. Sie zog von ihrem Umfeld weg, gab ihren gesamten Freundeskreis und ihre Hobbys auf, änderte den Kleidungsstil und wählte sogar ihre Ausbildung nach den Ratschlägen der Verantwortlichen. Ihr »Bekehrungszeugnis« musste sie zunächst gemeinsam mit den Verantwortlichen der Gemeinschaft besprechen und ausformulieren, bevor sie es öffentlich erzählen durfte. Darin habe sie sich dann als »verlorenes Schaf« dargestellt, das ohne Halt und Orientierung gewesen und von der Gemeinschaft »gerettet« worden sei, sonst sei sie mit Sicherheit irgendwo in der »Gosse« gelandet. Jahre nach ihrem Ausstieg hinterfragte sie diese eigene Erzählung kritisch und stellte fest, dass sie das »erlösungsbedürftige« Bild von sich völlig überzeichnet habe und sie sich ohne die Gemeinschaft vermutlich sehr gut entwickelt hätte.

Von dieser »mythischen Logik« geht eine ungeheuer fesselnde Kraft aus, der man sich kaum widersetzen kann und die die bereits bestehenden Abhängigkeiten vom System verfestigt. Es geht hier nämlich nicht nur um die Veränderung von Ereignissen, sondern um viel mehr: die Veränderung des Menschen. Ziel ist die Umgestaltung des Charakters und der Identität einer Person. Und zwar nicht in dem Sinne, dass die besondere Natur, das Potenzial und die Talente des Einzelnen gefördert und zutage gebracht werden, sondern so, dass die Person in die starren Konturen passt, die das System vorgibt. Wir können hier von einer Unterwerfung des Menschen unter eine abstrakte Idee vom menschlichen Leben sprechen. Von der Unterordnung seiner individuellen Gefühle, Erfahrungen und Bewertungen gegenüber der Lehrmeinung der Gruppe. Die Verantwortlichen haben sich in der Regel selbst dieser Idee verschrieben und unterworfen und haben beschlossen, auch alle anderen zu unterwerfen. Dabei sind sie fest davon überzeugt, dass die Lehre, der sie folgen, letztlich gültiger, wahrer und realer ist als der Wert des eigentlichen menschlichen Charakters und jeder individuellen Erfahrung und Entscheidung.

Sollten die Verantwortlichen selbst in die Situation kommen, dass sie mit ihrem Verhalten in Konflikt mit der Lehre geraten, konstruieren sie kurzerhand neue Erklärungsmodelle, um die Unfehlbarkeit der Lehre aufrechtzuerhalten, zu rechtfertigen und zu beweisen. Statt den Mythos analog zu anderen und neuen Erfahrungen zu verändern und weiterzuentwickeln, wird verlangt, dass die Menschen verändert werden, um den Mythos zu bekräftigen. Auf diese Weise gerät die einzelne Person, die einem solchen Veränderungsdruck ausgesetzt ist, in einen intensiven innerlichen Kampf um ihre persönliche Integrität. Dieser Kampf spielt sich zwischen den Polaritäten von Aufrichtigkeit und Unaufrichtigkeit ab. »Aufrichtigkeit« hieße (aus der Sicht des Systems), an die »Wahrheit« der Lehre zu glauben und sich systemkonform zu verhalten. »Unaufrichtigkeit« würde bedeuten, den eigenen Wahrnehmungen, Vorstellungen und Bewertungen zu folgen und sich nicht anzupassen.

Alternative Versionen von der Art, das eigene Leben zu gestalten, sich nach dem eigenen Vermögen zu engagieren und Beziehungen zu leben, können tatsächlich bewahrt bleiben. Diese Fähigkeit hängt jedoch eng damit zusammen, wie stark die bisherige Identität einer Person ausgebildet und gefestigt ist, wie intensiv sie bereits mit den Ideen der Gruppe durchdrungen ist und wie sehr sie sich die Fähigkeit bewahrt hat, sich wieder zu »rehabilitieren« und sich selbst treu zu bleiben. Denn diesem inneren Widerstand weht ein rauer Wind entgegen und erfordert Standhaftigkeit. Das absolutistische Milieu wird solchen »abweichenden« Tendenzen voraussichtlich mit dem Vorwurf begegnen, die jeweilige Person sei »schwierig«, habe persönliche »Probleme«, sei womöglich krank oder psychisch labil oder stehe noch unter früheren negativen Einflüssen. Wie sich der Kampf der Einzelnen jeweils entscheidet, wird weitgehend davon abhängen, wie relevant die Lehre für das individuelle emotionale Dilemma ist und wie gut sie sich abzugrenzen vermag. Für all diejenigen, die sich vollkommen mit der Gruppe identifizieren und darin aufgehen, wird sich das zunächst überschwängliche Gefühl des Wohlbefindens auf Dauer vermutlich als eine Illusion von Ganzheit entpuppen und nicht (wie ersehnt) als Ausdruck eines wahren und dauerhaften inneren Friedens.

8. Schritt: Urteil über die Existenzberechtigung

In logischer Kontinuität zur klaren Aufteilung der Welt in schwarz und weiß, gut und böse, richtig und falsch wird in einem absolutistischen Milieu eine scharfe Grenze gezogen zwischen denjenigen, deren Existenzberechtigung anerkannt wird, und denen, die dieses Recht nicht besitzen. Im geistlich-religiösen Kontext wird die Welt dann beispielsweise eingeteilt in die »Nachfolger Jesu« (die das Evangelium treu und asketisch leben und sich streng an die reine Lehre halten) und die »Weltmenschen« (die mehr um das Äußerliche und die materielle Welt bemüht sind). Erstere entsprechen in Haltung und Lebenswandel dem eigenen Ideal und sind gleichgesinnte Mitstreiterinnen für das gemeinsame höhere Ziel. Sie gehören zu den »Auserwählten« und sind entsprechend privilegiert, denn sie werden am Ende »gerettet« werden. Das bedeutet, sie haben eine Existenzberechtigung. Letzteren hingegen wird alles andere als wohlwollend begegnet. Solange sie sich nicht »bekehren« (lassen) und weder ihre Einstellung noch ihren Charakter entsprechend der Vorstellungen der Gruppe ändern, werden sie als minderwertig angesehen und werden »verloren« gehen. In sämtlichen Religionen wird die Konsequenz dieser Aberkennung der Existenzberechtigung sehr anschaulich und abschreckend mit dem Bild von der »Hölle« verbunden.

Wie dieser Machtanspruch auf die Spitze getrieben wird, können wir auch heute noch in manch totalitärem (politischem oder religiösem) System beobachten. Dort wird die endgültige Vernichtung Andersdenkender nicht erst am Lebensende einem Gott überlassen. Die »Anführer« und ihre Lakaien richten die Feinde ihres Systems selber hin, manchmal bis hin zur Ausrottung ganzer Bevölkerungsgruppen. Dabei wird gelegentlich und unter Umständen in Aussicht gestellt, dass die Todesstrafe aufgehoben wird, wenn die dem Tod geweihte Person ihre Haltung und Meinung grundlegend ändert, indem sie zum Beispiel konvertiert, der Partei beitritt oder ihren bisherigen Überzeugungen abschwört. Wird Gewalt eingesetzt, um den Prozess voranzutreiben, sprechen wir von Gehirnwäsche.

Aber auch ohne Hinrichtung eines Menschen stellt die Zu- und Aberkennung der menschlichen Existenzberechtigung eine absolute Hybris dar. Der Mensch macht sich zu Gott. Fatal ist es, wenn er sich dabei auch ausdrücklich auf Gott beruft und sich ihm gegenüber verpflichtet fühlt, »seinen Plan« auszuführen. All dem liegt die Überzeugung zugrunde, dass es nur einen Weg zur wahren Existenz gebe, nur eine gültige Sichtweise der Dinge, nur eine Wahrheit und dass alle anderen zwangsläufig ungültig, falsch und schädlich seien. Und dabei dürfe man nicht die Hände in den Schoß legen und die »Weltmenschen« sich selbst überlassen. Toleranz ist hier Fehlanzeige. Stattdessen herrscht eine ausgeprägte »Wir-gegen-alle-Mentalität«. Die Aberkennung der Existenzberechtigung kann dabei auch »legitime«, eigentlich systemkonforme Personen treffen, wenn sie den Eindruck erwecken, von den »Weltmenschen« kontaminiert zu sein, weil sie sich ihnen in irgendeiner Weise angleichen.

Für das Individuum in einem solchen System stellt diese emotionale Spannung einen absolut existenziellen Konflikt zwischen

»Sein-Dürfen« und »Nicht-sein-Dürfen« dar, zwischen Werthaftigkeit und Nichtigkeit der eigenen Person. Den einzigen Weg, seine Existenz für die Zukunft zu sichern, wird es vermutlich in der eigenen »Bekehrung« sehen. Auch wenn es nicht zu körperlichen Misshandlungen kommt, löst das absolutistische Milieu mit seinen Forderungen, Erwartungen und subtilem Druck in jedem Mitglied eine mehr oder weniger stark empfundene Grundangst vor der eigenen Auslöschung und Vernichtung aus. Dabei hängt die Existenzberechtigung der einzelnen Person von ihrem Glaubensbekenntnis ab (ich glaube, also bin ich), von ihrer Unterwerfung (ich gehorche, also bin ich) und darüber hinaus von einem Gefühl der totalen Verschmelzung mit der Gruppierung. Ihre »Rettung« liegt also darin, dass sie sich in die Arme des absolutistischen Systems wirft. Dabei ist sie sich immer bewusst, dass ihr die Existenzberechtigung jederzeit entzogen werden kann, sollte sie von diesem Weg abirren.

Subtile Täuschung

Auf diese Erkenntnisse Liftons, abgeleitet vom kommunistischen System Chinas, bezogen sich später die Psychologen Margaret Singer und Steven Hassan. Sie befassten sich dabei insbesondere mit dem Phänomen der Bewusstseinskontrolle in Sekten und religiösen Gruppierungen. Wichtig ist an dieser Stelle, den Begriff der Bewusstseinskontrolle klar von dem der Gehirnwäsche abzugrenzen, wie ich es bereits angedeutet habe. Gehirnwäsche wird stets unter Gewalteinwirkung vorgenommen, wobei die Rollen von Opfer und Täter klar verteilt sind. Eine Wahlmöglichkeit gibt es nicht, da das Opfer unter Bedrohung zu bestimmten Handlungen gezwungen wird. Die Betroffenen sind sich also durchaus im Klaren darüber, dass sie einer Gehirnwäsche unterzogen werden. Im Ergebnis sind die Verhaltensveränderungen meist vorübergehend und ohne tiefer greifende Wirkung. Die Bewusstseinskontrolle hingegen geschieht gewaltfrei und wesentlich subtiler mithilfe von Täuschung und Manipulation. Da die Betroffenen sich unter Freunden und Gleichgesinnten wähnen, kooperieren sie mit den verdeckt agierenden Täterinnen und glauben sich frei in ihrer Entscheidung. Dass sie kontrolliert und manipuliert werden, ist ihnen nicht bewusst, sodass sie gewissermaßen »mitmachen« und z. B. persönlichste Informationen weitergeben, die später gegen sie verwendet werden.

Betroffene, die aus einem solchen System ausgestiegen sind, schämen sich im Nachhinein oft dafür, dass sie als erwachsene Menschen gehandelt haben und dabei doch vermeintlich im Vollbesitz ihrer geistigen Kräfte waren. Sie denken: »Ich habe ja selbst mitgemacht und hätte doch ›Nein‹ sagen können.« Oft wird ihnen genau das auch durch entsprechende Reaktionen von außen gespiegelt: »Warum hast du das überhaupt mitgemacht? Ich wäre längst gegangen.« Ihr Verhalten erscheint ihnen selbst unentschuldbar, solange sie sich nicht bewusst machen, dass ihre Gedanken und ihr Handeln unbewusst durch das missbräuchliche System kontrolliert und beeinflusst wurden.

Diese tief greifende Indoktrination des Einzelnen wird mithilfe unterschiedlicher Methoden erzielt. In religiösen Gruppierungen geschieht dies unter anderem durch die Erzeugung von Trancezuständen mittels langer Sitzungen, die durch einen Wechsel von entspannenden Wiederholungen (z. B. meditative Gebete, Gesänge, rhythmische Musik) und hochfokussierter Aufmerksamkeit (z. B. konzentrierte Gebete, Lehren, Vorträge) gekennzeichnet sind. In einem solchen Trancezustand sind sowohl das Gefühl der persönlichen Identität als auch die kritische Denkfähigkeit stark eingeschränkt oder sogar ganz ausgeschaltet. Das Bewusstsein ist dann besonders offen und empfänglich für irrationale Ideen und Gedanken. Zum anderen wird die Indoktrination unterstützt durch grundlegende sozialpsychologische und gruppendynamische Prinzipien wie Gruppendruck oder Autoritätsgehorsam sowie Techniken zur Verhaltensmodifikation (z. B. positive und negative Verstärkung).

Alles unter Kontrolle

In Bezug auf den Prozess der Bewusstseinskontrolle in religiösen Gruppierungen unterscheidet Steven Hassan vier Komponenten, die auf verschiedenen Ebenen wirksam sind: die Verhaltenskontrolle, die Gedankenkontrolle, die Gefühlskontrolle und die Informationskontrolle.[16] In Anlehnung an die Theorie der kognitiven Dissonanz nach Leon Festinger geht er davon aus, dass alle kognitiven Elemente wie bei einem Mobile eng miteinander zusammenhängen und aufeinander bezogen sind. Verändert sich beispielsweise das Denken einer Person dermaßen, dass es in Widerspruch zu seinem Fühlen und Handeln gerät, entsteht in dieser Person eine Dissonanz, ein unbehagliches Gefühl, das nach Ausgleich verlangt. Entsprechend passt sie also ihr Verhalten und ihre Emotionen an, um das innere Gleichgewicht, den stimmigen Zustand wiederherzustellen. Zusätzlich wird sie versuchen, Situationen und Informationen zu vermeiden, die die Dissonanz wieder erhöhen könnten. Das Erleben von kognitiver Dissonanz ist ein ganz alltägliches Geschehen, das jedoch häufig im Unbewussten stattfindet und von uns unbemerkt bleibt. Das unangenehme Gefühl, das dabei entsteht, können wir manchmal nicht einordnen und sorgen unbewusst dafür, dass es z. B. durch eine solche Angleichungshandlung möglichst schnell wieder verschwindet. Die Fremdkontrolle über einen Wahrnehmungskanal einer Person hat also unweigerlich die Anpassung der anderen mentalen Ereignisse zur Folge, um die aufkommende Spannung zu überwinden. Im Folgenden wird erörtert, wie ein geistlich missbräuchliches System die vier genannten Komponenten (Gedanken, Gefühle, Verhalten, Informationen) bewusst manipulieren kann, um eine Person unter seinen Einfluss zu bringen. Die

Erkenntnisse Liftons werden dabei aufgegriffen und explizit in den religiösen Kontext gesetzt.

Bei der **Gedankenkontrolle** geht es darum, dass die Mitglieder die Glaubenslehre der religiösen Gemeinschaft als die einzig gültige Wahrheit verinnerlichen. Die Welt wird aufgeteilt in, schwarz und weiß, gut und böse, richtig und falsch, innen und außen. Gleichzeig beansprucht die Gruppierung für sich, auf so gut wie alle Fragen und Probleme eine Antwort zu haben. Auf diese Weise muss die einzelne Person nicht mehr selber denken, da die Lehre das Denken für sie übernimmt. Auch die Manipulation der Sprache fällt in diesen Bereich, indem bestimmte Worte, Sinnbilder und Ausdrucksweisen mit einer spezifischen Bedeutung besetzt werden. Diese der Gruppe eigene Sprache trägt dazu bei, dass sich die Mitglieder der Gemeinschaft noch mehr verbunden fühlen und sich von ihrem bisherigen Milieu absondern. Ein weiteres Element der Gedankenkontrolle ist die Entwicklung einer starken Abwehr gegenüber kritischen Informationen oder Anmerkungen von außen. Sie werden als Unwissenheit, Lügen oder Diskreditierungen gegen die Gemeinschaft oder ihre Lehre abgetan. Auch dies stärkt das Wir-Gefühl der Gruppe, die sich durch die Kritik von außen in ihrer Weltsicht bestätigt sieht. Gegen individuell aufkommende schlechte Gedanken oder negative Einstellungen werden häufig Methoden zum Gedankenstopp angelernt und verinnerlicht. Beim kleinsten Aufkeimen von Sorgen oder Zweifeln beginnt man mit gewissen meditativen Gebetsformen, Zungenreden oder Singen. Ziel ist das Ausschalten jeglichen kritischen Denkens und das Verorten von Problemen oder Schuldfragen beim einzelnen Mitglied.

Die **Gefühlskontrolle** betrifft die unterschiedlichsten Gefühle der Gruppenmitglieder. Die von Lifton beschriebenen Methoden zielen allesamt auf die Erzeugung von Gefühlen wie Angst, Schuld und Scham auf der einen Seite sowie Loyalität und Hingabe auf der anderen Seite. Paradoxerweise steht im Vordergrund jedoch das Versprechen, dass der Weg der religiösen Gruppierung zum Glück führe. Eine Umdeutung der christlichen Leidensmystik wird in diesem Sinne häufig dazu genutzt, Leid und Schmerzen als Glück auszulegen, weil man Gott dadurch näherkomme oder Strafen für sich und andere sühnen könne. Durch den Missbrauch von Techniken zur Verhaltensmodifikation wie Belohnung und Bestrafung werden zudem Gefühle von Abhängigkeit und Hilflosigkeit erzeugt. Dem andauernden Auf und Ab all dieser verschiedenen Emotionen kann im Zweifel ebenfalls nur mit einem Gedankenstopp begegnet werden. Es verstärkt zudem die »Erkenntnis«, dass die eigenen Gefühle nicht zuverlässig seien und ihnen entsprechend nicht getraut werden dürfe. Denken und Handeln passen sich dementsprechend zügig an.

Die **Verhaltenskontrolle** erfolgt schrittweise durch die zunehmende zeitliche und inhaltliche Einbindung des Gruppenmitglieds und die damit verbundene Beschränkung seiner Freizeit. Hierunter fallen ebenso Aspekte wie Gehorsamsversprechen, klare Hierarchiesysteme, Pflicht zur Rechenschaft, Verstärkung des Gruppengefühls durch vermehrte gemeinschaftliche Aktionen und Veranstaltungen, Belohnungs- und Bestrafungssysteme oder charakteristische Verhaltensrituale wie Insiderjargon, Körperhaltungen, Gesten, Gesichtsausdrücke oder Kleidungsstile, die das Gruppenmitglied nach und nach übernimmt.

Die **Informationskontrolle**, der Mitglieder von geistlich missbräuchlichen Systemen unterliegen, lebt zum einen von einem fehlenden Zugang zu kritischer Information. Dazu gehören einseitige Literaturempfehlungen bzw. die Warnung vor »schädlicher« Literatur. Auch die häufig ungeschriebenen Regeln, keine Kritik zu äußern, untereinander nicht schlecht zu reden, sich gegenseitig zu beobachten und den Verantwortlichen nicht konforme Äußerungen zu melden sowie den Kontakt zu ehemaligen Mitgliedern oder Kritikern zu meiden, fallen darunter. Des Weiteren wird dafür gesorgt, dass gewisse Informationen nicht für jedes Mitglied gleich zugänglich sind. Erst allmählich, mit fortschreitender Einbindung in die

Gruppe, werden auch die internen Lehren und Ideen vollständig enthüllt. Auf diese Weise werden unterschiedliche Wahrheits- oder Erkenntnisebenen geschaffen, die der Einzelne mit fortschreitender Entwicklung seines Glaubens erreichen kann. Persönliche Probleme in der Gegenwart werden als Hinweis darauf gedeutet, dass die jeweilige Person geistlich noch reifen und wachsen muss, um später die »ganze Wahrheit« begreifen zu können.

Toxische Gemeinschaften nutzen die beschriebenen Methoden in sehr unterschiedlichem Maße und häufig äußerst subtil. Doch schon die Kontrolle über einzelne Bereiche der Persönlichkeit kann enorme Auswirkungen haben und Mitglieder in ihren Lebensentscheidungen und ihrer individuellen Entwicklung stark beeinflussen. An dieser Stelle wird erschreckend deutlich, wie sehr selbst in katholischen Gemeinschaften dieselben Strukturen zu beobachten sind wie in sogenannten Sekten und Psychogruppen[17].

5. EXKURS: EMOTIONALER MACHTMISSBRAUCH – KEIN MONOPOL DER KIRCHE

Anfang 2021 war ich in Köln zu einem öffentlichen Vortrag über geistlichen Missbrauch eingeladen mit anschließender Einladung zu einem offenen Gespräch mit dem Auditorium. Gegen Ende der Veranstaltung erhob sich ein über 80-jähriger Mann und sagte in tiefstem Kölsch: »All, wat Se do verzallt han, künnt och em Kegelverein udder em Fußballclub passieren.«[18] Das stimmt. Ich freute mich sehr über diese unfassbar einfach ausgesprochene Erkenntnis dieses Mannes, der selbst ein Betroffener geistlichen Missbrauchs war, wie er erzählte. Die Kirche hat kein Monopol auf den Missbrauch. Überall, wo es in unserer Gesellschaft geschlossene Systeme mit einem Minimum an Hierarchie gibt und Menschen einem Ideal folgen, lauert die Gefahr geistigen und emotionalen Machtmissbrauchs. Daher möchte ich mich mit Ihnen nun auf einen kleinen Exkurs begeben. Vor dem Hintergrund der dargestellten Merkmale für mentale Manipulation nach Lifton werden wir uns drei anfällige Systeme unserer Gesellschaft anschauen: Die (Reform-)Pädagogik, den Leistungssport und die Klimaschutzbewegung.

Machtfeld Pädagogik – die Odenwaldschule

Anfang 2010 wurde eine Lawine des Schreckens losgetreten, die nicht nur die katholische Kirche, sondern auch die deutsche Pädagogikwelt überwalzte. Sowohl am Canisius-Kolleg in Berlin als auch im Internat der Benediktinerabtei Ettal wurden über Jahrzehnte andauernde systematische sexuelle Missbrauchsfälle aufgedeckt. Es war gleichsam der Startschuss, mit dem eine bis heute nicht abreißen wollende Kette von Missbrauchsskandalen ans Licht kam. Doch nicht nur die kirchlichen Schulen waren betroffen. Die losgetretene Lawine hatte eine solche Wucht, dass sie auch an nicht kirchlichen Schulen zahllose Fälle sexuellen, körperlichen und emotionalen Kindesmissbrauchs zutage förderte. Das prominenteste Beispiel hierfür ist wohl das Eliteinternat Odenwaldschule, an dem ebenfalls 2010 ein schauderhafter, systematischer Missbrauch an Schülerinnen und Schülern der Öffentlichkeit bekannt wurde. Pünktlich zu dessen 100-jährigem Jubiläum.

Anhand der Odenwaldschule möchte ich aufzeigen, wie der massive geistige, emotionale und sexuelle Machtmissbrauch durch das geschlossene System »Internatsschule« ermöglicht wurde und warum er viel zu lange unentdeckt bleiben konnte. Wie die Reformpädagogik mit ihrem Grundsatz »Das Kind und seine Unversehrtheit stehen im Mittelpunkt«[19] als Deckmantel diente, um hinter schönen Worten und pädagogischen Begriffen einen traumatisierenden Ort des Schreckens zu schaffen. Und wie dieses System so nachhaltig wirken konnte, dass Betroffene auch Jahre nach den Vorfällen sowohl von den Verantwortlichen als auch von ehemaligen Mitschülern als Nestbeschmutzer beschimpft wurden und selbst der Haupttäter konsequent in Schutz genommen wurde. Alles typisch für ein gut funktionierendes geistig missbräuchliches System, wie wir es auch beim geistlichen Missbrauch kennengelernt haben.

Das Ideal – »Werde, der du bist«

1910 gründete das Ehepaar Paul und Edith Geheeb in einer ehemaligen Kurpension im hessischen Heppenheim die Internatsschule »Odenwaldschule«. Beide entstammten der reformpädagogischen Bewegung und Paul Geheeb hatte bis kurz zuvor mit dem Reformpädagogen Gustav Wyneken in der Freien Schulgemeinde Wickersdorf zusammengearbeitet. Wyneken selbst galt als Päderast, wurde später wegen sexuellen Kindesmissbrauchs zu einem Jahr Gefängnis verurteilt und durfte nicht mehr als Lehrer tätig sein.[20] Jedenfalls legte das Ehepaar Geheeb die Odenwaldschule als eine der ersten koedukativ, also Jungen und Mädchen gemeinsam unterrichtenden Einrichtungen an. Die Kinder sollten im Gemeinschaftsleben, in ihrer Persönlichkeit und im selbstbestimmten Handeln gefördert werden. Geheeb übernahm dazu für sich den Leitsatz des griechischen Dichters Pindar: »Werde, der du bist!«[21] Ein Satz, der später tragischerweise genau in sein Gegenteil verkehrt werden sollte.

Gemäß dem liberalen Ansatz der Reformpädagogik wurden die Schüler statt in Klassen in Kursen organisiert, wobei die Gemeinschaft einen äußerst hohen Stellenwert einnahm. Die Schüler nannten sich untereinander »Kameraden« und lebten in altersgemischten Wohngruppen von 6–10 Personen, den sogenannten »Familien«. Das Oberhaupt einer solchen »Familie« war ein »Mitarbeiter«, also ein Lehrer oder Erzieher. Zum pädagogischen Konzept der Schule gehörten außerdem der gemeinsame Nacktsport von Mädchen und Jungen, das allmorgendliche nackte »Luftbaden« auf einer extra dafür vorgesehenen Wiese am Waldrand sowie das Duzen der Lehrer.

1915 zog der Bruder von Edith Geheeb mit seiner Familie auf das Schulgelände. 1925 folgte auch ihr Vater, der Berliner Stadtrat Max Cassirer, der die Odenwaldschule von Anfang an nachhaltig förderte. Die ersten Gebäude, die die Familie anbaute, benannte sie bezeichnenderweise nach ihren Vorbildern des Idealismus: Herder-, Fichte-, Schiller-, Goethe- und Humboldt-Haus. Bereits nach 10 Jahren galt die Odenwaldschule als reformpädagogisches Vorzeigeinternat. In den Archiven der Schule wurden später offizielle Briefwechsel gefunden, die darauf hindeuten, dass es schon unter der Leitung des Ehepaars Geheeb einen Missbrauch an Schülerinnen und Schülern gab. In keinem der Fälle wurde jedoch Anzeige erstattet.

Nachdem Paul Geheeb die Auswirkungen der nationalsozialistischen Umtriebe lange Zeit nicht wahrhaben wollte, emigrierte er 1934 mit seiner jüdischen Frau Edith, einigen Mitarbeitern und etwa 25 Schülern in die Schweiz, wo sie die Ecole d'Humanité gründeten.[22] Den Schulbetrieb übernahmen daraufhin zwei befreundete Lehrer, die sich später dem Nationalsozialismus anschlossen. Die Familie Geheeb sollte nicht mehr an die Odenwaldschule zurückkehren.

Systematische Übernahme des Vorzeigeinternats

In der Zeit des Nationalsozialismus wurde die Odenwaldschule vorübergehend gleichgeschaltet, da das Schulkonzept mit seinen reformpädagogischen Prinzipien nicht in das Ideal der NSDAP passte. Nach dem Zweiten Weltkrieg wurden die alten Leitgedanken jedoch wieder aufgenommen und die Schule wurde nach und nach zu einer integrierten, differenzierten Gesamtschule ausgebaut. Die Odenwaldschule entwickelte sich so zu einer privaten Ersatzschule, die gerade bei linksliberalen und wohlhabenden Familien sehr beliebt war. Hier schickten von Weizsäckers und von Dohnanyis ihre Kinder zur Schule. Daniel Cohn-Bendit und Amelie Fried gehören ebenso zu den prominenten Schülern wie Klaus Mann. 1963 wurde die Odenwaldschule UNESCO-Projektschule. Anfang der 1970er-Jahre etablierte sie sich zum Eliteinternat und genoss hohes Ansehen.

Diese Entwicklung dauerte bis hinein in die Zeit unter Schulleiter und Haupttäter Gerold Becker. Von der Ausbildung her Theologe, unterrichtete er nach einem Pädagogik- und Psychologiestudium ohne jegliche Lehramtsausbildung seit 1969 an der Odenwaldschule und übernahm 1972 die Schulleitung.[23] Unter seiner Führung kam es schließlich zu einer systematischen Übernahme durch pädophile »Mitarbeiterinnen« und »Mitarbeiter«, die einen Teil des Internats in eine lebendige Hölle für die Kinder verwandelten, während nach außen das Bild eines pädagogischen Paradieses präsentiert wurde.

Lockmittel Reformpädagogik

Dass die tatsächlich paradiesisch gelegene Odenwaldschule inmitten von idyllischen Wäldern und Wiesen zu einer Folterkammer für so viele Schülerinnen und Schüler werden konnte, hat eine auch historisch bedeutsame Vorgeschichte. Nach der NS-Zeit sollten die Kinder und Jugendlichen ermutigt werden, selbst Verantwortung zu übernehmen und mitzubestimmen. Die Schule sollte ein Ort demokratischer Lernkultur für die nächsten Generationen werden, an dem alle Schülerinnen mitgestalten und mitverantworten können. Das war ihr Aushängeschild. Den stützenden Rahmen für dieses reformpädagogische Modell stellte zunächst ein differenziertes und strenges Regelsystem. Gelockt wurde außerdem mit der Idee einer individuellen Förderung der Kinder und dem Angebot von Musik, Theater oder handwerklichen Arbeiten.

Als Gerold Becker in den 1970er-Jahren die Schulleitung übernahm, wusste er den herrschenden Zeitgeist für sich und seine verbrecherischen Absichten zu nutzen. Er profitierte davon, dass die Reformpädagogik an der Odenwaldschule ohnehin schon zu einer »heiligen Wissenschaft« geworden war, die als unantastbar und alternativlos galt. Als schulischer Berater und Autor hatte er sich diesbezüglich bereits einen Namen gemacht, was seinen »Wahrheitsanspruch« zusätzlich untermauerte und seine Machtposition entsprechend stärkte. Indem er sehr bewusst die Reformrhetorik einsetzte, gab er vor, einen Liberalisierungsprozess anstoßen zu wollen. So warb er für eine »flexible Beziehungsgestaltung« zwischen

Schülern und Pädagogen und führte anstatt der starren Regeln eine willkürliche Heimordnung ein. Neue Schülerinnen begrüßte er mit den Worten: »Hier, an der Odenwaldschule, ist alles erlaubt.«[24] Eine böse Wahrheit. Becker benutzte die inhaltlich aufgeladene reformpädagogische Sprache und ihre Begriffe, um sich gezielt ein System aufzubauen, in dem er seine pädophilen Verbrechen unbeobachtet durchführen konnte.

Der Erziehungswissenschaftler Jürgen Oelkers, emeritierter Professor der Universität Zürich und Kritiker der Reformpädagogik, weist in seinem Buch »Pädagogik, Elite, Missbrauch« auf die Macht dieser Sprache hin: »Als Sprache ist Reformpädagogik ziemlich unerschütterlich. Aber man darf nicht von der Sprache auf die Praxis schließen, das wäre mein Hauptbefund. Die Landerziehungsheime waren nie, was sie sein sollten.«[25] Damit deutet er an, wie die konsequente Anwendung der Rhetorik eine eigene Welt erschaffen kann, die nicht der Realität entspricht. So hieß es in der Schulordnung: »Die Odenwaldschule ist eine freie Gemeinschaft, in der die verschiedenen Generationen unbefangen miteinander umgehen und voneinander lernen können.«[26] Unter dem Deckmäntelchen eines freiheitlichen pädagogischen Konzepts wirkte das System nach außen sicher und wie eine heile, ideale Welt, die für Fortschritt, Einheit und Zugehörigkeit stand. Die abgeschiedene Lage des Internats im Odenwald, fünf Kilometer vom nächsten Ort entfernt, stand dabei zeichenhaft für ihre Isolation und Abgeschiedenheit von der Außenwelt. Ein eigener, abgeschotteter Kosmos mit einer ganz natürlichen Milieukontrolle, die sich wie von allein ergab und erhielt. Diese räumliche und soziale Absonderung der Schule wurde verstärkt durch ein ausgeprägtes Elitebewusstsein. Die Art, wie hier gelebt und gelehrt wurde, war tatsächlich außergewöhnlich, und insbesondere Gerold Becker wurde als charismatischer Pädagoge von Lehrern und Schülern beinahe blind verehrt. Vielleicht war es das Wissen um seine unerschütterliche Macht über diese treue Anhängerschaft, das ihn – in Anlehnung an den Sonnenkönig Ludwig

XIV. – zu dem narzisstischen Satz verleitete »Die Odenwaldschule, das bin ich«[27].

An der Oberfläche dieses pädagogischen Sehnsuchtsorts war tragischerweise nicht sichtbar, dass viele Schülerinnen und Schüler nach innen hin zunehmend einer massiven Manipulation und einem Gefühl von innerer Zerrissenheit ausgesetzt waren. Fatal – und für die Täterinnen und Täter mehr als willkommen – war die Tatsache, dass viele Kinder keine aufmerksam hinschauenden Eltern im Hintergrund hatten. Der eine Teil der Schülerschaft kam aus der Oberschicht, deren Eltern häufig dem Ruf der Schule und dem Charisma des Leiters verfallen waren und ein Stück weit der Kategorie »Wohlstandsverwahrlosung« zuzuordnen waren. Knapp ein Drittel der Schülerinnen und Schüler wurde zudem vom Jugendamt vermittelt. Auch aus Berlin sollen sogenannte »gefährdete Minderjährige« von dem Pädagogen Martin Bonhoeffer geschickt worden sein, dem ebenfalls Pädophilie und sexuelle Belästigung an Kindern vorgeworfen wurde.[28] Diese Kinder hatten erst recht keine Lobby und wussten vermutlich überhaupt nicht, an wen sie sich hätten wenden sollen.

Familienähnliche Strukturen

Becker schaffte auf diese Weise für sich und seine Mittäterinnen die optimalen Rahmenbedingungen, um die Übergriffe auf die Kinder möglichst unbemerkt durchführen zu können. Er bediente sich des Internats als einem geschlossenen System, in dem Erwachsene und Schüler wie eine Familie zusammenlebten. Ein ehemaliger Schüler berichtet über den Schulleiter: »Er hat bei uns Schülern eine emotionale Ebene angesprochen, sich um vieles gekümmert. Als wir auf Studienreise in England waren, hat er jedem Schüler einen persönlichen Brief geschrieben. Und die Briefe, die man zurückgeschrieben hat, hat er alle gelesen. Man hatte den Eindruck: Da ist einer, der weiß alles über mich.«[29]

Dieses familiär-vertrauensvolle Gefühl wurde dadurch verstärkt, dass die Wohngruppen als »Familien« bezeichnet wurden und der Gemeinschaftssinn hohe Priorität genoss. Der Erwachsene, der seiner »Familie« jeweils als »Oberhaupt« vorstand, befand sich somit als Lehrer und Erzieher in einer Doppelfunktion. Auch hier kam es also, wie wir es bereits beim geistlichen Missbrauch kennengelernt haben, zu einer Vermischung der Verantwortungsbereiche von *forum internum* (Erziehung) und *forum externum* (Schule). Den Kindern fehlte dadurch ein geschützter Raum, in dem sie ihre persönlichen und privaten Dinge unbefangen hätten besprechen können. Denn die Erzieher waren gleichzeitig Lehrer und das Verhalten der Kinder im »privaten« Bereich hätte immer Auswirkungen auf Entscheidungen im schulischen Bereich haben können und umgekehrt. Die Macht, die die Erwachsenen damit jederzeit über ihre Schutzbefohlenen ausspielen konnten, war ein weiterer Stein, mit dem die Basis für ein umfassendes emotionales, geistiges und sexuelles Missbrauchssystem gelegt wurde. Selbst ein dreimonatiger Auslandsaufenthalt in England ermöglichte keinen echten Ausbruch aus dem System. Der Betroffene Andreas Huckele, der später maßgeblich zur Aufdeckung des Missbrauchsskandals an der Odenwaldschule beitrug, ging zunächst unter dem Pseudonym Jürgen Dehmers an die Öffentlichkeit. Er berichtet, dass Becker ihm damals innerhalb von 12 Wochen 60 Briefe nach England geschrieben habe, um auch aus der Ferne eine Kontrolle über ihn auszuüben.[30]

In diesen familienähnlichen Intimräumen, die überwiegend autonom organisiert waren, wurden die Schülerinnen von den Pädagogen sukzessive in Beziehungen verstrickt, die von emotionaler Ausbeutung und sexueller Aufladung geprägt waren. Gerade Becker nutzte seine charismatische Persönlichkeit, um die nach Orientierung suchenden Heranwachsenden mit seiner Sicherheit und Kraft ausstrahlenden »Wegweiserrolle« in eine seelische Abhängigkeit zu führen. Zutiefst überzeugt von seiner Mission, war er nicht nur für die Kinder und das Kollegium, sondern auch für die Öffentlichkeit eine unwiderstehliche und erfolgreiche Lichtgestalt. Einmal im Netz seiner Blendung gefangen, gab es kein Entrinnen mehr. Selbst Vernunft und Eigenverantwortlichkeit blieben machtlos.

Ein ehemaliger Schüler beschreibt das manipulative Verhalten des Schulleiters: »Wenn Becker etwas sagte und man im Nachhinein dachte ›Das stimmt so nicht‹, dann suchte man den Fehler bei sich – und nicht bei Becker. Man überlegte, was man Missverständliches oder Unklares gesagt haben könnte, sodass er zu dieser Ansicht kam.«[31] Aufgrund der gegebenen Strukturen fehlte den Kindern ein Regulativ, das ihnen ermöglicht hätte, über ihre Erlebnisse zu sprechen und damit aufzudecken, dass sie Opfer von Manipulation und einem großen Verbrechen wurden. Selbst Signale, die einzelne Kinder sendeten, wurden nicht beantwortet. Sie wussten, dass man ihnen nicht glauben würde. Für sie gab es keine Anlaufstelle und damit kein Entkommen aus den Fängen ihrer Peiniger. Stattdessen mussten sie schweigen und den Missbrauch über sich ergehen lassen oder ihn als verzweifelte Überlebensstrategie als »normal« einordnen. Auch wenn Kinder nicht selbst Opfer des Missbrauchs wurden, so war eine Mitwisserschaft doch zwangsläufig, da sich die Internatskinder ihre Zimmer teilten oder an offenen Türen vorbeigingen und dort sahen, wie andere Schüler »gestreichelt« wurden. Schuld- und Schamgefühle beherrschten das ganze System und machten die einzelnen Personen unfähig, über das Unaussprechliche zu sprechen.

Die Täter im »Pädagogen«-Schafspelz

Heute wissen wir, dass die Schule unter der Leitung von Becker gezielt zu einem Hort für Päderasten ausgebaut wurde, die nicht nur sich selbst, sondern auch Freunde, Bekannte und Verwandte »versorgten«.[32] So kam es, dass sich einige Pädophile, die fast alle aus der Jugendbewegung entstammten, gegenseitig an das Internat lotsten, ohne dass sie dabei ausgebildete Lehrer gewesen wären. Bei all dem spielte das Wohl der Kinder keine Rolle. Vielmehr ging es zunehmend um die Verwirklichung homoerotischer und pädokrimineller Fantasien ganz nach dem Vorbild des bereits erwähnten Reformpädagogen und Päderasten Gustav Wyneken.

In der Dokumentation »Geschlossene Gesellschaft« von Luzia Schmid und Regina Schilling wird geschildert, wie an der Odenwaldschule eine Atmosphäre sexuellen Aufbruchs herrschte, in der Joints, Zigaretten, Alkohol, Partys und auch Sex allgegenwärtig waren. Auch der spätere Aufklärungsbericht und Zeugenaussagen sprechen von massivem Alkohol- und Drogenmissbrauch, ständig betrunkenen Kindern, Quälritualen, Mobbing und gemeinschaftlichem Missbrauch auch unter den Schülern – all dem wurde durch die oft anwesenden Pädagoginnen kein Einhalt geboten.[33] Die egalitäre Haltung zwischen Erwachsenen und Kindern war weit verbreitet und galt auch hier als normal. Es gab keine Grenzen. Vor aller Augen konnten Becker und seine Mittäter ihre Pädophilie an den schutzlosen Kindern ausleben. Im Jahr 1996 soll eine Lehrerin nach einer Party mit einem 13- oder 14-jährigen Schüler geschlafen haben. Die Schüler brüsteten sich später damit, sie hätten eine Lehrerin »flachgelegt«.[34] An diesem Beispiel wird deutlich, wie sehr die Kinder zum Sex mit Erwachsenen erzogen wurden und dieses Verhalten als »normal« einstuften. Doch auch wenn Schülerinnen sich des Missbrauchs nicht bewusst waren und sich womöglich nicht missbraucht »fühlten«, weil sie die Taten nicht als Verbrechen einordnen konnten, handelte es sich dennoch um eine massive sexuelle Ausbeutung von Schutzbefohlenen.

Während die Odenwaldschule nach außen als reformpädagogische Musteranstalt galt, ging es in Wahrheit weder um guten Unterricht noch um eine professionelle Betreuung der Kinder. Dies sei vielmehr dem Zufall oder den einzelnen Pädagogen überlassen worden, so der ehemalige Lehrer Dr. Salman Ansari.[35] Es wurde eine Scheinwelt aufgebaut, an die das Umfeld felsenfest glaubte, sodass sich die Täterinnen ungestört der Befriedigung ihrer pädophilen Triebe hingeben konnten. Die Betroffenen hatten keinerlei Chance, aus diesem Missbrauchssystem auszubrechen oder Gehör zu finden.

Nach einer 2019 erschienenen Studie des Wissenschaftlers Jens Brachmann an der Universität Rostock soll Becker allein mindestens 200 Schüler missbraucht haben.[36] Daneben soll es mindestens vier weitere Haupttäter gegeben haben. Der Studie zufolge sollen insgesamt 500 bis 900 Schüler von sexualisierter Gewalt an der Odenwaldschule betroffen sein. An den Verbrechen waren mehr als zwei Dutzend »Mitarbeiterinnen« und »Mitarbeiter« des Internats beteiligt, wobei die Grenzen zwischen passiver Unterstützung und aktiver Täterschaft laut Studie fließend seien. Kaum auszumalen, wie viele Horrorgeschichten und unbekannte Schicksale hinter diesen Zahlen verborgen sind.

Das alles konnte nur gelingen, weil Becker es verstand, über Jahre unbehelligt ein Doppelleben zu führen. Die Juristin Claudia Burgsmüller nennt ihn im Abschlussbericht »einen Weltmeister der Vernebelungsstrategie«.[37] Er tat alles dafür, sein Privatleben, seinen beruflichen Werdegang und vor allem sein Handeln zu vertuschen und möglichst nichts von sich preiszugeben. Dies gelang insbesondere dank des Schutzes mächtiger Freunde wie der seines engen Freundes und Lebensgefährten Hartmut von Hentig, ein ebenfalls berühmter Reformpädagoge und Publizist. In seinen Memoiren schrieb Hentig 2016, mit der Liebesbeziehung zu ihm habe Becker seine Pädosexualität überwinden wollen: »Gerold hat mich gesucht, um sich aus der Abhängigkeit von den Jungen zu lösen. Seine Liebe zu mir – ich glaube fest, dass es Liebe war – sollte ihn von den eigenen Abgründen retten. Sie hat es nicht.«[38] Nach langem Schweigen und heftigen Abwehrreaktionen bat Hentig die Opfer, dem bereits verstorbenen Gerold Becker Verzeihung zu gewähren, sagte sich aber nie von seinem Freund los. Oelkers vermutet hinter diesem suspekten Verhältnis ebenfalls eine langjährige Abhängigkeitsbeziehung.

Kollektives Schweigegebot

Das einflussreiche Netzwerk von Unterstützern innerhalb und außerhalb der Schule sowie die Rückendeckung durch den Vorstand der Odenwaldschule verhalfen Becker dazu, dass er auch gegenüber schulinternen Kritikern die Oberhand behielt. Gegner aus den Reihen des Kollegiums berichten, dass sie nichts ausrichten konnten und man sich bei internen Besprechungen in ideologischen Debatten oder Diskussionen über die Hausordnung verlor. Auch die externe Schulaufsicht griff nicht ein, sodass Becker walten und schalten konnte, wie er wollte.

Einzelne Schüler, die versuchten, sich zur Wehr zu setzen, bekamen Beckers Macht als Schulleiter zu spüren. Ein Mädchen, das davon erzählte, dass Schulkameradinnen missbraucht würden, musste von der Schule gehen. Sie wusste zu viel und Becker setzte alles daran, den Spieß umzudrehen. Er bezichtigte sie kurzerhand des Drogenkonsums und sie musste ohne Abschluss abgehen. Ein ähnliches Schicksal erlitt ein Junge, der sich dem Schulleiter dauerhaft entzogen hatte. Zunächst wurde er ignoriert und von schulischen Aktivitäten ausgeschlossen, bis er schließlich ebenfalls ohne Abschluss die Schule verlassen musste.

Auch Eltern, die sich mit den Missbrauchsvorwürfen ihrer Kinder an die Schule wandten, wurden abgewiesen und beschwichtigt. Man wolle die beschuldigten Lehrer nicht vernichten und auch die Schule nicht in Schwierigkeiten bringen. Eltern, die ihre Kinder von der Schule nahmen, hakten nicht nach und gingen nicht zur Polizei. Ein ehemaliger Schüler berichtet, dass Kritiker aus der Schülerschaft damals durch eine regelrechte »Anti-Spießer-Hysterie« mundtot gemacht worden seien. Wer die Übergriffe bemerkte und kritisch kommentierte, sei sofort als Spießer geächtet worden. »Das war grauenhaft.«[39] Es habe keine unabhängige Kontrollinstanz gegeben.

Tatsache ist, dass die Geheimhaltungsstrukturen nicht nur bei den Kindern wirkten, sondern bis ins Schulkollegium hineinreichten. Die Studie der Universität Rostock erklärt dieses kollektive Schweigen der Lehrkräfte mit einem mangelnden Wissen über sexualisierte Gewalt, der Abhängigkeit der Lehrerinnen von Schule und Schulleitung und mit dem unhinterfragten Glauben an die »heile Welt« der Odenwaldschule. Der ehemalige Lehrer Henner Müller-Holtz vermutet, dass sicher die Hälfte aller Mitarbeiter etwas mit einem der Schutzbefohlenen gehabt habe, genau wie er auch. Aber das sei einvernehmlich gewesen und kein Missbrauch.[40] Neben den Lehrerinnen, die zugeben, Mittäter gewesen zu sein, gibt es viele, die zu den Vorkommnissen schweigen, manche behaupten, sie hätten nichts mitbekommen, andere sagen, sie seien überfordert gewesen, wieder andere hätten keine Einzelheiten wissen wollen. Sie alle waren mehr oder weniger Teil des Systems, selbst wenn sie »nur« mit ihrem Schweigen zur Aufrechterhaltung des Missbrauchs beigetragen haben.

Wie weitreichend die Infiltration des Systems wirkte, zeigt das Beispiel des ehemaligen Schülers und Mitglieds des Trägervereins der Odenwaldschule Tilman Jens. Nachdem die ersten Betroffenenberichte erschienen waren und öffentliche Aufmerksamkeit erzielt hatten, veröffentlichte er 2011 das Buch »Freiwild. Die Odenwaldschule – Ein Lehrstück von Tätern und Opfern«.[41] Darin kritisiert er heftig die Aufdeckung der Missbrauchsfälle und moniert, dass es zu Pauschalverurteilungen und zu einer hysterischen Verfolgungsjagd auf »nachweislich unschuldige« Lehrer gekommen sei. Dabei spricht er sein Misstrauen gegenüber den Betroffenenberichten aus und verweist auf das False-Memory-Syndrom, nach dem es sich bei den Zeugnissen um Pseudoerinnerungen handeln solle. Jens verharmloste damit nicht nur die gravierenden Vorwürfe, sondern vollzog gleichzeitig eine spektakuläre Schuldumkeh. Auch das ist ein Phänomen, das sich bei strukturellem Missbrauch nur allzu oft beobachten lässt: Aus der Angst heraus, dass die konstruierte Welt und damit häufig ein ganzer Lebensentwurf zusammenbrechen könnte, werden die Opfer kurzerhand zu Tätern und die Täter zu Opfern erklärt. Oder der Bruch zwischen Schein und Sein der verehrten charismatischen Führungsperson ist zu groß, um die schmerzhafte Wahrheit an sich heranlassen zu können. In seinem 2021 posthum veröffentlichten Buch »Die Freiheit zu leben und zu sterben. Ein Bekenntnis« schreibt Jens dann selbstkritisch: »Heute schäme ich mich, dass ich nicht genau genug hingeschaut habe. Hinweise auf systematischen Missbrauch gab es genug. [...] Die Abgründe dieser Reformpädagogik habe ich erst weit später realisiert.«[42]

Der ehemalige Odenwaldlehrer Salman Ansari ist einer der wenigen, die sich an die Seite der Opfer sexuellen Missbrauchs gestellt haben. Im Interview mit Spiegel Online beklagte er 2011, dass viele, die genau Bescheid wüssten, weiterhin die Verbrechen beschwiegen, die im Namen der Reformpädagogik begangen würden. »Früher angehimmelte Reformpädagogen wie der Haupttäter aus der Odenwaldschule, Gerold Becker, werden zu Einzeltätern abgestempelt. Kaum einer fragt: Was hat der Missbrauch mit unserer reformpädagogischen Heilslehre zu tun?«[43]

Gleichzeitig plädierte er dafür, das Redeverbot zu durchbrechen und die Betroffenen und ihre Erlebnisse anzuhören. Nur so könne man verstehen, wie der Missbrauch geschehen sei, und nur so könne man ihn in Zukunft verhindern. »Man sollte sich anhören, wie subtil und zugleich planmäßig die Reformpädagogen um Becker, einen Pädokriminellen, sie in die Falle gelockt haben. [...] [Becker] hat die wichtigsten reformpädagogischen Instrumente wie die Nähe zum Kind ganz gezielt eingesetzt, um minderjährige Schüler zu verführen oder mit Gewalt zum Sex zu zwingen. Becker hat seine Internatsfamilie in eine päderastische Kameradschaft umgewandelt, wie es der reformpädagogische Vordenker Gustav Wyneken vorgemacht hat.«[44]

Aufdeckungsversuche

Dass die dicke Wand des Schweigens rund um die Odenwaldschule zu bröckeln begann und schließlich zu großen Teilen eingerissen wurde, ist dem Mut und der Ausdauer einiger Betroffener zu verdanken. Es ist Ende der 1990er-Jahre, als der jahrzehntelange systematische sexuelle Missbrauch an Schülern erstmals bekannt wird. Die Altschüler Andreas Huckele und Thorsten Wiest hatten im Juni 1998 einen Brief an den damaligen Schulleiter Wolfgang Harder geschrieben. Nachdem sie gehört hatten, dass Gerold Becker seit Anfang 1998 wieder als Aushilfslehrer an der Odenwaldschule tätig sei, konfrontierten sie die Schulleitung mit den Missbrauchsvorwürfen und forderten Konsequenzen. Ein Treffen mit Vertreterinnen der Schule blieb jedoch erfolglos. Denn nachdem Becker den Vorwürfen weder widersprochen noch sie bestätigt und seine Tätigkeit im Trägerverein niedergelegt hatte, ließ die Schule verlauten, dass die Taten nach fast 15 Jahren verjährt seien. Der vorher getroffenen Vereinbarung, die Missbrauchsfälle aufzuarbeiten, kam die Schulleitung nicht nach.

Ein Jahr später gingen die beiden Betroffenen an die Öffentlichkeit. Die Frankfurter Rundschau berichtete erstmals detailliert über den systematischen Missbrauch in den 1970er- und 1980er-Jahren und entlarvte Becker als Intensiv-Sexualtäter.[45] Doch auch der Artikel konnte den »Schutzwall« um die Odenwaldschule nicht durchbrechen und löste erstaunlicherweise keine nennenswerten Debatten aus. Erst 2010 fiel die Mauer im Kontext der zu anfangs erwähnten Lawine, als auch die anderen Missbrauchsfälle an Canisius-Kolleg & Co bekannt wurden. Die Schulleiterin Margarita Kaufmann strengte in diesem Zuge eine erneute Untersuchung an und forderte die Aufklärung der Geschehnisse. Huckele selbst veröffentlichte 2011 sein Buch »Wie laut soll ich denn noch schreien?«, für das er mit dem Geschwister-Scholl-Preis der Stadt München ausgezeichnet wurde.[46] In seinem Werk beschreibt er die Mechanismen von Vertuschung, Verschweigen, Abhängigkeit und Bedrohung, die den systematischen Missbrauch im Internat über eine so lange Zeit ermöglicht haben. Darüber hinaus benennt er schonungslos das kollektive Versagen von Gesellschaft, Staat, Schulsystem, Presse und Justiz, die offenbar allesamt nicht imstande waren, den Tätern das Handwerk zu legen. Adrian Koerfer, ehemaliger Odenwaldschüler und ebenfalls Betroffener, bezeichnete Becker sogar als »einen der schlimmsten Serienvergewaltiger in der Geschichte der Bundesrepublik«[47].

Schleppend-schmerzhafte Aufarbeitung und Schulschließung

Die Schule hatte sich lange Zeit gegenüber den Missbrauchsvorwürfen verschlossen und sich stattdessen um den eigenen Ruf gesorgt. Nach dem Motto »Was nicht sein darf, kann auch nicht sein« pries das Internat weiterhin sein Familiensystem, die gute Schulgemeinschaft sowie die Möglichkeit zur Doppelqualifikation an, während die Betroffenen kritisierten, dass die Schule sich nicht entschieden genug für die Aufklärung der Missbrauchsfälle einsetzte. Als die »heile Welt« nicht mehr aufrechtzuerhalten war, gab die Odenwaldschule eine Untersuchung in Auftrag, die im Frühjahr 2010 einen Abschlussbericht veröffentlichte.

Im Juli 2010 wurde dann eine »Wahrheitskommission« an der Odenwaldschule eingerichtet, die nach dem Vorbild der in Südafrika zur Untersuchung der Apartheidsverbrechen eingerichteten Kommissionen einen Austausch zwischen Tätern und Opfern ermöglichen sollte. Von 13 mutmaßlichen Täterinnen, die allesamt angeschrieben und eingeladen worden waren, antwortete keine einzige.[48] Bei der Veranstaltung kamen Lehrer und Altschüler zu Wort und es wurde spürbar, wie sehr der Aufarbeitungsprozess voller Ambivalenzen steckte. »Es war wunderschön, und es war traumatisierend«[49], so der ehemalige Schüler Quintus von Tiedemann. Neben schauderhaften Erzählungen über den erlebten Missbrauch waren auch verharmlosende Berichte zu hören. Lehrerinnen wurden in Schutz genommen, auch über Becker wurde gesagt, er habe doch auch gute Seiten gehabt. Manch einem dämmerte es langsam: »Jetzt wird mir klar, warum es mir so schlecht ging nach der Schule.

Jetzt fällt mir ein, dass Herr Becker damals komische Dinge mit uns gemacht hat.«[50] Andere wiederum wollten nichts mitbekommen haben oder litten unter »Gedächtnisverlust«.

Ein Altschüler brachte ins Wort, was viele fühlen: »Ich habe Angst, dass man mir meine Oso kaputtmacht.«[51] Hier drohte ein Weltbild zusammenzubrechen. Darf die eigene Schulzeit als schön bezeichnet werden, wenn Mitschüler so Unvorstellbares erlitten haben? War es eine Scheinwelt, an die man da noch immer glaubte und die nicht einstürzen durfte? War wirklich richtig, was als richtig dargestellt wurde? Es geht in diesem schmerzhaften Prozess darum, die eigene Vergangenheit neu zu sortieren, bisherige Weltbilder, Wertvorstellungen, Vorbilder und Bewertungen aufzudecken, zu überdenken und neu einzuordnen. Und sich die grundlegende Frage zu stellen, was die eigene Rolle in diesem Drama war.

Nachdem sich die Schule zunächst weigerte, Entschädigungen zu zahlen, erhielten im September 2010 50 betroffene Schülerinnen einen finanziellen Ausgleich. Weitere ungeklärte Fälle sollten aufgearbeitet werden. Im Juli 2011 wurde die Stiftung »Brücken bauen« gegründet, um Betroffene finanziell bei Hilfsmaßnahmen zu unterstützen, z. B. durch Übernahme von Therapiekosten. 2020 gab die Stiftung bekannt, dass mehr als 573.000 € an 46 Missbrauchsopfer ausgezahlt worden seien.[52] Darüber hinaus seien ihr 140 Opfer bekannt, die allerdings keinen Antrag gestellt hätten, weil sie vor der Auseinandersetzung mit dem Thema zurückschreckten.[53] Nachdem es der Schule nicht gelang, Transparenz zu schaffen, den Missbrauchsvorwürfen entschieden nachzugehen und sich der eigenen Vergangenheit zu stellen, konnte sie kein neues Vertrauen aufbauen. Der Versuch, den eigenen Ruf zu retten, die Täter zu schützen, die Betroffenen hinzuhalten und die Geschehnisse unter den Teppich zu kehren, rächte sich 2015: Die Schulleitung musste einen Insolvenzantrag stellen und wurde nach 105 Jahren geschlossen.

Gerold Becker hatte im März 2010 in einem Brief an die Odenwaldschule seine Opfer um Entschuldigung gebeten und ein Gesprächsangebot erneuert, das er bereits 1999 ausgesprochen hatte. Er starb im Juli 2010 im Alter von 74 Jahren, ohne dass er für eine seiner Taten je strafrechtlich zur Verantwortung gezogen worden wäre. Alle Fälle galten als verjährt. Ein echtes Schuldeingeständnis ließ Becker vermissen. Das hätten sich manche Betroffene mehr gewünscht als eine finanzielle Entschädigung. Allein von vier Altschülern, die damals missbraucht wurden, weiß man, dass sie nach ihrer Zeit an der Odenwaldschule Suizid begangen haben.[54] Für sie kommt jede Hilfe zu spät.

Machtfeld Leistungssport

Anfang 2022 gingen dramatische Bilder um die Welt. Die 15-jährige Kamila Valieva, das russische Supertalent im Eiskunstlauf bei den Olympischen Winterspielen in Peking, sollte Gold holen. Sie galt als Wunderkind in ihrer Sportart. Stattdessen machte sie unter dem Druck der vorausgegangenen Ereignisse in der Abschlusskür viele Fehler, stürzte und rutschte von Platz 1 auf Platz 4 – eine einzige Tragödie. Die ganze Welt verfolgte das Drama um die junge Athletin, die nach Abschluss der Kür in Tränen ausbrach und von ihrer unterkühlten Trainerin Eteri Tutberidse nicht einmal in den Arm genommen wurde. Statt Trost gab es Vorwürfe: »Warum hast du alles aus den Händen gegeben? Sag es mir!«, fragte die 47-Jährige die junge Russin.[55] Wütende Moderatoren rangen um Worte und sprachen immer wieder von Missbrauch und einem Vergehen an einer Minderjährigen durch die Verantwortlichen. Zuvor war bekannt geworden, dass bei einem Dopingtest der jungen Dame im Dezember 2021 gleich mehrere Mittel gefunden worden waren, die eigentlich zur Behandlung von Herzproblemen genutzt werden. Valievas Anwälte erklärten, sie habe aus dem gleichen Glas wie ihr Opa getrunken, der die Medikamente einnehme, sodass die Substanzen über den Speichel übertragen worden seien.[56] Ein Aufschrei ging durch die Medien. Empörung, Wut, Trauer, Mitleid, harte Kritik an den Verantwortlichen für das, was da vor aller Augen mit einem schutzbedürftigen Kind gemacht wurde.

Keine Einzelfälle, sondern Missbrauch mit System

Was zunächst wie ein Einzelfall aussieht, der aufgrund seiner Prominenz eine umfassende mediale Aufmerksamkeit bekam, ist es keineswegs. Es ist ein Problem, das die ganze Institution »System Sport« betrifft, ganz besonders den organisierten Leistungssport. Ob Turnen, Reiten, Schwimmen, Fechten, Judo, Fußball, Tennis oder Eiskunstlauf: Es gibt kaum eine Sportart, in der nicht zunehmend Vorwürfe der psychischen, physischen und sexualisierten Gewalt laut werden. Dadurch, dass einzelne Betroffene den Mut haben, ihre Erfahrungen zu öffnen und das Schweigen zu brechen, rückt das Thema des systematischen Missbrauchs in Sportvereinen zunehmend ins Bewusstsein der Öffentlichkeit, der Sportverbände und der Sportlerinnen. Auch andere Betroffene trauen sich dadurch, von ihren eigenen Erfahrungen zu sprechen.

Einen wichtigen Anfang, das Tabuthema in die Öffentlichkeit zu bringen, machte Nicola Werdenigg. Die ehemalige Skirennläuferin, die 1975 als 16-Jährige österreichische Ski-Abfahrtsmeisterin wurde und 1976 bei Olympia Platz 4 belegte, hatte selbst 40 Jahre über ihre Erlebnisse geschwiegen. Kurz nach Bekanntwerden des Weinstein-Skandals und auf dem Höhepunkt der #Me-Too-Bewegung sprach sie mit einer österreichischen Zeitung über ihre Erfahrungen mit sexualisierter Gewalt und systematischem Machtmissbrauch im Skisportbetrieb. Mit ihrem Gang an die Öffentlichkeit wurden immer mehr Vorfälle bekannt und die Denkmäler großer Nationalhelden begannen zu wanken. Die Welle der Entrüstung war groß. Doch nicht gegenüber den Täterinnen, sondern gegenüber den Betroffenen. Der Präsident des ÖSV drohte Werdenigg mit einem Anwalt und forderte von ihr eine Entschuldigung. Eine interne

Kommission sprach schließlich von »Einzelfällen und Einzeltätern«, ließ aber deutlich verlauten, es gebe »keine Strukturen, die systematisch sexualisierte Gewalt fördern«.[57]

Lernen von Betroffenen

Doch die Welle, die Werdenigg mit ihrem mutigen Schritt ausgelöst hatte, wollte nicht verebben. Immer mehr »Einzelfälle« wurden bekannt. In diesem Zuge wurde auch der zweifache Judo-Olympiasieger Peter Seisenbacher im Dezember 2019 wegen schweren sexuellen Missbrauchs von Unmündigen zu 5 Jahren Haft verurteilt.[58] Er soll als Judotrainer zwei Mädchen missbraucht und ein drittes bedrängt haben. Doch was macht den systematischen Missbrauch im Sport aus? Welche Strukturen gibt es, die die Übergriffe begünstigen? Und inwiefern können wir von einem emotionalen Machtmissbrauch sprechen als Voraussetzung für darauffolgende sexuelle Übergriffe?

Zur Beantwortung dieser Frage braucht es die Erfahrungsberichte Betroffener. Nur auf dieser Basis können wir etwas über Strukturen, Mechanismen und Strategien lernen und Zusammenhänge verstehen. Dafür hat die Unabhängige Kommission zur Aufarbeitung sexuellen Kindesmissbrauchs im Sport im Oktober 2020 ein öffentliches Hearing veranstaltet.[59] Sie startete einen Aufruf an Betroffene und Zeuginnen mit der Bitte, ihre Erlebnisse zur Verfügung zu stellen. Mit ihrem Wissen und ihren Erfahrungen wollte man sich für die Aufarbeitung und die Anliegen der Betroffenen öffnen und dem Schweigen entgegenwirken. Mehr als hundert mutige Personen meldeten sich daraufhin. Die Vorsitzende der Kommission, Prof. Dr. Sabine Andresen, sagte in diesem Zusammenhang: »In Sport und Politik müssen wir von Betroffenen lernen.«[60] Sie dürften allerdings nicht allein dafür verantwortlich sein, dass gesprochen und gehandelt werde. Diese Verantwortung, dass das Schweigen über Missbrauch im eigenen Verein gebrochen werde, müssten andere übernehmen.

Zu diesen »anderen« gehört auch die Wissenschaft. Denn es genügt nicht, den Betroffenen nur zuzuhören. In einem nächsten Schritt braucht es die wissenschaftliche Auswertung der Berichte, um den systematischen Missbrauch professionell aufzuarbeiten. Dazu wurde 2016 das Forschungsprojekt »Safe Sport« an der Sporthochschule Köln unter der Leitung von Bettina Rulofs durchgeführt.[61] Die Professorin für Sportsoziologie untersuchte gemeinsam mit dem Uni-Klinikum Ulm das Ausmaß, die Formen und Entstehungsbedingungen sexualisierter Gewalt im Leistungssport. Diese Studie war die erste umfangreche Erhebung zu diesem Thema in Deutschland. Ein Drittel der befragten Athleten gaben an, in ihrer Karriere eine Form von sexualisierter Gewalt erlebt zu haben, angefangen von verbalen Übergriffen über ungewollte Berührungen bis hin zur Vergewaltigung. Als Ursachen wurden Nähe und Vertrauen zwischen Sportlerinnen und Trainern sowie Betreuern genannt in Kombination mit ungleichen Geschlechterverhältnissen im Sport sowie einem hohen Maß an Disziplin und Kontrolle gerade im Spitzensport.[62]

Im August 2020 startete schließlich das bundesweit erste Breitensport-Forschungsprojekt »SicherImSport«, bei dem 4.400 Vereinsmitglieder online befragt wurden.[63] Da die Abhängigkeitsverhältnisse im Leistungssport größer sind als im Breitensport, wurde hier ein Augenmerk auf das Thema Ehrenamt gelegt, auf das viele Breitensportvereine angewiesen sind. Dadurch sind die Eintrittshürden für potenzielle Täterinnen relativ gering. Die Betroffenen sollen als die eigentlichen Experten in die Arbeit eingebunden werden. Bettina Rulofs, die auch dieses Projekt mitleitet, sagte dem Deutschlandfunk: »Betroffene haben natürlich ein sehr großes Wissen darüber, wie zum Beispiel Täter agieren. Warum zum Beispiel Vereinsvorstände nicht eingegriffen haben und so weiter und so fort. In der Studie werden Hinweise darauf gegeben, dass wir solche Betroffenen suchen zur Mitarbeit. Und wir hoffen, dass dann ein Betroffenenrat entsteht, der uns berät, wie wir weiter mit dem Thema umgehen können.«[64]

Die Zwischenergebnisse der Studie zeigten, dass das Risiko, von Belästigung oder Gewalt betroffen zu sein, mit dem sportlichen Leistungsniveau steigt. 84 % der Befragten, die auf internationaler Ebene im Leistungssport aktiv waren, berichteten von mindestens einer solchen Erfahrung, während dies »nur« auf 53 % derjenigen zutrifft, die im Freizeit- oder Breitensport aktiv waren.[65] Zudem gibt es in den ästhetischen Sportarten wie Turnen oder Eiskunstlaufen ein signifikant höheres Risiko, psychische Gewalt zu erfahren.[66] Bettina Rulofs sieht in den sozialen Strukturen des Sports klare Risiken für Machtmissbrauch, psychische, körperliche und sexualisierte Gewalt.

Machtgefälle und Vertrauensverhältnisse

Sexuelle Gewalterfahrungen sind immer erst die Spitze des Eisbergs. Doch beim systematischen Missbrauch können wir von einer langfristigen Anbahnung und Manipulation ausgehen. Als Ursachen für diese Entwicklung beschreiben Betroffene in unterschiedlichen Leistungssportssystemen bestehende Abhängigkeitsverhältnisse, starke Hierarchien und den Machtmissbrauch durch Erwachsene. Zwischen Trainerinnen und Anvertrauten entstehen durch das intensive Training und viel gemeinsam verbrachte Zeit enge Vertrauensverhältnisse, die dazu führen, dass Grenzen verwischen und der Missbrauch verborgen bleibt. Zudem fällt es innerhalb von nahen Beziehungen schwerer, Missstände zu melden. Hinzu kommt die weitverbreitete Überzeugung, dass Leistung vor allem durch Härte, Drill, Herabwürdigung und andere Formen psychischer Gewalt erreicht werden könne. Im Glauben, dass der Trainer es gut meine und einen nur voranbringen wolle, lassen die Anvertrauten sich einiges gefallen, wie z. B. Demütigungen, Beschimpfungen, Nichtzulassen von Widerspruch, die Verabreichung von Medikamenten ohne ärztliche Verordnung oder die Aufforderung, das Training trotz Schmerzen fortzuführen. Das können auch offene oder subtile

Sprüche sein, man sei zu dick oder zu faul, sowie wiederholte seltsame Berührungen, über die die Sportlerinnen viel zu lange hinwegsehen. Betroffene schildern, dass sie sich in solchen übergriffigen und grenzüberschreitenden Situationen schikaniert, gequält und bedrängt fühlten, was im schlimmsten Fall im sexuellen Missbrauch mündete.

Die Vorwürfe reichen von psychischer Gewalt, ungerechtfertigten Wettkampfsperren, Sexismus oder Stalking bis hin zu Vergewaltigungen, Sex mit schutzbefohlenen Minderjährigen und Gruppenvergewaltigungen. Als Täter werden meist Trainer, Betreuer, Fahrer oder Teamkollegen genannt. Die Übergriffe geschehen häufig in der Turnhalle, in Umkleidekabinen oder auf Fahrten zu Wettkämpfen. Ein weiteres Phänomen, von dem Betroffene berichten, ist »Sextortion« (das Wort ist zusammengesetzt aus Sex und Extortion, dem englischen Begriff für Erpressung). Bei dieser Form des Missbrauchs versuchen Menschen in bestimmten Machtpositionen, sexuelle Gefälligkeiten von Sportlerinnen zu erpressen, z. B. im Austausch für die Unterzeichnung eines Vertrags mit einem Verein, einen Platz im Team, die Teilnahme an wichtigen Turnieren oder ein besseres Stipendium.

Da es sich bei den Betroffenen meist um junge Menschen handelt, darf man in diesem Zusammenhang nicht vergessen, dass diese sich meist inmitten einer wichtigen Entwicklungsphase befinden und daher schnell in einen tiefen Zwiespalt geraten. Sie wollen weder ihre eigenen Hoffnungen noch die des Umfelds enttäuschen. Sich dem Trainer zu widersetzen, könnte ein Ende ihrer Sportkarriere bedeuten. Hinzu kommen Schuldgefühle, Ängste und Scham, über die erlittenen Grenzüberschreitungen zu sprechen, denn im Sport sollte man schließlich stark und tapfer und nicht zu empfindlich sein. »Sportsgeist« zeigen, heißt das in der Sprache des Sports. Für Männer ist es aus diesem Grund oft noch schwieriger, über ihre schlimmen Erfahrungen zu sprechen. Erschwert wird dies auch durch eine starke Kultur der Loyalität gegenüber Teams,

Trainerinnen und Organisationen. Auch dafür hat der Sport einen eigenen Begriff: »Mannschaftsgeist«.

Betroffene berichten davon, dass ihnen häufig erst sehr spät bewusst wurde, was ihnen da widerfahren sei. In der Regel wachsen die meist jungen Menschen allmählich in die Strukturen, Mechanismen und Umgangsweisen z. B. eines Vereinssystems hinein. Sie machen die Erfahrung, dass der hier herrschende Kodex von allen akzeptiert und befolgt wird. Da sie nichts anderes kennenlernen, fehlt ihnen der Vergleich und damit ein Korrektiv bei unangemessenem Verhalten. Auf diese Weise sind die Mitglieder mit der Zeit nicht mehr in der Lage zu bewerten, was richtig und was falsch ist, ob ein Verhalten wirklich legitim ist oder ob es sich um eine emotionale oder körperliche Grenzüberschreitung handelt. Dabei wird alles einem jeweils höheren Ziel untergeordnet, sei es der Teamgeist, die Loyalität und Zugehörigkeit zum Verein oder die eigene sportliche Karriere.

Die Macht des Schweigens

Auch das Schweigen kennen wir bereits als markantes Merkmal systematischen Machtmissbrauchs. Im Sport lässt sich ebenfalls eine weitverbreitete Kultur des Schweigens beobachten. Bringen Sportlerinnen den Mut und die Kraft auf, sich zu Wort zu melden und Grenzverletzungen anzuzeigen, stoßen sie häufig auf Unverständnis und Zurückweisung im eigenen Verein, werden mit Misstrauen und Verachtung behandelt oder müssen sogar mit Vergeltungsmaßnahmen rechnen. Aus diesem Grund kommt es höchst selten vor, dass sich Betroffene bemerkbar machen, die noch immer im Sport aktiv sind. Entweder weil sie noch so im System gefangen sind, dass sie gar nicht einordnen können, was mit ihnen passiert, oder aus Sorge um die eigene Karriere. Es ist davon auszugehen, dass viele versteckte Hinweise von Betroffenen noch dem Erfolg untergeordnet werden. Hinzu kommt die große Angst, dass ihnen entweder nicht geglaubt oder sogar die Mitschuld und Mitverantwortung an dem Geschehenen zugeschrieben wird. Auch das sind bekannte Merkmale des emotionalen Machtmissbrauchs, mit denen die Täter bewusst spielen. Viele Sportlerinnen fühlen sich zudem nach wie vor eng verbunden mit »ihrem« Sport und wollen den Ruf des Vereins, der Autoritätspersonen oder der ganzen Sportart nicht schädigen. All diese Punkte lassen davon ausgehen, dass es vermutlich eine sehr hohe Dunkelziffer von Übergriffen im Sport gibt, die nie angezeigt oder gemeldet wurden.

Gegenwind von allen Seiten

Tatsächlich können wir im systematischen Machtmissbrauch zwei Formen von Widerstand beobachten: eine Mauer des Schweigens oder Wegsehens und ein kräftiger Gegenwind. Die Angst der Betroffenen vor dem Risiko, sich diesen beiden mächtigen Gegenkräften auszusetzen, ist durchaus berechtigt. Denn das Thema polarisiert massiv. Bei der Odenwaldschule hat das Schweigen im System jahrelangen Missbrauch ermöglicht. Das Aufbegehren nach den ersten öffentlichen Betroffenenberichten war so stark, dass es die Aufklärungen an der Schule über lange Zeit sabotieren konnte. Nicola Werdenigg bekam diesen Widerstand ebenfalls zu spüren, als der ÖSV-Präsident sie zu einer Entschuldigung aufforderte und damit den Spieß umdrehte. Ebenfalls eine vertraute Taktik: Die Opfer werden zu Tätern stigmatisiert, die Täterinnen befinden sich plötzlich in der Opferrolle. Je ranghöher die Person, der die Vorwürfe gelten, desto lauter das Schweigen, um den Ball flach zu halten und den eigenen Verband zu retten.

Gegenwind bekamen auch die Turnerinnen Pauline und Helene Schäfer zu spüren, die im November 2020 heftige Vorwürfe wegen Machtmissbrauchs und psychischer Gewalt gegen ihre Trainerin Gabriele Frehse am Olympiastützpunkt Chemnitz erhoben. Der Deutsche Turner-Bund (DTB) gab daraufhin eine Untersuchung bei einer Frankfurter Kanzlei in Auftrag, die ergab, dass es »in 17 Fällen tatsächliche Anhaltspunkte für die Anwendung psychischer Gewalt durch die Trainerin«[67] gegeben habe. Der DTB forderte kurzerhand die Entlassung der Trainerin. Das hinderte André Hahn, den sportpolitischen Sprecher der Linken nicht daran, diese Forderung zu kritisieren und stattdessen dafür zu plädieren, dass Frehse bleiben solle, um »im Interesse der Athleten«[68] eine Fortsetzung des Trainings zu ermöglichen. Bei 17 bestätigten Fällen psychischer Gewalt fragt man sich wirklich, wieso die Weiterbeschäftigung der Trainerin im Interesse der jungen Menschen sein soll. Tatsächlich ging es weniger um die Sportler als vielmehr um den Olympiastützpunkt selbst. Dem drohte bei einem verlorenen Arbeitsgerichtsprozess gegen Frehse nämlich die Insolvenz.

Die Kultur des Schweigens und das Phänomen des Gegenwinds, wenn eigentlich Verantwortungsübernahme und Schutz der Betroffenen angesagt wäre, ist vermutlich ähnlich zu erklären wie beim Phänomen des geistlichen Missbrauchs. Die Angst dominiert: Angst vor Imageschäden und Verlust des guten Rufs, vor öffentlicher Diffamierung und finanziellen Einbußen. Es scheint wie ein panischer Reflex, das eigene »Rudel«, die eigene »Familie«, also das eigene System schützen zu müssen. Diese Welt darf nicht zusammenbrechen. Sei es bewusst, weil die Täterinnen sich gegenseitig decken, oder unbewusst, weil der eigene Glaube an die heile Welt des Sports nicht verloren gehen darf.

Was brauchen wir an Prävention?

An die Betroffenen und deren Leid wird bei all dem nicht gedacht. Und sie leiden oft jahrzehntelang an den Folgen des Missbrauchs. Gitta Schwarz wurde als junges Mädchen von ihrem Reitlehrer missbraucht. Bis heute kann sie nicht mehr reiten, da der Stallgeruch und das Sitzen auf dem Rücken eines Pferdes die traumatischen Erfahrungen wachrufen und sie massiv triggern. Bis heute vermisst sie das Reiten, das ihr so viel bedeutete. Der Judotrainer von Marie Dinkel nutzte den engen Körperkontakt bei den Partnerübungen sowie seine körperliche Überlegenheit aus, um Macht und sexuelle Gewalt auszuüben. Sie spürte erst Jahre später die Folgen der Grenzüberschreitungen in Form von starken Panikattacken und depressiven Episoden. Eine Therapie half ihr, damit umzugehen und sich den Sport nicht kaputt machen zu lassen. Heute ist sie selbst Judotrainerin. Doch auch sie machte die Erfahrung, dass sie von Trainerkollegen nicht ernst genommen wurde, als sie von ihren Erfahrungen erzählte.[69]

Ähnliche Erlebnisse schildert Tamara Vrhovec. Sie war lange Zeit Schiedsrichterin im Tennis. Diese Szene nennt sie heute eine »geschlossene Gesellschaft des 19. Jahrhunderts«[70], in der Machtmissbrauch und sexuelle Belästigung an der Tagesordnung seien. Sie selbst hängte den Job an den Nagel, ohne an die Öffentlichkeit zu gehen, und möchte die Erinnerungen an die Übergriffe hinter sich lassen. Sie beklagt, dass sie als Schiedsrichterin keine Ansprechperson gehabt habe, und fordert, dass das ganze System von oben her geändert werden müsse. Damit spricht Vrhovec zwei wichtige Punkte für die Prävention an. Um den systematischen Missbrauch im Sport zu verhindern, braucht es unabhängige Anlaufstellen für Betroffene und einen Strukturwandel.

Die Kultur des Schweigens muss also durch eine Kultur des Sprechens und eine Kultur des Zuhörens ersetzt werden. Nicola Werdenigg gründete 2018 zusammen mit der Psychologin Chris Karl den Verein #WeTogether, nachdem sich immer mehr Sportlerinnen bei ihr gemeldet hatten. Damit wollen sie eine Anlaufstelle in Österreich schaffen, die Betroffene an Opfereinrichtungen vermittelt, an neuen Präventionsmaßnahmen arbeitet und für eine weitere wissenschaftliche Untersuchung sexualisierter Gewalt im österreichischen Sport kämpft. Tatsächlich kann es hilfreich sein und die Hemmschwelle senken, wenn die Ansprechpersonen selbst Ähnliches erlebt haben und die Sportstrukturen in den Vereinen und Verbänden kennen. So fällt es Betroffenen leichter, sich mit ihren Erfahrungen anzuvertrauen, und ihre Hoffnung ist umso größer, auf Verständnis und Glauben zu stoßen.

Auch in Deutschland fordern Athletinnen einen Strukturwandel, um die Bedingungen im »System Sport« zu verändern. Dabei soll vor allem das große Machtgefälle zwischen Sportlern und Trainerinnen oder dem Verein in den Blick genommen werden, da die starken Hierarchien und Abhängigkeitsverhältnisse die sexuelle Gewalt und das Schweigen darüber maßgeblich ermöglichen. Genau dafür braucht es eine Entwicklung im organisierten Sport hin zu einem demokratischen Miteinander zwischen den verschiedenen Ebenen. Doch Voraussetzung für einen solchen Kulturwandel ist, dass sich die Vereine für die Aufarbeitung der Vergangenheit öffnen. Das bedeutet, dass sie das Bewusstsein dafür schärfen, wo Grenzen sind, wie ein Verhalten zu bewerten ist, was als richtig und was als falsch zu beurteilen ist. Die ehemalige DTB-Generalsekretärin Michaela Röhrbein fand dafür klare Worte: »Solange wir alle bei uns nicht selbst anfangen und hinterfragen, was wir zu dieser Kultur beitragen und wie wir selbst gewaltfreier handeln können, erreichen wir keine Veränderung.«[71]

Doch die Verbände und Vereine können die Aufarbeitung von Fällen emotionalen, psychischen und sexuellen Missbrauchs allein nicht leisten. Dafür braucht es unabhängige und neutrale Stellen zur Aufklärung, die niemandem Rechenschaft schuldig sind, sich in den Strukturen des Sports auskennen und sich für einen sicheren und gewaltfreien Sport einsetzen. Hier sollten Betroffene auch über therapeutische Möglichkeiten und deren Finanzierung aufgeklärt werden. Die Deutsche Reiterliche Vereinigung ging mit leuchtendem Beispiel voran, als sie 2021 einen Betroffenenrat einrichtete. Bettina Rulofs fordert darüber hinaus, dass die Verbände sich systematisch und proaktiv an Betroffene wenden müssten, um von ihrer Geschichte zu hören, von ihnen zu lernen und ihr Leid anzuerkennen.

Vor den Augen der Welt

Was sich sonst hinter verschlossenen Türen von Umkleiden und Trainingshallen abspielt, präsentierte sich im Fall von Kamila Valieva vor den Augen der ganzen Welt. Gerade bei minderjährigen Sportlerinnen haben die Trainer, Betreuer und jeweiligen Verbände eine ganze besondere Schutzfunktion. Der Sportrechtler Sebastian Longrée kommentierte mit Blick auf die Trainerin Eteri Tutberidse und ihre harten Methoden und Aussagen gegenüber Valieva nach der verpatzten Kür: »Eine Trainerin, die eine Minderjährige manipuliert oder dieser sogar ohne deren Wissen verbotene Substanzen zuführt, kann härter bestraft werden als ein Trainer, der das mit einem 25-jährigen Sportler macht, der genau weiß, was er da tut.«[72]

Wie weit Manipulation und Abhängigkeitsverhältnisse im Fall Valieva reichen, zeigen die Nachrichten, die die junge Eiskunstläuferin nach ihrer Rückkehr von der Olympiade auf ihrem Instagram-Account schrieb. Darin bedankte sie sich vor allem bei ihren Coaches, den Menschen, »die mich zu dem wichtigsten Event, das es im Leben eines Athleten gibt, geführt haben«[73]. Dabei nannte sie auch explizit Eteri Tutberidse und die ganze Trainergarde: »Ihr seid absolute Meister eures Fachs«[74], die ihr beigebracht hätten, gegen Widerstände zu kämpfen: »Nicht nur im Sport, sondern auch im Leben. […] Mit Euch an meiner Seite fühle ich mich beschützt und in der Lage, jeden Test zu bestehen. Danke, dass ihr mir dabei helft, so stark zu sein.«[75]

Auch die prominente Rückendeckung für die höchst umstrittene russische Eiskunstlauftrainerin fehlte nicht. Nachdem die 47-Jährige für ihr Verhalten gegenüber Supertalent Kamila Valieva sogar vom Präsidenten des Internationalen Olympischen Komitees (IOC) Thomas Bach kritisiert wurde, erhielt sie deutlichen Zuspruch von dem vierfachen Weltmeister Alexei Yagudin aus Russland. Ebenfalls über Instagram verteidigte er Tutberidse und schrieb, wie sehr er sie und ihr Team für ihre Arbeit bewundere. »Tutberidse ist eine phänomenale Trainerin. Sie mag es nicht, viel zu sprechen. Aber ich fordere jeden, der denkt, sie würde etwas falsch machen, auf, ihre Wikipedia-Seite zu besuchen und die Medaillen zu zählen, die sie unserem Land gebracht hat«.[76] Den drei russischen Topläuferinnen gab er noch einen Ratschlag: »Mädchen, lebt lange. Bleibt lange in diesem Sport. Und bleibt bis zum Ende eurer Karriere bei Eteri Tutberidse.«[77]

Ein fataler Rat, wenn man andere Betroffene fragt. So meldete sich kurz darauf die 19-jährige Polina Shuboderova zu Wort, die einst selbst unter Tutberidse trainierte. In einem Live-Video bei Instagramm erzählte sie, sie sei bei schlechten Trainingsleistungen von Tutberidse bei geschlossenem Deckel in einen Mülleimer gesteckt worden. »Müll kommt in den Müll«[78], soll sie dazu gesagt haben. Schon 2019 hatte die ehemalige Eiskunstläuferin von den harten Methoden Tutberidses berichtet: »Selbst wenn du zwei Zehen gebrochen hast, gehst du einfach hundertmal am Tag hin und machst das Gleiche. Wenn nötig, auch zweihundertmal.«[79] Sie hätte wegen ihrer blauen Zehen nicht einmal mehr einen Turnschuh tragen können. Auch beklagte sie die Schutzlosigkeit vor solchen Trainingsbedingungen: »In Amerika hätten sie dich ins Krankenhaus gebracht und dir einen Monat Ruhe verordnet.«[80] Offensichtlich ist der Ratschlag von Yagudin nicht empfehlenswert. Shuboderova zumindest prophezeit, dass man in der Gruppe Eteri Tutberidse nicht ewig laufen könne.

In Russland ist das Bewusstsein für Missbrauch im Sport offenbar noch wenig ausgeprägt. Nachdem IOC-Chef Thomas Bach die Härte der Trainerin als verstörend kritisiert hatte, hieß es aus dem Kreml: »Ihm gefällt die Härte unserer Trainer nicht, aber alle wissen, dass im Spitzensport die Rigidität des Trainers der Schlüssel zum Sieg seiner Schützlinge ist.«[81] Tutberidse selbst war als Aktive übrigens nicht sehr erfolgreich. Nach schweren Wirbelverletzungen wechselte sie zum Eistanz und brachte es auch dort nicht weit. Ebenso wenig gelang es ihrer Tochter, eine erfolgreiche Eiskunstläuferin zu werden. Auch diese wechselte zum Eistanz. All das ruft

Fantasien hervor, als müssten die jungen Eiskunstläuferinnen unter den Fittichen Eteri Tutberidses deren nicht erreichten Erfolg einfahren. Vielleicht einer der Gründe für ihre strenge Unerbittlichkeit.

Machtfeld Klimaschutz – die Letzte Generation

Auf dem Weltwirtschaftsforum 2019 in Davos sprach die 2003 geborene Klimaaktivistin Greta Thunberg folgende Worte: *»I don't want you to be hopeful, I want you to panic! I want you to feel the fear I feel every day and then I want you to act.«*[82] Diese Worte der jungen Schwedin gingen um die Welt und unter die Haut. Die Panik, die sie der Welt wünschte, fiel gerade bei jungen Menschen auf fruchtbaren Boden. Weltweit entstand die Bewegung *Fridays for Future* (FFF), in der sich Schülerinnen und Studenten dem Vorbild Gretas anschlossen und freitags statt zur Schule oder Universität auf die Straße gingen, um gegen den Klimawandel zu demonstrieren.

Doch es blieb nicht nur bei dieser Gruppierung, die sich als eine basisdemokratische Graswurzelbewegung versteht. Als die Massenmobilisierung zurückging, kam es typischerweise zu einer Radikalisierung. Zahlreiche Aktivisten schlossen sich in verschiedenen Klimaschutzgruppen zusammen, die sich nicht mehr nur noch mit Demonstrationen zufriedengaben, sondern ihr Anliegen rigoroser voranbringen wollten. So entstand 2018 in Großbritannien die Bewegung *Extinction Rebellion* (deutsch: Rebellion gegen das Aussterben), die auch in Deutschland aktiv ist und ihre Ziele, Forderungen und Methoden schrittweise verschärfte. In diesem Zuge formierte sich in Deutschland und Österreich die Gruppe »Letzte Generation«, die vermutlich aus einigen hundert Aktivistinnen, Jugendliche bis Senioren, besteht. Der Name ist Programm. Die Mitglieder sind fest davon überzeugt, dass sie der letzten Generation angehören, die verhindern könne, dass die Erde unbewohnbar wird. Dazu, so glauben sie, blieben ihnen nur noch drei bis vier Jahre Zeit. Entstanden war die Gruppe 2021, als vor der Bundestagswahl einige junge Leute in den Hungerstreik traten, um auf den Klimawandel und seine Folgen aufmerksam zu machen und die neue Bundesregierung an ihre Verantwortung zu erinnern. Sie forderten ein zweistündiges öffentliches Gespräch mit den drei Kanzlerkandidaten und ließen sich nicht davon abbringen, ihr Leben aufs Spiel zu setzen. Nachdem bereits einige Aktivisten ins Krankenhaus eingeliefert worden waren, eine 21-Jährige auf der Intensivstation behandelt werden musste und andere aus gesundheitlichen Gründen den Streik abbrachen, entschieden andere, in den trockenen Hungerstreik zu treten, um den Druck zu erhöhen. Erst nach 26 Tagen gaben auch die letzten zwei verbliebenen Personen ihren passiven Widerstand auf. Anfang 2022, einige Monate später, initiierte ein Teil dieser Gruppe den »Aufstand der letzten Generation«, wie die Gruppierung ihre Aktionen bezeichnet, mit denen sie von der Regierung durch zivilen Ungehorsam Maßnahmen gegen die Klimakrise erzwingen will. Ihre Kernforderungen zur Emissionsreduktion sind die Stärkung der erneuerbaren Energien und die Schließung der Kohle-, Öl- und Gasindustrie, eine Mobilitätswende mit einem kostenlosen Nahverkehr, die Dämmung aller Häuser, um Energie einzusparen, und eine nachhaltige Landwirtschaft mit dem Verbot von Massentierhaltung und einem Ende der Lebensmittelverschwendung. Dazu sollen die Bürger in Form von repräsentativen Bürgerräten selbst über ihre Zukunft entscheiden dürfen und die Einkommensstarken sollen an den anfallenden Kosten beteiligt werden. Zudem soll der globale Süden durch Schuldenerlass und Schadensersatz entlastet werden.

Zunehmende Radikalisierung

Diese Vorstellungen will die »Letzte Generation« mithilfe von öffentlichkeitswirksamen Aktionen durchsetzen und scheut sich dabei nicht, geltendes Recht zu brechen. Die Hauptaktionsformen sind zum einen das in Deutschland als Diebstahl eingeordnete Containern, bei dem die Aktivistinnen Lebensmittel aus Supermarktmülltonnen entnahmen und verschenkten. Damit wollen sie auf ihre Forderung nach einem »Essen-Retten-Gesetz« aufmerksam machen, das für eine bessere Entlohnung nachhaltig wirtschaftender Landwirtschaftsbetriebe sorgen und eine »gute Ernährung« für alle erschwinglich machen soll. Zum anderen setzt die Gruppierung zunehmend auf Straßenblockaden, bei denen sich die Aktivisten ihre Hand- oder Fußflächen mithilfe von Sekundenkleber, Bauschaum oder Beton auf den Straßenbelag festkleben.

Im Februar 2022 kündigte die Gruppe noch radikalere Aktionsformen an, sollte der inzwischen zum Bundeskanzler gewählte Olaf Scholz nicht bis Mitte Februar auf ihre Forderungen eingehen. Da sie sich gezwungen sähen, »mit zivilem Widerstand für das Überleben aller einzustehen«[83], wolle man dann auch anfällige Infrastrukturen wie Häfen oder Flughäfen stören und »aus Liebe zu unseren Familien, Freund:innen und Mitmenschen zum Innehalten bringen«[84], Industrieanlagen und andere Maschinen zerstören sowie sonstige Sabotageakte setzen. Mit einer solchen Radikalisierung liebäugelt auch Carla Reemtsma, die Sprecherin der FFF-Bewegung: »Unsere Bewegung hat lange davon gelebt, klassische Proteste zu machen. Wir haben dieses Repertoire durchgespielt und sind trotzdem meilenweit von unseren Zielen entfernt. […] Wir werden deshalb eine Verbreiterung der Protestformen erleben wie bei der ›Letzten Generation‹.«[85] Noch weiter ging Tadzio Müller, Mitgründer von »Ende Gelände«, einer Antiatom- und Antikohlekraftwerkbewegung. Er hält die Bildung einer »grünen RAF« für möglich und spricht von einem vermeintlichen »Klima-Notstandsrecht«: »Wer Klimaschutz verhindert, schafft die grüne RAF. Oder Klimapartisanen. Oder Sabotage for Future. Wie auch immer sie sich dann nennen.«[86] Er prophezeit, dass radikalere Protestformen zunehmen werden, und liefert einen Vorgeschmack: »Zerdepperte Autoshowrooms, zerstörte Autos, Sabotage in Gaskraftwerken oder an Pipelines. Das wird es nächsten Sommer auf jeden Fall geben.«[87]

Dass die Aktivistinnen es durchaus ernst meinen, zeigten sie einen Tag nach Ablauf des Ultimatums, das sie der Bundesregierung gestellt hatten. Sie blockierten Teile des Hamburger Hafens und die Köhlbrandbrücke und vergossen 60 Liter Rapsöl auf der Fahrbahn der Brücke, um eine »Störung des todbringenden Alltags«[88] zu erreichen. An der Aktion waren etwa 35 Aktivisten beteiligt, von denen einer in das Hafenbecken sprang, um den Schiffsverkehr zu stören.[89]

Wenige Tage später blockierten sie die Zufahrtsstraßen zu Flughäfen in Berlin, Frankfurt a. M. und München und versuchten, mit Ballons in die Flugsicherheitszone des Frankfurter Flughafens einzudringen, was die Polizei jedoch verhindern konnte. Und damit nicht genug. Im April 2022 gab es rund 20 Blockadeaktionen an neuralgischen Verkehrsknotenpunkten in Frankfurt, indem sich Personen auf der Fahrbahn festklebten oder eine ölartige Flüssigkeit auf der Straße verteilten. Vier Radfahrer stürzten und verletzten sich teilweise. Einer von ihnen musste mit dem Rettungswagen in ein Krankenhaus gebracht werden. Fast 200 Personen wurden festgenommen und 140 Ermittlungsverfahren eingeleitet wegen Nötigung, gefährlichem Eingriff in den Straßenverkehr, Körperverletzung und Sachbeschädigung.[90]

Weitere Aktionen von April bis Juni 2022 waren das Aufreißen des Bürgersteigs vor dem Bundeswirtschaftsministerium und die Beschmutzung der Fassade des Ministeriums mit Öl aus Protest gegen die Pläne, Erdöl in der Nordsee zu fördern. Um den Ölfluss zu stoppen, wurde die Notabschaltung von Ölpipelines manipuliert und die Polizei musste angekettete und angeklebte Aktivsten entfernen und in Gewahrsam nehmen. Auch hier gab es Ermittlungsverfahren wegen Hausfriedensbruch, Sachbeschädigung und Störung öffentlicher Betriebe. An der Universität Leipzig wurde das Gelände teilweise besetzt mit der Forderung, die Rektorin solle sich offiziell und öffentlich gegen den Neubau von fossilen Infrastrukturprojekten, insbesondere gegen neue Ölbohrungen in der Nordsee, positionieren. Darüber hinaus wurde der morgendliche Berufsverkehr in mehreren deutschen Städten durch Festkleben auf der Straße beeinträchtigt und auch das Bundeskanzleramt wurde mit schwarzer Flüssigkeit beschmiert. Die Forderungen: Bundesklimaschutzminister Robert Habeck solle von den Plänen für vermehrte Ölbohrungen in der Nordsee abrücken und Bundeskanzler Scholz solle eine »glaubhafte« Erklärung abgeben, dass keine neue Infrastruktur für fossile Energieträger gebaut werde.

Im Sommer 2022 setzte die »Letzte Generation« dann noch einen drauf, indem sie damit begann, bedeutende Kunstwerke in verschiedenen Städten zu attackieren. Aktivistinnen bewarfen Gemälde mit Lebensmitteln und klebten sich an den historischen Rahmen oder den Bildern selbst fest. Man wolle die Menschen mit diesen Aktionen aufrütteln. Zwei Museen in Dresden und Potsdam meldeten jeweils Schäden im fünfstelligen Bereich.[91]

Wer sind nun diese Aktivisten, die sich auf die Fahnen geschrieben haben, durch maximale mediale Aufmerksamkeit auf ihr Anliegen aufmerksam zu machen, die Bundesregierung durch Nötigung massiv unter Druck zu setzen und die bereit sind, ihr eigenes Leben aufs Spiel zu setzen? Inwieweit handelt es sich bei einer Gruppierung wie der »Letzten Generation« um ein geschlossenes System mit sektiererischen Tendenzen? Welche entsprechenden Merkmale finden wir in ihren Methoden, Strategien und ihrem Selbstverständnis? Besucht man die Website der »Letzten Generation«, findet man keine Vorstellung einzelner Personen oder die Nennung von Namen. Das Anliegen steht im Vordergrund. So kann man unter der Rubrik »Wer wir sind« lesen: »Die Regierung ignoriert alle Warnungen. Immer noch befeuert sie die Klimakrise und hat uns damit an den Rand eines Abgrunds gebracht. Wir sind nicht länger bereit, dieses Verbrechen an der Menschheit widerstandlos hinzunehmen.

Wir werden nicht abwarten, während ein Staat nach dem anderen kollabiert. Am Ende sind wir alle in Gefahr. Wir sind der Überlebenswille dieser Gesellschaft.«[92]

Der apokalyptische Notstand wird ausgerufen

Mit diesen wenigen Sätzen sind wir schon am Kernpunkt ihrer Überzeugung angekommen. Hier wird die Angst spürbar, die Greta Thunberg der Welt gewünscht hat und die bei den Mitgliedern der »Letzten Generation« längst Fuß gefasst hat. Und hier wird die Selbstlegitimierung deutlich, mit der die Gruppe in einer erstaunlichen Selbstüberhöhung den Anspruch erhebt, für alle zu sprechen. Dass sie damit undemokratisch handeln, scheint keine Rolle zu spielen. Der feste Glaube daran, dass ein Zusammenbruch der Zivilisation bevorstehe und sie die letzte Generation sei, die den Weltuntergang durch den eigenen zivilen Ungehorsam verhindern könne, rechtfertigt alle außergesetzlichen Maßnahmen. So kommentierte die Gruppe auf Twitter ihre Aktionen im Hamburger Hafen: »Die massiven Störungen im Hafen sind nichts im Vergleich zu Störungen durch Fluten, Dürren, Essensknappheit. Es ist unsere Pflicht, gegen eine todbringende Politik Widerstand zu leisten.«[93]

Indem die Bewegung eine bewusst apokalyptische Sprache benutzt und das Bild einer planetaren Katastrophe zeichnet, die uns allen in Kürze bevorstünde, will sie Ängste schüren und die Bundesregierung zum Handeln zwingen. So spricht sie von einem »Genozid durch Unterlassen«[94] und gibt präzise Endzeitberechnungen an. Auf der Website heißt es dazu: »Wir haben noch zwei bis drei Jahre, in denen wir den fossilen Pfad der Vernichtung noch verlassen können.«[95] Und: »Wir sind die Letzte Generation, die die unumkehrbare Vernichtung unserer Lebensgrundlagen und damit unserer Zivilisation stoppen kann.«[96] Damit wird der Kampf fürs Klima alternativlos. In einem SWR-Interview erklärt ein Aktivist die immer militanter werdenden Protestaktionen: »Wir haben einfach nicht mehr den Spielraum, um uns gemeinsam hinzusetzen und alles in Ruhe auszudiskutieren.«[97] Die damals 19-jährige Aktivistin Carla Rochel aus Heidelberg sagt einer Zeitung gegenüber: »Wir fahren mit voller Geschwindigkeit in die Hungerkatastrophen, Kriege, Dürren und Ernteausfälle.«[98]

Das Anliegen, eine verbesserte Klimaschutzpolitik zu betreiben oder Essen nicht wegzuwerfen, dürfte in der breiten Öffentlichkeit auf grundsätzliche Sympathie stoßen. Gleichzeitig lehnen laut Umfragen 81 % der Bevölkerung die Klimaproteste in Form von Straßenblockaden und ähnlichen Aktionsformen ab.[99] Die »Letzte Generation« unterliegt der Hybris, dass nach ihr nichts mehr komme, wenn sie jetzt nicht geschichtsmächtig werde. Dabei kann kein Mitglied einer Generation von sich behaupten, »die Letzten« zu sein. Damit beweist man lediglich eine Engstirnigkeit gegenüber all dem, was noch kommen wird, ganz unabhängig davon, unter welchen Umständen die Menschen dann leben werden. Auf der Grundlage dieser zweifelhaften Selbstermächtigung greift die Gruppe zu drastischen Mitteln, indem sie massiv in die Infrastruktur und Grundrechte anderer eingreift und einer gewählten Regierung in einem funktionierenden demokratischen Rechtsstaat ein Ultimatum stellt. Doch die medienwirksamen Aktionen des zivilen Ungehorsams sind primär darauf gerichtet, eine möglichst große Aufmerksamkeit der Öffentlichkeit zu erzielen. Im Vergleich zu der tatsächlichen Anzahl der Aktivisten ist die Bewegung medial völlig überrepräsentiert. Ob die Ziele dadurch besser erreicht werden, bleibt fragwürdig. Der Klimaforscher Mojib Latif, auf dessen Forschungsergebnisse sich die Klimaaktivistinnen unter anderem berufen, hält die Protestformen für »völlig kontraproduktiv«. Er befürchtet, dass die Aktionen aufgrund des geringen Rückhalts in der Bevölkerung die Klimaforschung mit ihren Zielen »in Verruf« bringen und so dem Erreichen der Ziele sogar schaden: »Dann haben wir genau das Gegenteil erreicht von dem, was man eigentlich erreichen wollte.«[100]

Die moderne Wissenschaft als religiöse Offenbarung

Das von Lifton als »heilige Wissenschaft« benannte Merkmal mentaler Manipulation leuchtet in dem wohl bekanntesten Slogan der Klimabewegung auf: »Folgt der Wissenschaft! Die Aktivisten argumentieren mit wissenschaftlichen Aussagen, gleichzeitig isolieren und überhöhen sie diese jedoch und stellen sie als eine alternativlose moralische Vision für die ganze Menschheit dar, der nicht widersprochen werden darf. Indem sie Zitate, Warnungen oder manchmal nur Wortfetzen von Wissenschaftlern (wie beispielsweise dem britischen Chemiker Sir David King oder Klimawissenschaftler Stefan Rahmstorf) aus dem Zusammenhang nehmen und für die Untermauerung ihrer Anliegen nutzen, konstruieren sie aus alarmierenden wissenschaftlichen Erkenntnissen eine apokalyptische Geschichte. Auf diese Weise entstehen Narrative, die das beängstigende Bild von einem Abgrund zeichnen, auf den die Menschheit unvermeidbar zusteuere, und die weder Raum für Hoffnung noch für einen Diskurs auf Augenhöhe lassen. Unwägbarkeiten bei der Vorhersage zukünftiger Extremwetter oder das Einberechnen der bereits eingeläuteten Maßnahmen gegen den Klimawandel werden dabei komplett außer Acht gelassen.

Indem sich die Gruppierung auf wissenschaftliche Aussagen stützt und diese in Vorträgen vermittelt, schaffen sie bei ihren Anhängern ein Gefühl von Sicherheit und Kontrolle, so paradox das klingen mag angesichts des Gefühls von Kontrollverlust, das gleichzeitig entsteht. Mit den gemeinsamen Aktionen auf der Straße wird sowohl bei den einzelnen Teilnehmerinnen als auch bei der ganzen Gruppe neben Zugehörigkeit, Zusammenhalt und Sinnstiftung ein äußerst intensives Gefühl von Wahrheit erzeugt. Diese Emotion wird verstärkt durch den steten Wechsel zwischen logischer Lehre und gefühlsbestimmter, irrationaler Aktion. Eine Aktivistin weist in einem Video ausdrücklich darauf hin, dass es wichtig sei, sich »emotional mit den Fakten zu verbinden«[101]. Nur so sei es möglich, die

Katastrophe zu verhindern. Eine Folge dieser innerlichen Synthese von Logik einerseits und Affekten andererseits ist auf die Dauer der Verlust des kritischen Denkvermögens, sodass die Aktivisten immer mehr in eine schwarz-weiße Gedankenwelt eintauchen, die kaum noch Graustufen wahrnehmen kann. Entstehen plötzlich abweichende Gedanken oder Gefühle, kann dies große Schuldgefühle und Ängste bei den einzelnen Personen auslösen.

Dass keine Wissenschaft und keine Hochrechnung mit Sicherheit sagen können, wann uns die Luft zum Atmen ausgeht oder wie lange wir noch auf unserer Erde werden leben können, dass es vielmehr um eine Interpretation von Fakten geht und dass es auch ein Prinzip von Wissenschaft ist, Wissenschaft infrage zu stellen, wird völlig ausgeklammert. Stattdessen glaubt sich die Bewegung immer mehr im Besitz der Wahrheit und ist davon überzeugt, dass nur ihre Gruppe und ihr Vorgehen zum Erfolg führen können. Martin Kaiser, Geschäftsführender Vorstand von Greenpeace Deutschland, äußerte sich zu dieser Entwicklung der »Letzten Generation«: »Wir haben technische Möglichketen und die wissenschaftliche Expertise, um diese Krise zu lösen. Deshalb sage ich auch vielen, die in diesen Gedanken drinstecken: Diese apokalyptische Denke bringt uns nicht weiter. Ich hoffe, dass die jungen Leute nicht gelähmt werden von der Lage – sondern in ein Handeln kommen, das ihnen und anderen Mut und Hoffnung gibt.«[102]

Religiös aufgeladene Sprache

Ein weiteres Merkmal, das sofort ins Auge springt, spätestens wenn man sich auf der Website der Gruppierung umschaut, ist die markante Sprache. Ein machtvolles Instrument, mit dem die Lehre der »heiligen Wissenschaft« vermittelt wird. Die inhaltlich aufgeladene Sprache wird zudem bewusst dazu eingesetzt, um die Adressaten zu manipulieren. Auffällig ist hierbei, wie sehr die Sprache der »Letzten Generation« religiös gefärbt ist – angefangen beim eigenen Namen.

Auch hier ist das Ziel, den Anliegen der Bewegung Aufmerksamkeit und Nachdruck zu verleihen und gezielt Ängste zu schüren. Zudem wird die Gruppenbindung durch eine religiöse Metaphorik und ein dualistisches Weltbild erhöht.

Ähnlich wie bei anderen Endzeitbewegungen wird die Zeit in »Krise«, »Gericht« und »Erlösung« gegliedert. Es wird vor dem »Weltuntergang« gewarnt, wenn binnen drei Jahren nicht fundamental umgesteuert und der »fossile Wahnsinn« beendet werde. Der Kurs der Bundesregierung sei »todbringend« und verwandle den Äquator in eine »Todeszone«. Uns erwarteten Katastrophen wie »Missernten«, »Hungersnöte«, »Klimaflüchtlinge«. Die Mitglieder der Bewegung sehen sich als »letzte Generation«, die die Welt durch »Selbstaufopferung« und »Opferbereitschaft« noch »retten« kann. Die damals 24-jährige Aktivistin Carla Hinrichs beschrieb ihre missionarische Bestimmung in einem Interview: »Ich sehe meine Aufgabe darin, das Überleben der Menschheit zu sichern.«[103] Im Selbstbewusstsein dieses hohen Auftrags schreibt die Gruppe auf ihrer Webseite: »Wir sind die Letzte Generation, die den Kollaps unserer Gesellschaft noch aufhalten kann. Dieser Realität ins Auge blickend, nehmen wir hohe Gebühren, Straftatvorwürfe und Freiheitsentzug unerschrocken hin.«[104]

Auch in diversen Videos kann man sich die Lehren und Überzeugungen der Aktivisten anhören und sich ein Bild von der suggestiven Rhetorik machen. So sagt die 19-jährige Lina Eichler in einem Vortrag in Köln im März 2022 mit bebender Stimme: »Wir werden wie eine Herde Rinder zur Schlachtbank in die Vernichtung geführt. Jetzt gerade.«[105] Zum Abschluss richtet sie sich mit einer direkten Aufforderung an ihre Zuhörer: »Ihr wisst, wie es um uns steht. Also handelt bitte auch dementsprechend!«[106] Was uns erwartet, wenn wir nicht handeln, schrie Henning Jeschke dem damaligen Kanzlerkandidaten Olaf Scholz entgegen, der sich zu einem Gespräch mit den Klimaaktivisten bereit erklärt hatte: »Herr Scholz, Sie führen uns in eine Klimahölle!«[107]

Um bei den religiösen Sinnbildern zu bleiben: Für die Verbreitung der Lehre braucht es eine ordentliche Missionsarbeit, mit der die Menschen zum Umdenken bewegt werden. Dafür müssen sie von ihrer »Verlorenheit« überzeugt und dazu motiviert werden, ihre Haltung und Gesinnung zu erneuern, indem sie z.B. ihr Konsumverhalten und ihren Materialismus ändern. So konnte man eine Zeit lang auf der Website lesen: »Wir rufen alle Menschen dazu auf, sich am friedlichen Widerstand zu beteiligen, denn es geht um das Überleben von Milliarden Menschen, schon heute und in Zukunft.«[108] Und: »Was wirst du in diesen zwei bis drei Jahren tun – was ist deine Verantwortung? Höre unseren Vortrag – online oder offline – und entscheide dich!«[109] Die Vorträge, die die »Letzte Generation« bundesweit organisiert, vermitteln Authentizität und Wahrheitsanspruch. Sie sollen Menschen zum Mitmachen motivieren und sie für den Kampf gegen das »lebensfeindliche System« gewinnen. So berichtet eine junge Studentin in einem 45-minütigen Videovortrag von dem Erweckungserlebnis ihrer persönlichen Radikalisierung, nachdem die Proteste der letzten Jahre nichts gebracht hätten. Sie wirbt dafür, durch »maximale Störung der öffentlichen Ordnung« und eine hohe eigene »Risikobereitschaft« die Regierung entweder zum Nachgeben zu zwingen oder sie dazu zu veranlassen, die selbstlosen Aktivisten ins Gefängnis zu werfen. Das solle dann nach alter Protestlogik für weiteren Widerstand sorgen. Am Ende verspricht die junge Frau, Teil »von was Wunderschönem« werden zu können.[110]

Außerdem werden »Aktionstrainings« angeboten für diejenigen, die sich bei den Störaktionen aktiv beteiligen wollen. Dabei werden die Blockaden eingeübt und man bereitet sich auf Gegenreaktionen der Verkehrsteilnehmer vor. Carla Hinrichs berichtet: »Man bleibt strikt gewaltfrei, lässt einfach den Körper ganz locker.«[111] Wird ein Aktivist von der Fahrbahn geschleppt, krabbelt er sofort dorthin zurück. In internen Handreichungen werden schließlich praktische Empfehlungen gegeben, wie sich Aktivistinnen verhalten sollen, die von der Polizei in Gewahrsam genommen werden. Man solle »nichts unterschreiben« und »mit den Beamt:innen über die Vernichtung unserer Gesellschaft sprechen«.[112]

Schwarz-weiße Weltsicht

Die »Letzte Generation« wähnt sich im Widerstand und sieht sich entsprechend in der Tradition anderer gewaltfreier Widerständler wie Ghandi oder Martin Luther King. Für sie gibt es die Guten und die Bösen, die Erleuchteten und die Verblendeten, die Umkehrwilligen und die Egoisten. Die Klimaaktivisten auf der einen Seite, das System auf der anderen Seite. Die bereits zitierte Lina Eichler sagt in ihrem Vortrag: »Es ist wirklich komplett schwarz-weiß: Entweder aussterben oder nicht aussterben.«[113] Klar, dass alles andere daneben an Wert verliert. Carla Hinrichs, die eigentlich in Bremen Jura studiert, ist nach Berlin gezogen, um dort auf die Klimakatastrophe aufmerksam zu machen: »Ich kann jetzt nicht am Schreibtisch sitzen und das System studieren, das diese Katastrophe ausgelöst hat.«[114] Die Gesellschaft und das System tragen demnach die Schuld an der momentanen Situation und nur eine kleine radikale Minderheit, eine selbstlose und hellsichtige politische Avantgarde kann uns vor der endgültigen Katastrophe retten.

Kanzlerkandidat Olaf Scholz hatte sich zu einem einstündigen Gespräch mit den Klimaaktivisten Henning Jeschke und Lea Bonasera bereit erklärt, die beim Hungerstreik teilgenommen hatten. Der Grünen-Politiker Cem Özdemir sah das kritisch: »Und total egal, wer was will, eine Demokratie lässt sich nicht erpressen. Auch die Einladung zu Gesprächen setzt zwingend gegenseitigen Respekt voraus und das Bewusstsein, dass es in einer Demokratie selten nur den einen Weg zum Ziel geben kann.«[115] Er befürchte, dass sehr wenige Aktivisten mit ihrem Verhalten dafür sorgten, dass die Mehrheiten für den Klimaschutz gefährdet würden. Tatsächlich wurde bei dem Treffen der jungen Aktivisten mit Scholz schnell deutlich, dass es weder um eine Diskussion noch um den Austausch von Argumenten ging. Stattdessen erfolgte ein Doppeldialog, bei dem Scholz keine Chance hatte, seinen Plan zu erklären, da er immer wieder unterbrochen wurde. Ein charakteristisches Kennzeichen schwarz-weißer Denkmuster, bei denen es nicht Ziel ist, konstruktive Auswege zu finden, sondern vielmehr, ein Horrorszenarium zu entwerfen, Angst zu verbreiten und Schuldige zu benennen. Es bleibt erstaunlich, wie wenig dabei die Komplexität unserer modernen, globalisierten Gesellschaft bedacht wird. Dass es Widersprüche oder unterschiedliche bzw. gegensätzliche Interessen gibt, dass Demokratie und Wirtschaft auch mitbedacht werden müssen, all das wird gar nicht erst benannt. Denn die Zeit drängt und es bleibt keine Zeit zum Diskutieren. Der 23-jährige Clemens Traub, der überzeugtes und engagiertes Mitglied der FFF-Bewegung war und sich jetzt als »Kritiker« bezeichnet, erzählt, dass er bei den Aktivisten das Gefühl gehabt habe, »dass sie keine Empathie dafür haben, dass Klimaschutz für viele gerade nicht das einzige wichtige Thema ist. Das kommt auch daher, dass die meisten FFF-Aktivisten ihre privilegierte Blase nie verlassen und immer nur dorthin gehen, wo sie Bestätigung und keine Gegenrede erfahren. An Gymnasien und Unis zum Beispiel.«[116]

Rettung durch Reinheit

Neulich fuhr im Stau ein Auto vor mir mit der Aufschrift »Think clean. Think green.« Dieser Slogan trifft den Nagel auf den Kopf. »Grünes«, nachhaltiges, umweltbewusstes Denken wird als »rein« bewertet. Die Leserin bekommt unverzüglich den Eindruck, dass im Umkehrschluss jedes andere Denken oder Verhalten »unrein« sei. Moralischer Druck baut sich auf. Die Einteilung der Welt in gut und böse, richtig und falsch, erwünschtes und unerwünschtes Verhalten impliziert, dass das Ideal erreichbar sei und mit allen Kräften daran gearbeitet werden müsse, es umzusetzen. Lifton nennt dieses

Merkmal »Forderung nach Reinheit«. Um dieses Ziel zu erreichen, sind alle Mittel recht. Dabei setzt die Gruppe die Standards und gibt Kriterien vor, nach denen man »richtig« lebe und welches Verhalten erwünscht sei. Wer davon abweicht, dem begegnen Ablehnung, Abwertung und Distanzierung. Der 47-jährige Holger Witzenleiter, der sich anderthalb Jahre bei einer Ortsgruppe von Extinction Rebellion in Freiburg engagiert hat und sich heute als Aussteiger bezeichnet, berichtet, dass er einen hohen sozialen Erwartungsdruck erlebt habe. Innerhalb der Gruppe gebe es ein »gewünschtes Verhalten«, beginnend bei ganz alltäglichen Dingen. Er erzählt, er habe eine Aktion verlassen müssen, weil er vor Ort Gummibärchen gegessen habe, die nicht vegan, sondern nur vegetarisch gewesen seien. Auch würde niemand mit dem Auto zu einem Ortsgruppentreffen fahren oder es höchstens einen Block weiter parken.[117]

Dieses vielleicht etwas absurd anmutende Beispiel zeigt den Anspruch der Bewegung, ein moralisch einwandfreies Leben zu führen und bestimmte Ordnungen oder Regeln zu erfüllen, wie z.B. einen klimaneutralen Lebensstil oder das Retten von Lebensmitteln. Damit bietet die Gruppe eindeutige, radikale Lösungsprozesse an, mit denen sie suggeriert, sie wüssten – um in der religiösen Metaphorik zu bleiben – wie das »Heil« erlangt werden bzw. wie eine »Rettung« aussehen könne. Es geht um Moral, um Haltung, um Eindeutigkeit, um eine gefühlte Radikalität, mit der das Ich das Über-Ich, den moralischen Imperativ der Klimarettung, ein Stück weit befrieden kann. Dass die »guten Taten« der Aktivisten vom Rechtsstaat anders eingestuft werden, erscheint da schwer verständlich, und verschärft entsprechend die schwarz-weiße Weltsicht. Der 40-jährige Aktivist Christian Bläul aus Dresden beschreibt das so: »Das Recht, was erlaubt, mich wegzusperren, wenn ich mich für das Einhalten der Verfassung einsetze, kann ich nicht ganz nachvollziehen. […] Im Gewahrsam wird mir meine Entschlossenheit noch einmal bewusst. Ich würde auch zwei Wochen ins Gefängnis gehen dafür.«[118]

Das Spiel mit der Angst

Die unzureichende Klimaschutzpolitik ist ein objektives globales Problem, das eine breite Öffentlichkeit unterstützt. Gerade bei jungen Menschen kann diese Thematik zu Ängsten, politischer Hilflosigkeit und Ohnmachtsgefühlen führen. Genau diese Emotionen nutzen radikale Klimaschutzbewegungen wie die »Letzte Generation« für sich, indem sie die drohende Apokalypse ausmalen und zentrale Narrative wie »das große Massenaussterben« und »unkontrollierbare Klimasprünge« verbreiten.[119] Der Fokus wird auf wissenschaftliche Worst-Case-Szenarien gesetzt und bis ins Extreme gesteigert, um die Aktivisten mental zu manipulieren und für den persönlichen Einsatz mobil zu machen. Die bereits erwähnte Carla Hinrichs berichtet: »Vor Aktionen schauen wir uns noch mal an, was passieren wird, wenn wir die Klimakrise nicht aufhalten, das massive Leid, was damit einhergehen wird. Und dann haben wir wieder Mut für unsere Aktionen.«[120] Angst und Euphorie liegen hier ganz dicht beieinander. Das Gefühl, gemeinsam für ein höheres Ziel unterwegs zu sein, sich mit aller Kraft einzusetzen und dabei die eigenen Unsicherheiten zu überwinden, kann eine enorme Stärke, Sicherheit und Verbundenheit auslösen. Grundbedürfnisse, auf die jeder Mensch positiv anspringt. Doch die Angst ist mächtiger und die junge Frau kann sie zu Hause nicht ablegen. So erzählt sie weiter: »Es gibt Momente, bei denen ich abends im Bett liege und weine, weil ich Angst habe, dass meine Familie stirbt. Dass meine Oma im Sommer nicht mehr rausgehen kann, weil es zu heiß für sie ist. Ich stelle mir dann Unruhen und Kriege vor.«[121] Auf die Frage, warum sie glaube, für das Klima ihr Studium aufgeben zu müssen, antwortet sie: »Ich frage mich, warum die anderen das nicht machen. Ich frage mich, warum das nicht alle machen. Warum haben nicht alle diese Angst?«[122]

Im Juni 2022 klebten sich zwei Aktivisten in einer Londoner Kunstgalerie mit den Händen an den Rahmen eines Gemäldes von

Vincent van Gogh fest. In einem Video, das von der Aktivistengruppe Just Stop Oil verbreitet wurde, sagt einer der beiden, der 21-jährige Louis McKechnie: »Wir kleben hier an diesem Gemälde – diesem wunderschönen Gemälde –, weil wir Angst um unsere Zukunft haben.«[123] Dass Angst kein guter Ratgeber ist, scheint den jungen Menschen niemand zu sagen. Im Gegenteil. Dem SWR gegenüber sagte ein Aktivist, die Situation sei so existenziell, dass er sich vorstellen könne, dass es in Zukunft Menschen gebe, »die sich so bedroht fühlen, dass sie bereit sind, auch Dinge kaputt zu machen«.[124]

Klimaschutz geht vor

Hat die Angst die Oberhand gewonnen, ist das die Hälfte der Miete. Individuelle Wünsche, Interessen, Entwicklungsperspektiven und Visionen für die Zukunft werden der »heiligen Wissenschaft« untergeordnet und geopfert. Die Verbindung von allgemeiner Lehre und dem Mythos, dass die Gruppe im Besitz der Wahrheit sei, verstärkt das Bewusstsein, für ein höheres Ziel zu kämpfen, und verfestigt bereits bestehende Abhängigkeiten. Bei diesem Kampf um die Veränderung äußerer Ereignisse geht es jedoch vor allem um die Veränderung von Menschen, ihrer Einstellungen und Verhaltensweisen, ihres Lebensstils und manchmal sogar ganzer Wesenszüge einer Person.

Christian Bläul ist eigentlich Informatiker. Damit er mehr Zeit für die Aktionen der »Letzten Generation« hat, arbeitet er nur noch zu 40 % als Programmierer. Er habe deshalb sogar seine Familie verlassen und gehe auf die Straße mit dem Risiko, inhaftiert zu werden. Der Einsatz bei der Bewegung hat gravierende Auswirkungen auf seine Gedankenwelt, die Freizeitgestaltung und seinen Gemütszustand genommen: »Ich kann nicht gut entspannen. Ich kann nicht mal eben eine Serie gucken, weil es sich einfach falsch anfühlt. Es fällt mir schwer, mit Freunden abzuhängen, weil ich denke, ich könnte in der Zeit mehr tun.«[125] Die Studentin Carla Rochel schreibt momentan keine Prüfungen wie ihre Kommilitoninnen, »weil ich weiß, dass ich hier gerade sehr viel dringender gebraucht werde. Ich leiste zivilen Widerstand gegen eine Regierung, die unser Leben nicht schützt. Ich bin hier, um sie wachzurütteln.«[126] Die 45-jährige Kirchenmusikerin Sonja Manderbach aus Oldenburg ist zudem überzeugt, dass das demokratische Prinzip der Mehrheit beim Klimaschutz keine Anwendung finde dürfe, weil es ums Überleben ginge. Ihre 14-jährige Tochter lebe jetzt beim Vater, damit sie an den Aktionen der »Letzten Generation« teilnehmen könne. Diese habe ihr gesagt, sie solle nicht übertreiben und nicht ins Gefängnis kommen. Doch es geht hier um ein höheres Ziel als die eigene Unversehrtheit: »Ich bin bereit, alles zu tun, was von meiner Seite aus gewaltfrei möglich ist. Auch wenn es bedeutet, dass ich Gewalt abbekomme.«[127]

Die »Letzte Generation« wirbt ganz offiziell darum, das Abitur abzubrechen und stattdessen Widerstand zu leisten. Das tut auch Jakob. Er ist 20 Jahre alt und kündigte in den sozialen Medien an, nicht an der Abiturprüfung teilnehmen zu wollen, obwohl er monatelang dafür gelernt habe. Stattdessen geht er auf das Tempelhofer Feld in Berlin und liest eine Erklärung von einem Blatt ab. Ein Journalist kommentiert die Szene, es wirke ein wenig so, als befände er sich in Geiselhaft und lese die Forderungen seiner Entführer vor.[128] Deutlich wird, dass das Anliegen, das »Klima zu retten«, wichtiger ist als die einzelne Person. Hierfür werden Kinderwünsche zurückgestellt, Jobs aufgegeben, Universitätsstudien abgebrochen, Schullaufbahnen unterbrochen. Einige Aktivisten erklären sogar, sie hätten sich die Samenleiter durchtrennen lassen, da Kinder ihren ökologischen Fußabdruck vergrößern würden. Auch die Bereitschaft, für ihre Aktionen Gefängnisstrafen in Kauf zu nehmen, wird offen propagiert.

Diese Ignoranz dem Einzelnen gegenüber zeigt sich zudem in der Tatsache, dass bei den Straßenbesetzungen Rettungswagen, Feuerwehr und Polizei auf Noteinsätzen blockiert werden, ebenso wie Ärztinnen, Handwerker, Lieferanten oder Mitarbeiterinnen der Müllabfuhr. Ein Hausverwalter, der in Berlin in eine Blockade gerät, berichtet: »Da war eine Ärztin, die wollte zu einer Operation. Andere Arbeiter mussten zu einem Abwasserrohrbruch. Ich hatte in der Minute einen Anruf bekommen, dass bei uns in einer Wohnung eine Frischwasserleitung gebrochen ist und die Wohnungen alle volllaufen. [...] Im Endeffekt gehen hier linke Aktivisten gegen Arbeiter vor.«[129] Dass durch die verursachten Staus unnötige CO_2-Emissionen ausgestoßen werden, der Wirtschaft geschadet und Arbeitsplätze gefährdet werden, scheint keine Rolle zu spielen. Vermutlich lässt sich diese Haltung auch mit der scharfen Grenze erklären, die die Aktivisten in ihrer Schwarz-Weiß-Denke zwischen denjenigen ziehen, die ihrer Wahrheit folgen, und denjenigen, die sich nicht bekehren lassen wollen. Die »Wir-gegen-alle-Mentalität«, das Gefühl, in einem absolutistischen Kampf gegen den »Rest der Welt« zu stehen, kennt in diesem Punkt keine Toleranz, kein Verständnis, keine Nachsicht. Fremde Meinungen auszuhalten und andere Positionen ohne Feindschaft zu akzeptieren, ist fast unmöglich. In der Folge verhärten sich die Fronten und es mangelt zunehmend an Respekt, Mitgefühl, Dialog- und Kompromissbereitschaft.

Polarisierung statt Verständigung

Der Kasseler Politikwissenschaftler Wolfgang Schröder kritisiert, dass die radikalisierten Aktivisten letztlich der gesamten Klimabewegung schadeten, da ihre Methoden kontraproduktiv seien und antidemokratisch-totalitäre Züge zeigten. Mit ihrem Wahrheitsanspruch und ihrer Selbstermächtigung polarisierten sie die Gesellschaften: »Sie träufeln in die Bewegung ein Gift ein, das die Verträglichkeit untereinander behindert und erschwert.«[130] Auch der Soziologe und Publizist Reinhard Mohr, der in den 1970er- und 1980er-Jahren selbst

Linksaktivist war, hält nichts von dem Absolutheitsanspruch einer kleinen Gruppe: »Sie sind erleuchtet, sie wissen, wo es langgeht – und alle anderen müssen jetzt mitmachen. [...] Das führt genauso weit, wie die RAF damals kam – dass man im Extremfall Menschenleben gefährdet, aber politisch nichts erreicht von dem, was die meisten in Deutschland ja wollen, nämlich Klimaschutz.«[131]

Der Extinction-Rebellion-Aussteiger Holger Witzenleiter berichtet, dass viele junge Leute mit guten Absichten kämen, schnell viele Aufgaben übernähmen und sich immer stärker einbrächten. »Ich habe Leute erlebt, die ihr Studium, ihre Schule oder ihre Ausbildung abgebrochen haben, um noch mehr aktivistisch tätig zu sein.«[132] Die nach außen gelebte Achtsamkeit der Gruppe ziehe seiner Meinung nach viele Menschen an, die sich »in der harten Welt da draußen oft nicht zurechtfinden«.[133] So sei ihm aufgefallen, dass Menschen mit psychologischen Verhaltensauffälligkeiten überdurchschnittlich häufig vertreten gewesen seien. Einige hätten ihm erzählt, in psychologischer Behandlung zu sein oder unter Angststörungen zu leiden. Durch die ständige Beschäftigung mit dem drohenden Untergang könnten diese Ängste verstärkt werden. »Ich habe mitbekommen, wie die Bewegung Leute ausbrennt.«[134]

Christoph Grotepass, theologischer Berater und Referent bei der Sekten-Info Nordrhein-Westfalen, berichtet, dass sich bei ihm Familien und Freunde von radikalen Klimaprotestlern melden, die in Sorge sind, »dass Menschen aus ihrem Umfeld geradezu fanatisch in Klimagruppen engagiert sind«.[135] Darüber würden sie alle anderen Interessen aufgeben und sich isolieren. Grotepass beobachtet, dass die radikalisierten Klimabewegungen ein »verblüffend einfaches Weltbild« vermitteln, das für jedes Problem eine einfache Erklärung habe. »Kritisch ist es, wenn eine Gruppe vorgibt, eine Lösung für alle Probleme zu haben, und den Idealismus von jungen Menschen missbraucht, die sich vielleicht besonders stark in ein Thema hineinsteigern. Wenn dann noch moralische Überlegenheit oder gar Feindbilder dazukommen, wird es schwierig.«[136]

Zurück zu Greta, die der Welt die Panik wünschte, »die ich jeden Tag spüre«. Bevor Greta Weltberühmtheit erlangte, litt sie an Depressionen und verweigerte sogar zeitweise das Essen. Mit 12 Jahren wurde bei ihr das Asperger-Syndrom diagnostiziert. Ihr Vater Svante Thunberg beschreibt diese Zeit dem BBC gegenüber als »absoluten Albtraum«. Er und seine Frau hätten ihre Tochter im Klimaschutz unterstützt, weil sie bemerkten, dass ihr Engagement sie »viel glücklicher« machte. »Für mich ist sie jetzt ein gewöhnliches Kind – sie kann all die Dinge tun, die andere Menschen auch tun können. Sie tanzt herum, sie lacht viel, wir haben viel Spaß.«[137] Doch um die Rettung der Welt vor dem Untergang ging es dem Vater nicht, wie er ergänzt: »Ich wollte damit nicht das Klima retten, sondern mein Kind.« Der Historiker Niall Ferguson sieht die politischen Anliegen von Thunberg generell kritisch. Er fasst seine Ansichten hierzu folgendermaßen zusammen: »›Ich will, dass ihr die Angst spürt, die ich jeden Tag spüre.‹ Das ist nicht die Stimme der Wissenschaft. Es ist die Stimme der Anführerin einer Endzeit- und Erlösungsbewegung.« Die Kinder anderer Eltern haben sich von der Panik anstecken lassen. Sie lachen und tanzen nicht mehr, sondern kleben an Autobahnen fest und riskieren ihr Leben.

Fazit: Gemeinsamkeiten und Unterschiede

Anhand der acht Merkmale, die nach Robert Lifton auf **Bewusstseinskontrolle und mentale Manipulation** hinweisen, habe ich versucht darzustellen, wie sehr auch andere Beziehungssysteme in unserer Gesellschaft anfällig für missbräuchliche Strukturen sind. Bei allen drei vorgestellten Beispielen können wir das gleiche Muster beobachten, das wir auch beim geistlichen Missbrauch kennengelernt haben. Ein Muster, das sich wie ein roter Faden durch den systematischen emotionalen Machtmissbrauch zieht: Die **Herstellung eines Familiengefühls**, das Zugehörigkeit und Bindung erzeugt und dem

Einzelnen den Eindruck vermittelt, gesehen und gefördert zu werden, Unterstützung zu erfahren, sich einbringen zu können, dabei sein zu dürfen, Team zu sein, ein gemeinsames Ziel zu verfolgen, die gleiche Leidenschaft zu teilen. Gleichzeitig gibt es Personen, die sich in dem jeweiligen System in Machtpositionen befinden und dieses konstruierte Familiengefühl für ihre eigenen Interessen ausnutzen. Damit sind die Täter keine Fremden mehr, sondern nahe Menschen, denen die Betroffenen voll und ganz vertrauen, mit denen sie durch gemeinsame Erlebnisse, Hoffnungen und Erwartungen verbunden sind und von denen manchmal auch der eigene Erfolg oder die persönliche Entwicklung abhängig ist. Genießen die Täterinnen hohes Ansehen, macht sie das quasi unantastbar.

Tatsächlich haben wir es bei diesen Personen oft mit **charismatischen Führungspersönlichkeiten** zu tun, die über die geeigneten Mittel, Fähigkeiten und Gelegenheiten verfügen, ihre Macht über die Betroffenen geschickt auszuspielen bis hin zum Missbrauch. Während die Odenwaldschule Gerold Becker als charismatische Leitfigur hatte, nimmt Greta Thunberg in der Klimaschutzbewegung eine ähnliche »Heilsbringer«-Rolle ein, unterstützt durch eine starke mediale Präsenz. Im Sport können wir davon ausgehen, dass es ähnliche Leitfiguren gibt, allerdings oft in Form von kleineren Lichtern mit dennoch ausreichend Macht und Einfluss, um ihre Schützlinge zu manipulieren und zu verführen.

Aus dieser emotional verwickelten Situation heraus können die betroffenen Personen oft gar nicht einordnen, was ihnen widerfährt, wenn es zu häufig erst unterschwelligen und dann zunehmend offensichtlichen **emotionalen, psychischen oder physischen Übergriffen** kommt. Denn gerade bei systematischer sexueller Gewalt wie an Internatsschulen oder im Leistungssport gehen den schweren Übergriffen zunächst subtile Grenzüberschreitungen voraus wie verbale Anzüglichkeiten und unangemessene Berührungen beim Trösten oder Umziehen. Auch hier können wir also wie beim geistlichen Missbrauch davon sprechen, dass der emotionale und geistige

Machtmissbrauch das Vorzimmer darstellt, durch das die Täter schleichend zum sexuellen Missbrauch übergehen. Das Wegsehen und Schweigen der anderen Schüler, Sportlerinnen oder Mitglieder ermöglichen es schließlich, dass dieser Missbrauch lange Zeit fortgesetzt werden kann und den Betroffenen nicht geholfen wird.[138]

In diesem Punkt unterscheidet sich die »Letzte Generation« von den anderen Beispielen. Auch die radikale Klimaschutzbewegung erfüllt viele der Merkmale für Bewusstseinskontrolle nach Lifton und steht damit gewissermaßen im **Vorzimmer zum sexuellen Missbrauch**, um bei dem Bild von Blandine de Dinechin und Xavier Léger zu bleiben. Bislang sind jedoch keine Vorwürfe sexuellen Missbrauchs bekannt geworden und das muss auch gar nicht zwingend geschehen. Weniger schwerwiegend ist diese Missbrauchsform deshalb nicht. Im Gegenteil. Denn emotionaler oder geistiger Machtmissbrauch »kann ähnlich zerstörerisch sein wie sexuelle Gewalt, auch wenn er meist länger braucht, um umfassend zuzugreifen«[139]. Bei der »Letzten Generation« wird genau wie bei der Odenwaldschule und im Leistungssport der Idealismus junger Menschen missbraucht. Die Verantwortlichen spielen gezielt mit den Angst-, Schuld- und Schamgefühlen der Mitglieder, um diese bei der Stange zu halten und sie dahingehend zu manipulieren, mehr und mehr das eigene Ich mit persönlichen Zielen, Wünschen und Bedürfnissen aufzugeben für einen größeren Plan. Gleichzeitig sind Ideal und Leitgedanke hier viel stärker moralisch aufgeladen. In religiös anmutender Manier wird die eigene tugendhafte Überlegenheit zur Schau getragen. Wird das Ziel nicht erreicht, droht die Apokalypse.

Bei allen drei Beispielen handelt es sich zudem um mehr oder weniger **geschlossene Systeme**. Von der Internatsschule, die abgeschieden im Odenwald auch räumlich isoliert und von der Außenwelt regelrecht abgeschottet war. Über den Leistungssport, bei dem es zwar kein direktes Zusammenleben gibt, die Vereine und Verbände jedoch mit ihren rigiden Strukturen, Hierarchien und ungeschriebenen Regeln ein enges Korsett für alle Mitglieder schaffen. Bis hin zur radikalen Klimaschutzbewegung, die sich in ganz Deutschland und über die Landesgrenzen hinaus in kleineren oder größeren Ortsgruppen selbst organisiert und es trotz dieser scheinbaren Autarkie dennoch schafft, eine starke Verbindlichkeit und Systemkonformität unter den Mitgliedern entstehen zu lassen. Es braucht also weder eine feste Institution noch eine einzelne Lichtgestalt noch sexuelle Übergriffe, um emotionalen und geistigen Machtmissbrauch anzubahnen und umzusetzen.

6. FOLGEN GEISTLICHEN MISSBRAUCHS

Nach dem kurzen Streifzug durch andere toxische Gemeinschaften in unserer Gesellschaft schauen wir nun auf die Folgen des emotionalen Machtmissbrauchs. Dabei konzentriere ich mich wieder explizit auf die Auswirkungen durch geistlichen Missbrauch, da die individuellen Konsequenzen in gewissen Bereichen sehr speziell aussehen können. Gleichzeitig lassen sich selbstverständlich auch für andere toxische Gemeinschaften entsprechende Folgen ableiten.

So sehr der geistliche Missbrauch die unterschiedlichsten Lebens- und Wahrnehmungsbereiche des Menschen umfasst, so vielfältig können auch die persönlichen Auswirkungen sein. Denn der Einfluss einer geistlichen Autorität reicht fatalerweise bis tief in den innersten und privatesten Bereich des Menschen hinein. Er betrifft nicht nur seine äußerlichen Rechte oder sein sichtbares Handeln, sondern durchdringt selbst seine Gedanken und Intentionen.

Ähnlich wie bei anderen Missbrauchsformen hängt das Ausmaß der individuellen Folgen und Verletzungen von verschiedenen Faktoren ab: in erster Linie von Umfang, Dauer und Intensität des Missbrauchs sowie der psychischen Verfasstheit der Betroffenen. Darüber hinaus spielt es auch eine Rolle, wie lange die Person Mitglied in der Gemeinschaft war und welche Position sie dort innehatte. War sie in einer Leitungsfunktion und mit Verantwortungen ausgestattet oder befand sie sich eher »am Rand« und mit größerer

Distanz zu den Verantwortlichen? Mit Blick auf das äußere Umfeld ist zudem entscheidend, welche Unterstützung Betroffene durch ihre Herkunftsfamilie erfahren oder ob es ein soziales Netzwerk außerhalb der Gemeinschaft gibt. Wurden Kontakte zu Familie und Freunden rigoros abgebrochen oder weiterhin gepflegt? Und auch die berufliche Situation kann ein wichtiger Faktor sein: Gibt es einen festen Arbeitsplatz als stabile Konstante oder bedarf es gar einer (neuen) Ausbildung, um überhaupt erst bzw. wieder ins Arbeitsleben einzusteigen und dort Fuß zu fassen? Ebenso kann die Verfügbarkeit über finanzielle oder andere Hilfsmittel bedeutsam sein. Und schließlich ist es entscheidend, wie alt eine betroffene Person ist und in welchem Familienstand sie lebt: Ist sie noch jung und stehen ihr womöglich alle Türen offen, sich zu verändern, zu entwickeln und neu aufzustellen? Oder ist das letzte Lebensdrittel bereits erreicht und kann es vorwiegend nur noch um ein Betrauern der Vergangenheit gehen? Gibt es einen Ehepartner, der unterstützend mitwirkt oder in der Gemeinschaft »zurückbleibt«? Gibt es Kinder, die ebenfalls geistlichen Missbrauch erlebt haben oder den Entwicklungsprozess des Elternteils nicht nachvollziehen können?

Wir ahnen schon, dass sich die individuellen Folgen geistlichen Missbrauchs enorm unterschiedlich ausprägen können, je nachdem wie es um die genannten Faktoren bestellt ist. Hinzu kommt, dass die Art und Weise des Ausstiegs aus dem missbräuchlichen System eine entscheidende Rolle spielt: Wurde das System auf eigene Initiative hin verlassen, also intrinsisch motiviert? Brauchte es eine Hilfestellung von außen durch Literatur, Informationen oder Unterstützung »externer« Menschen? Oder wurde die Person sogar von der Gemeinschaft ausgeschlossen, ohne diese Entscheidung selbst bereits verstanden oder akzeptiert zu haben? All diese Aspekte können im Einzelfall sehr unterschiedlich gelagert sein und die Resilienz einer Person entsprechend beeinflussen.

Zudem sind die vielfältigen Folgen geistlichen Missbrauchs vor dem Hintergrund des ausführlich beschriebenen Phänomens der

Bewusstseinskontrolle zu betrachten. Selbst nach dem Wegbrechen der kontrollierenden Umgebung wirken die Konsequenzen weiterhin intensiv und umfassend nach. Steven Hassan beschreibt die Erfahrung Betroffener mit drastischen Worten: »Man fühlt sich, als ob man spirituell und psychologisch vergewaltigt worden wäre. Dieses Gefühl der Schändung ist unbeschreiblich.«[140] Da Körper, Geist und Psyche eine Einheit bilden, können körperliche Symptome und soziale Auswirkungen hinzukommen, die in einem unmittelbaren Zusammenhang mit dem psychischen Zustand des Menschen stehen. Wir beschäftigen uns nun mit vier zentralen Ebenen des Menschen, auf denen sich die Folgen geistlichen Missbrauchs zeigen können: die geistliche, die psychisch-emotionale, die physische und die soziale Ebene.

Geistliche Folgen

Der Glaube ist gewissermaßen der Boden, auf dem sich spiritualisierter Missbrauch ereignet. Oder in einem anderen Bild gesprochen, er ist der Mantel, der sich um das missbräuchliche Handeln legt und es nach außen verschleiert. Des Glaubens wegen haben sich Betroffene der religiösen Gemeinschaft angeschlossen, um darin Halt und Orientierung zu finden. Dass gerade dieser Bereich ihres Lebens schließlich aufs Tiefste irritiert oder gar zerstört wurde, ist eine besonders schmerzhaft empfundene Erfahrung. Die Glaubenskrise, in die Menschen nach der Erfahrung geistlichen Missbrauchs stürzen, kann zu einer heftigen Verunsicherung führen. Nicht nur hinsichtlich der Glaubensinhalte, sondern insbesondere mit Blick auf die Gottesbeziehung, das persönliche Gottesbild und die Gestaltung des gesamten geistlichen Lebens.

Betroffene haben häufig über Jahre bedrückende, verängstigende oder verstörende Gottesbilder sowie unbefriedigende und befremdliche Vorstellungen vom Sinn des Lebens verinnerlicht bekommen, mit denen sie nun konfrontiert werden. Es geht hier um existenzielle Fragen für das geistliche Leben, die nach einem Ausstieg aus dem missbräuchlichen System aufkommen: Wer und wie ist Gott wirklich? Was kann ich noch glauben über Gott, mich selbst und andere? Wem darf ich noch vertrauen? Was war Lüge, Manipulation oder Einbildung? Was war echt? Welche Rolle spielte Gott in all den gemachten Erfahrungen? Warum hat er nicht eingegriffen? Welchen tieferen Sinn hatten das Gebet und die zahlreichen Frömmigkeitsübungen? Wie konnte das alles »im Namen Gottes« geschehen?

Es kommt zu einer massiven Erschütterung der eigenen Religiosität, die es Betroffenen fast unmöglich macht, ihren Glauben oder gewisse Glaubensinhalte einzuordnen, nachzuvollziehen oder zu fühlen. Diese Verunsicherung betrifft zutiefst ihr ganzes Christsein und die Frage danach, wie sie als Christen handeln und ihr Leben gestalten wollen. Einige Betroffene sehen sich gezwungen, sich ganz vom Glauben abzuwenden oder aus der Kirche auszutreten, um die für sie notwendige Distanz zu schaffen. Andere haben damit zu kämpfen, die Lügen zu entlarven und gut zu unterscheiden zwischen Gott als persönlichem Gegenüber und dem geistlichen Missbrauchssystem. Diese Phase erweist sich oftmals als harter und langer Prozess der Desillusionierung und manchmal auch der (Wieder-)Entdeckung eines gesunden Glaubens und heilsamen Gottesbildes.

Psychische und emotionale Folgen

Im Bereich der Psyche und der Emotionen entsteht nach einem Ausstieg oft das Gefühl, als sei den Betroffenen der Boden unter den Füßen weggezogen worden. Sie fühlen sich ihres Lebenssinns beraubt, ohne Zugehörigkeit und Bestimmung. Ausgerechnet der Motor ihres Handelns ist ihnen genommen: intensive zwischenmenschliche Beziehungen und eine sinnstiftende Aufgabe. Diese existenzbedrohende Erfahrung kann insbesondere in der ersten Zeit nach dem Verlassen des Systems zu tiefer Trauer und schließlich zu Depressionen führen. Gefühle wie Schuld und Scham, Ohnmacht und Unzulänglichkeit, Angst, Wut und Zorn sowie Misstrauen gegenüber anderen Personen oder Gruppen können sich einstellen. Viele Betroffene leiden zudem über Jahre an schlimmen Albträumen. Ganz alltägliche Prozesse können erschwert werden durch die antrainierte Unfähigkeit, Entscheidungen zu treffen, das Denken in Schwarz-Weiß-Kategorien, ein geringes Selbstwertempfinden oder starke Konzentrationsprobleme. Darüber hinaus lässt sich ein erhöhtes Risiko für psychische Erkrankungen beobachten wie Burnout, Angststörungen, Schlafstörungen, sexuelle Störungen oder Abhängigkeitsprobleme.

Steven Hassan beschreibt zudem das Phänomen des »floatings« als Folge der Bewusstseinskontrolle.[141] Dabei handelt es sich um eine Art Dissoziation, ein kurzfristiges geistiges Abdriften in die ehemaligen Denkmuster des missbräuchlichen Systems, ausgelöst durch einen äußeren oder inneren Stimulus. Diese Erfahrung kann für Betroffene sehr herausfordernd sein und auf Dauer frustrierend wirken, wenn sie immer wieder die Erfahrung machen müssen, ihren Verstand scheinbar nicht unter Kontrolle zu haben.

Exkurs: Wo ist denn da das Trauma?

Ein Mann berichtete mir, er habe einige Zeit nach seinem Ausstieg aus einer Gemeinschaft händeringend nach professioneller Hilfe gesucht, da er zunehmend den Eindruck bekam, unter den Symptomen einer posttraumatischen Belastungsstörung (PTBS) zu leiden. Nach mehreren Therapieversuchen und einem Klinikaufenthalt wurde er schließlich bei einem Psychiater vorstellig. Als er ihm seine belastenden Erfahrungen aus der Zeit der Gemeinschaft und die aktuellen Symptome schilderte, fragte dieser lapidar zurück: »Wo soll denn da das Trauma sein?« Der betroffene Mann fühlte sich nicht ernst genommen und war zutiefst verunsichert. Unter dem Eindruck, dass »alles doch nur halb so schlimm« gewesen sei, begab er sich nicht mehr in therapeutische Behandlung, sondern versuchte allein, mit den Folgen des geistlichen Missbrauchs umzugehen. Er brauchte schließlich noch Jahre zur Aufarbeitung seiner Erlebnisse.

Vielleicht hatte der Psychiater eine bestimmte Form von Traumata im Kopf, die mit den Schilderungen des Patienten offenbar nicht übereinstimmten. Womöglich hat er nicht nachgefragt und nicht verstanden, wie genau das subjektive Erleben des jungen Mannes in der Zeit der Gemeinschaft aussah. Doch was genau verstehen wir unter einem Trauma? Ein Trauma resultiert aus dem Erleben eines Ereignisses, das als möglicherweise lebensbedrohlich bewertet wird und einen Zustand extremer Hilflosigkeit und Angst hervorruft. Dabei ist nicht entscheidend, ob das Erlebnis tatsächlich lebensbedrohlich ist, sondern wie die Person es subjektiv wahrnimmt. Diese traumatische Erfahrung ist von solcher Intensität und Macht, dass die natürliche Stressreaktion von Kampf oder Flucht in Gefahrensituationen nicht greift oder erfolglos bleibt. Kann das Erlebnis nicht zeitgleich integriert werden und besteht auch danach über längere Zeit keine Möglichkeit, es zu verarbeiten, entsteht eine Traumatisierung.

In einer Situation geistlichen Missbrauchs kommt es zu sich wiederholenden Erlebnissen belastender, bedrohender und schädlicher Art durch die Einwirkung vertrauter Menschen, gegen die sich Betroffene weder durch Kampf noch durch Flucht schützen und abgrenzen können. Denn ein grenzüberschreitender, missbräuchlicher Kontext erlaubt weder das eine noch das andere. Die Methoden der oben beschriebenen Bewusstseinskontrolle sorgen dafür, dass die natürlichen Bewältigungsstrategien (z. B. sich zur Wehr setzen oder den Raum verlassen) ausgeschaltet werden. Infolgedessen halten Betroffene die schädigende Behandlung über eine lange Zeit aus. Fügen sich solche Ereignisse immer wieder aneinander, von denen jedes einzelne für sich genommen keine Traumatisierung ausgelöst hätte, sprechen wir von einer kumulativen Traumatisierung.

Schädigenden Einfluss können diese Erlebnisse im Übrigen nicht nur für die Person haben, die sie unmittelbar selbst erlebt, sondern auch für denjenigen, der Zeuge der Beschädigung eines anderen wird. In Missbrauchssystemen werden diese Dynamiken häufig bewusst genutzt, um nicht systemkonforme Personen einzuschüchtern.

Infolge einer Traumatisierung zeigen viele Menschen chronische Folgestörungen wie die posttraumatische Belastungsstörung (PTBS), die akute Belastungsstörung sowie die komplexe posttraumatische Belastungsstörung (kPTBS). Was bedeutet das konkret? Eine PTBS zeichnet sich durch das Wiedererleben der traumatischen Situation (Intrusion), die Vermeidung und die Übererregung (Hyperarousal) aus. Die Intrusion führt zu einer gewissen Gebundenheit an das furchtbare Erlebnis durch ungewollt wiederkehrende und belastende Erinnerungen, Bilder, Geräusche oder sonstige lebhafte Eindrücke, häufig in Form von Albträumen oder Flashbacks. Diese inneren Bilder können dann zu einem subjektiv erlebten Überflutungszustand führen.

Das Vermeidungsverhalten äußert sich zunächst in einer emotionalen Taubheit, sodass sich die eigenen Gefühle zunehmend gleich anfühlen. Dies führt auf die Dauer häufig zu einer Entfremdung gegenüber anderen Menschen und damit auch zu einem mentalen, sozialen und physischen Rückzug. Gleichzeitig versuchen Betroffene, die Auslösesituationen zu vermeiden, die an das Trauma erinnern, und gegen die überflutenden Gedanken anzukämpfen und sie abzuschalten, was meistens nicht gelingt.

Beim Hyperarousal ist der Körper in einem Zustand übermäßiger Wachheit und Erregbarkeit. Das autonome Nervensystem befindet sich in ständiger Alarmbereitschaft und reagiert sowohl früher als auch nachhaltiger auf Belastungen. Betroffene können nur schwer abschalten und herunterfahren, sie neigen zu Schlafstörungen, Reizbarkeit und Wutausbrüchen.

Bei chronisch kumulativen Traumatisierungen, wie ich sie oben beschrieben habe, zeigen Betroffene neben diesen klassischen Symptomen der PTBS auch die Symptomatik der kPTBS. Diese ist übrigens inzwischen als eigenständige Diagnose in die ICD-11 aufgenommen worden und zeichnet sich durch folgende Merkmale aus:

- Störungen der Affektregulation: leichte Erregbarkeit, chronisch depressive Verstimmung, selbstverletzendes Verhalten, erhöhte Suizidneigung
- Dissoziative Tendenzen: Aufmerksamkeitsstörungen, psychogene Bewusstseinstrübungen, zeitweises Depersonalisationserleben
- Störungen der Selbstwahrnehmung: chronische Schuldgefühle, Selbstvorwürfe, Gefühl der fehlenden Selbstwirksamkeit
- Störungen der Sexualität und Beziehungsgestaltung: von eingeschränkter Sexualität bis hin zu zwanghaft gesteigerter Sexualaktivität
- Somatisierungsstörungen und körperliche Erkrankungen: psychosomatische oder manifeste Krankheiten wie Verdauungsstörungen, chronische Schmerzen oder Symptome an Herz und Lunge
- Interpersonelle Störungen: gestörte Wahrnehmung des Täters (z. B. dessen Idealisierung), exzessive Rachefantasien, Unfähigkeit zur gleichberechtigten partnerschaftlichen Interaktion
- Reviktimisierungsneigung: exzessives Risikoverhalten mit erneuter Traumatisierungsgefahr
- Veränderungen im Bedeutungssystem: Verzweiflung, Hoffnungslosigkeit, Verlust bisheriger Lebensüberzeugungen

Physische Folgen

In engem Zusammenhang mit den soeben beschriebenen psychischen und emotionalen Konsequenzen sowie den umfassenden Traumafolgestörungen kommt es bei Betroffenen häufig zu starken körperlichen Symptomen wie Zittern, Schwitzen, Muskelanspannung, erhöhter Herzschlagfrequenz oder diffusen Schmerzen ohne nachweisliche organische Ursache. Diese Symptome können im Rahmen der Traumafolgestörungen auftreten, z. B. als körperliche Reaktion auf einen Trigger (Intrusion) oder als Folge der Übererregung des autonomen Nervensystems (Hyperarousal).

An dieser Stelle ist es wichtig zu bedenken, dass es beim geistlichen Missbrauch häufig um eine leistungsgebundene Akzeptanz geht, das heißt, der eigene Wert wird insbesondere an der persönlichen Einsatzbereitschaft und dem Erfolg gemessen. Infolgedessen befinden sich Betroffene häufig über Jahre in einer religiösen Anstrengung, getrieben von einem ausgeprägten Über-Ich, Schuldgefühlen, Perfektionismus sowie einer deutlichen Aggressionshemmung in den zwischenmenschlichen Beziehungen. Das kontinuierliche Ignorieren und Überschreiten der körperlichen Grenzen bergen schließlich die Gefahr einer sich schleichend anbahnenden Erschöpfung, die bis zum körperlichen Zusammenbruch führen kann.

Soziale Folgen

Infolge der sozialen Isolation, in die Personen durch geistlich missbräuchliche Systeme zunehmend gedrängt werden, leiden sie bei einem Ausstieg zum einen unter dem radikalen Verlust ihres bisherigen sozialen (Haupt-)Netzwerkes. Zum anderen haben sie sich häufig über lange Jahre alten Freunden, Bekannten oder sogar der eigenen Herkunftsfamilie entfremdet, sodass ein Anschluss an diese ehemals vertrauten Personen mitunter schwierig werden kann.

Betroffene haben innerhalb des Systems eine tiefe Diskrepanz im Beziehungshandeln erlebt. Sie haben sich konkreten Menschen anvertraut, um sich von ihnen auf einem häufig sehr tief gehenden und privaten Weg des geistlichen Wachstums und der Persönlichkeitsentwicklung begleiten zu lassen. Von ihnen haben sie Einfühlungsvermögen, Verständnis, emotionale Zuwendung und Unterstützung erwartet sowie die Hinführung zur Liebe Gottes. Genau diese Menschen haben schließlich durch Manipulation und massive Grenzüberschreitung den eigenen Glauben zerstört, den Selbstwert und das Selbstvertrauen ramponiert, den eigenen Lebensweg beeinflusst und das Vertrauen in die Freundlichkeit und das Wohlwollen eines Menschen geraubt.

Diese missbräuchliche Erfahrung führt zu einer grundlegenden Verunsicherung hinsichtlich der Gestaltung von Beziehungen und dem Aufbau von Vertrauen zu einer anderen Person. Sie kann zu Problemen in Familien, Freundeskreisen oder intimen Beziehungen führen und Auswirkungen haben auf Ausbildung und Beruf oder unterschiedlichste Gruppensituationen. Beispielsweise erzählte mir ein Mann, in seiner Gemeinschaft habe es wöchentlich eine Zusammenkunft gegeben, in der die Mitglieder im Kreis sitzend der Reihe nach von ihren Verfehlungen und all dem berichten mussten, was ihnen in der vergangenen Woche nicht gelungen war. Seit seinem Ausstieg könne er nun nicht mehr in Stuhlkreisen sitzen und er meide jegliche Gruppenerfahrung, da ihn diese Situationen dermaßen triggerten, dass er es kaum aushalten könne. Diese Schwierigkeiten sind vor dem Hintergrund der traumatischen Erfahrungen zu sehen, die die Person in einen Zustand der Hilflosigkeit versetzen, der bis hin zur Depersonalisation führen kann. Im Zustand der Depersonalisation versagen alle subjektiven Bewältigungsmöglichkeiten des normalen Beziehungshandelns und die Betroffenen fühlen sich distanziert und sowohl körperlich als auch emotional gefühllos.

Finanzielle und wirtschaftliche Notsituationen können sich für Betroffene aus zweierlei Gründen ergeben. Zum einen kann es aufgrund des beschriebenen verstärkten Rückzugsverhaltens oder einer erlernten Hilflosigkeit dazu kommen, dass die Suche nach einer eigenen Wohnung, einem Ausbildungsplatz oder einer Arbeitsstelle gänzlich vermieden wird und die Personen dauerhaft unter ihrem Potenzial leben. Zum anderen hat ein verspäteter Einstieg ins Berufsleben Auswirkungen auf die Einzahlungen in die Rentenkasse, was zu entsprechenden Sorgen vor Altersarmut führt. Dies ist insbesondere dann der Fall, wenn Betroffene es nicht wagen, die ihnen zustehenden Rentennachzahlungen von der Gemeinschaft einzufordern.

Abschließend sei noch darauf hingewiesen, dass Betroffene von geistlichem Missbrauch sehr häufig an den Folgeverletzungen leiden, die ihnen nach dem Ausstieg aus der Gruppierung durch die Reaktionen anderer Menschen zugefügt werden. Dies geschieht, wenn ihnen nicht geglaubt wird, ihre Erfahrungen aufgrund fehlenden Wissens bagatellisiert, falsch eingeschätzt oder verleugnet werden. Zudem müssen sie häufig die Erfahrung machen, dass ihnen eine eigene Schuld an dem Geschehenen zugeschrieben wird, was die ohnehin vorhandenen Gefühle von Scham, Schuld und Isolation verstärkt. Gehen Betroffene von geistlichem Missbrauch an die Öffentlichkeit, kann es passieren, dass sie seitens der Gemeinschaft mit Einschüchterungsversuchen, Drohungen oder gerichtlichen Klagen konfrontiert werden, was erneut zur Destabilisierung beitragen kann. Das alles kann zudem eine Retraumatisierung bei den betroffenen Personen auslösen.

7. PSYCHOLOGIE DER TÄTER

Wenden wir uns nun den Täterinnen zu und den spannenden Fragen: Wer sind diese Menschen, die geistlichen Missbrauch verüben? Was motiviert sie und was ist ihr Gewinn dabei? Ähnlich wie bei der Frage danach, wer besonders in Gefahr ist, Opfer geistlichen Missbrauchs zu werden, lautet auch die Antwort auf die Frage nach den Tätern: Grundsätzlich können alle Menschen in einer entsprechenden Machtposition potenziell anfällig sein. Die Bedingungen, dass eine Person tatsächlich zur Täterin geistlichen Missbrauchs wird, sind dabei sehr unterschiedlich gelagert.

Zum einen benötigt es gewisse Voraussetzungen aufseiten der religiösen Gemeinschaft wie ein asymmetrisches Machtgefälle zwischen Täter und Opfer, klare, alle Mitglieder betreffende Regeln, die von einer übergeordneten Person festgelegt werden, sowie die Erfahrung, dass die Verantwortlichen sich in der Vergangenheit bereits bei Konflikten gegen die Mitglieder durchsetzen konnten. Zum anderen bedarf es bestimmter Eigenschaften und persönlicher Merkmale bei der handelnden Person. Hierbei kann man grob unterscheiden zwischen zwei Täterprofilen: den Unsicheren und Überforderten auf der einen Seite und den Narzisstischen auf der anderen Seite. Tatsächlich können sich diese beiden Typen auch in einer Person verbinden.

Bei der Beschreibung der Täterpersönlichkeiten gehe ich nicht in die Tiefe. Es gibt umfassende Fachliteratur zum Thema Machtmenschen oder Täter und ich ermuntere dazu, sich bei Interesse eingehender mit dieser ganz eigenen und komplexen Materie zu beschäftigen. Um den Rahmen nicht zu sprengen, möchte ich das Phänomen hier nur streifen, da die Frage nach den Täterinnen immer wieder aufkommt und selbstverständlich zur Missbrauchsthematik dazugehört.

Motivation und Absicht

Bevor ich die beiden Täterprofile beschreibe, wenden wir uns zunächst der Frage nach Motivation und Absicht seitens der Täterinnen zu. In der Fachliteratur findet sich immer wieder die Aussage, geistlicher Missbrauch unterscheide sich von anderen Missbrauchsformen darin, er werde häufig ohne die Absicht verübt, den anderen zu verletzen. Klaus Mertes spricht davon, dass die geistliche Person mit der Stimme Gottes verwechselt werde.[142] Doris Reisinger, geb. Wagner, beschreibt, dass die Schwächung der spirituellen Handlungsfähigkeit nicht immer »bewusst und gewollt, geschweige denn böswillig«[143] geschehe. Darüber hinaus wird vermutet, dass gerade Ordensobere und Geistliche sich unbewusst und aus einer religiösen Überzeugung heraus, dem Gegenüber »die Wahrheit sagen zu müssen«, geistlich missbräuchlich verhielten.[144]

Tatsächlich zeigen sich viele Täter sehr engagiert. Sie tun Gutes, sind anerkannt und werden von der Öffentlichkeit positiv gesehen. Demnach wird also angenommen, dass Täterinnen in vielen Fällen ohne jedes Unrechtsbewusstsein agierten. Klaus Mertes, der ehemalige Rektor des Canisius-Kollegs in Berlin, beschreibt es mit folgenden Worten: »Das, was den Sektierer ausmacht, ist, dass er sich nicht als potenziellen oder tatsächlichen Versucher in den Blick nehmen kann. Er glaubt wirklich an sich und das, was er ›im Namen Gottes‹ sagt. Er saugt andere in sein irrationales Weltbild auf in der Meinung, ein heiliges Werk zu vollbringen.«[145]

Hinzu kommt der Aspekt, dass die Rollen von Täter und Opfer nicht immer klar verteilt und getrennt sind und es durchaus sein kann, dass ein und dieselbe Person in der einen Situation Opfer und Betroffene ist und in einem anderen Kontext plötzlich selbst zur Täterin wird. Was sie selbst an schädlichen Umgangsweisen, zwischenmenschlicher Behandlung, Regeln, Strukturen oder Lehrinhalten erfahren und gelernt hat, gibt sie an die weiter, die neu hinzukommen oder die ihr in irgendeiner Weise anvertraut sind. Gerade wenn Missbrauch über Inhalte geschieht, wird er häufig nicht nur von Einzeltätern verübt, sondern von mehreren Menschen, die innerhalb eines religiösen Systems leben.

Dennoch gibt es Fälle, in denen die Täter durchaus sehr bewusst und böswillig die ihnen anvertrauten Menschen manipulieren und missbrauchen. Bei diesen Personen handelt es sich um gute »Psychologen«, die es hervorragend verstehen, sich sehr genau auf andere Menschen einzustellen. Sie sind in der Lage, andere zu etwas zu bewegen, was diese eigentlich gar nicht wollen und was ihnen überhaupt keine Freude macht. Gleichzeitig gelingt es ihnen, ihrem Umfeld Vertrauen einzuflößen und sehr geschickt Nebelbomben zu werfen, sobald ihr Verhalten droht, aufgedeckt zu werden. Ein Beispiel dafür ist der Fall des Gründers der Kongregation »Legionäre Christi«, Marcial Maciel Degollado (1920–2008), um den es einen ausgeprägten Personenkult gab und der über Jahre unbemerkt ein Doppelleben führte. Angesichts des geistlichen und sexuellen Missbrauchs, den er an Kindern, Frauen und Männern verübte, bescheinigte ihm Papst Benedikt XVI. 2010: »Die sehr schwerwiegenden und objektiv unmoralischen Verhaltensweisen von Pater Maciel, die durch unbestreitbare Zeugenaussagen bestätigt sind, erweisen sich bisweilen als wirkliche Straftaten und zeugen von einem skrupellosen Leben ohne authentische religiöse Ausrichtung. Einem großen Teil der Legionäre[146] war ein solches Leben nicht bekannt, vor allem aufgrund des von Pater Maciel geschaffenen Beziehungssystems, der es geschickt verstand, sich Alibis zu verschaffen und bei den ihn umgebenden Personen Ansehen, Vertrauen und Stillschweigen zu erwirken und die eigene Rolle als charismatischer Gründer zu festigen.«[147]

So hatte Marcial Maciel Degollado sehr bewusst und absichtsvoll neben den drei üblichen Gelübden von Armut, Keuschheit und Gehorsam zwei zusätzliche Privatgelübde ablegen lassen: Das »Gelübde der Nächstenliebe«, jegliche Kritik an Oberen zu unterlassen und über Verstöße anderer gegen dieses Gelübde zu informieren, sowie das »Gelübde der Demut«, keine Amtswürden anzustreben. Auf diese Weise untermauerte er das Verbot, Kritik zu äußern (insbesondere an seiner Person), und etablierte ein System der gegenseitigen Bespitzelung. Insbesondere mit der Schweigeverpflichtung durch das »Gelübde der Nächstenliebe« verfolgte er das Ziel, das über die Kongregation nichts Negatives nach außen dringen sollte. Auf diese Weise konnte er über Jahre ungestört sein Doppelleben führen. Im Dezember 2007 schaffte Papst Benedikt XVI. beide Privatgelübde ab und entband die Mitglieder von ihren Versprechen.[148]

Ganz eindeutig lässt sich die Frage nach dem Bewusstsein der Täterinnen für ihr Handeln wohl nicht in jedem Fall klären. Und zwischen unbewusst und böswillig liegen vermutlich unzählige Abstufungen. Das Verheerende ist, dass diese Form des Missbrauchs innerhalb der Kirche überhaupt möglich ist und von den Verantwortlichen so wenig in den Blick genommen, geschweige denn bekämpft wird. Es ist der Kirche noch zu wichtig, ihre »Lichtseite« und ihren guten Ruf zu wahren, sodass sie bereit ist, ihre Schattenseite samt Tätern, Betroffenen und dem erfahrenen Unrecht zu verleugnen, zu verharmlosen und unter den Teppich zu kehren. Die Auswirkungen und Konsequenzen des geistlichen Missbrauchs dürfen allerdings in keinem Fall verharmlost werden. Denn ganz unabhängig von der Absicht der Täter überschatten diese häufig das ganze Leben von Betroffenen. Auf der Grundlage der Erfahrungsberichte wage ich sogar zu sagen, dass die Auswirkungen von geistlichem Missbrauch für Betroffene genau so verheerend sein können wie die des sexuellen Missbrauchs. Die Theologin Barbara Haslbeck drückt es so aus: »Und deswegen gibt es tatsächlich einen engen Zusammenhang von spirituellem und sexuellem Missbrauch. Für die Betroffenen wirkt es sich auch von den Folgen her sehr ähnlich aus, nämlich dass sie lernen: ›Es geht hier nicht um mich. Meine Gefühle spielen keine Rolle.‹ Und das wirkt sich auf die Betroffenen zerstörerisch aus.«[149]

Die unsicheren und überforderten Täter

Die unsichere Täterpersönlichkeit versucht, ihren eigenen Selbstzweifel durch die ausgeübte Macht über andere zu kompensieren. Weil sie selbst Unrecht, Missbrauch, Zwang oder sonstige Verletzungen erlebt hat, geht sie zum Gegenangriff über und wird vom einstigen Opfer zur Täterin. Ihr biografischer Hintergrund und ihre persönlichen Konflikte ähneln damit oft denen ihrer Opfer. Während Betroffene aufgrund eines geringen Selbstwerts die missbräuchliche Behandlung wehrlos über sich ergehen lassen, glauben Täter ebenfalls aufgrund ihres geringen Selbstwerts, sie seien dazu berechtigt und fühlen sich dadurch bedeutsam. Ihr tiefer Wunsch, endlich zu Ansehen zu gelangen, lässt sie – häufig ohne persönliche Eignung – nach Leitungspositionen oder ähnlichen Funktionen streben, die ihnen eine entsprechende Plattform bieten. Gerade religiöse Gemeinschaften eignen sich dafür in besonderem Maße, da sie hier in der Rolle des Seelsorgers, Beraters, Verwalters, Predigers und geistlichen Vorbilds häufig über eine breit aufgestellte Autorität verfügen.

Ein weiteres Charakteristikum ist das der Überforderung. Vielen Täterinnen fehlen für ihre zahlreichen Aufgaben und Verantwortungen die notwendigen fachlichen Qualifikationen, insbesondere was Grundkenntnisse in Theologie, gesunder Spiritualität, Seelsorge und Führungskompetenz betrifft. Aufgrund dieses Mangels an Ausbildung überschreiten sie immer wieder die Grenzen der sich ihnen anvertrauenden Personen, »werkeln« im Leben anderer herum und beeinflussen so oftmals nachhaltig deren grundlegenden Lebensentscheidungen.

Die narzisstischen Täter

Bei der narzisstischen Täterin handelt es sich ebenfalls um eine komplexe Persönlichkeit, die allerdings schwerer zu durchschauen und aufgrund ihrer Subtilität gefährlicher ist. Menschen mit narzisstischer Persönlichkeitsausprägung sind oft sehr charismatisch, charmant und verführerisch. Dank ihrer Redegewandtheit und ihres Habitus gelingt es ihnen leicht, andere von sich und ihren Auffassungen zu überzeugen. Auf diese Weise schaffen sie es, sich zum moralischen Vorbild für andere zu stilisieren und ihr Denken und Handeln zum universalen Maßstab zu machen. Ihre Worte werden so nicht mehr infrage gestellt, sondern als absolute Wahrheiten akzeptiert. Nach außen wirken diese Persönlichkeiten hingegeben an ein höheres Ziel, fest davon überzeugt, etwas Besonderes zu sein und zu tun und eine »Mission« zu haben. Um diese Besonderheit in der Öffentlichkeit zu sichern, umgeben sie sich auf direkte oder subtile Weise mit dem Image einer besonderen Berufung oder Begnadung, die sie als »Sprachrohr Gottes« erscheinen lassen. Auf dieser Grundlage gelangen sie in eine äußerst machtvolle Position, in der sie sich anmaßen, über die alleinige Kompetenz zu verfügen, den Glauben lehren und interpretieren zu dürfen, und andere entsprechend zu führen.

Damit will der narzisstische Täter jedoch nicht nur sein schwaches Selbstwertgefühl schützen. Vielmehr sucht er Menschen, die ihn verehren und bewundern. Um selbst groß dastehen zu können, muss er andere abwerten und erniedrigen. Das Gefährliche an dieser Dynamik ist, dass aufgrund seines Mangels an Empathie die Bedürfnisse und persönlichen Situationen anderer keine Bedeutung mehr für ihn haben, wenn sie zum Hindernis auf seinem eigenen Weg werden. Sobald seine Angst wächst, nicht mehr wichtig genommen zu werden, ist er bereit, »über Leichen zu gehen«. Vor diesem Hintergrund wird auch deutlich, warum narzisstische Persönlichkeiten häufig in Macht- und Führungspositionen streben.

8. BERATUNG FÜR BETROFFENE

Zunächst: Das gezielte Beratungsangebot für Betroffene von geistlichem Missbrauch in der katholischen Seelsorge- und Beratungslandschaft ist mehr als dürftig und teilweise schlicht nicht existent. Natürlich gibt es die Sektenausstiegsberatung als fachlich spezialisierte Anlaufstelle. Aber nicht jede Person, die sich gerade aus einer übergriffigen geistlichen Gemeinschaft oder geistlichen Begleitung befreit hat, sieht gleich den Zusammenhang zu sektiererischen Strukturen. Das ist verständlich. Ich selbst bekam im Laufe meines Ausstiegs durch eine glückliche Begegnung zwei Buchempfehlungen zum Thema geistlicher Missbrauch zugeschoben, eine Autobiografie und ein Sachbuch[150]. Die Lektüre half mir sehr, erst einmal selbst zu begreifen und einzuordnen, was ich da erlebt hatte. Es war damit vor allem ein Prozess der Selbsthilfe, weil es kaum jemanden gab bzw. weil ich von niemandem wusste, der sich mit der Thematik auskannte.

Auch heute mache ich immer wieder die Erfahrung, dass Betroffene händeringend nach professioneller Hilfe suchen oder zumindest nach einem Ort, wo sie Gehör und Verständnis finden und ihnen geglaubt wird. Stattdessen erleben sie häufig, dass sie von einer Stelle zur nächsten weitergereicht werden oder gar kein Angebot erhalten. Umso wichtiger ist es, dass Beraterinnen und Mitarbeiter in der Seelsorge informiert, sensibilisiert und ausgebildet sind, um Betroffenen von geistlichem Missbrauch eine gute Unterstützung anbieten zu können. Mein Wunsch ist, dass das Beratungsangebot, das ich konzipiert habe und nun vorstelle, eine Anregung und Hilfe für all jene sein möge, die dem Phänomen des geistlichen Missbrauchs in welcher Form auch immer begegnen: nicht nur den »Professionellen«, sondern auch den Angehörigen und denen, die selbst betroffen sind.

Die Situation von Personen, die aus einem geistlich missbräuchlichen System aussteigen bzw. ausgestiegen sind und eine Beratung aufsuchen, ist äußerst komplex. Neben der psychologischen Brille muss der Berater auch eine geistliche Brille aufsetzen, da beide Ebenen in den meisten Fällen eng miteinander verflochten sind. Zum einen hat er es mit Menschen zu tun, die über Jahre eine kumulative Traumatisierung erfahren haben. Unter der Einwirkung einer Bewusstseinskontrolle wurden in der Regel sowohl die Identität als auch das Wertesystem massiv beeinflusst und ihre Entscheidungsfreiheit dauerhaft untergraben. Ein zentrales Anliegen ist es daher, die traumatischen Erfahrungen ins Leben zu integrieren und Autonomie und Individualität wiederherzustellen. Dies ist die psychologische Perspektive, mit der sich die Beraterin der Problematik nähert.

Die zweite bedeutsame Dimension im Beratungsprozess ist die seelsorgerische Herausforderung, die das Phänomen des geistlichen Missbrauchs mit sich bringt. Ein Teil der Betroffenen wird sich aufgrund des verlorenen Vertrauens von der kirchlichen Trägerschaft einer Beratungsstelle abschrecken lassen und sich eher anderswo Hilfe suchen. Für einen anderen Teil bleiben die theologischen oder religiösen Fragen hinter dem geistlichen Missbrauch virulent und drängend: Wo war Gott in meinem Leid? Wie konnte er das zulassen? Was ist tatsächlich sein Wille und seine Vorstellung von mir und meinem Leben? Diese Gedanken werden immer wieder auftauchen und parallel zum Beratungsprozess mitlaufen. Sie können für einen Großteil der Betroffenen ein Grund dafür sein, sehr bewusst eine kirchliche Beratungsstelle aufzusuchen. Damit verbunden ist die Hoffnung, dass hier nicht nur kirchliche Strukturen, Traditionen und Wertesysteme bekannt sind, sondern auch eine gewisse Sensibilität und Offenheit für spirituelle Themen besteht. Manchmal kann es sinnvoll sein, dass Betroffene parallel zur psychologischen Beratung auch eine geistliche Begleitung in Anspruch nehmen, damit beide Ebenen gut versorgt werden. Ganz trennen lassen sie sich jedoch ohnehin nicht, sodass in den folgenden Überlegungen zu angemessenen Beratungsangeboten beide Dimensionen in den Blick genommen und bedacht werden.

Der Heilungsprozess der einzelnen Personen ist dabei so individuell, wie auch die Erfahrungen und Folgen des geistlichen Missbrauchs ausgesprochen individuell sind. Wie wir schon gesehen haben, können die Faktoren extrem unterschiedlich sein, welche Erfahrungen eine Person wie lange macht, wie intensiv sie diese erlebt und unter welchen Folgen sie wie lange leidet. Sensibilität und Resilienz sind unterschiedlich verteilt und wir können davon ausgehen, dass kein Fall dem anderen gleicht, auch wenn es durchaus objektive Parallelen und Merkmale gibt, an denen sich geistlicher Missbrauch bemessen lässt. Peter Hundertmark hat einmal die Faustformel genannt, dass die Gesundung etwa so lange dauern werde, wie die betroffene Person im missbräuchlichen System gewesen sei.[151] Ich hoffe, dass er in manchen Fällen nicht recht behält. Tatsächlich hängt der persönliche Heilungsprozess ja auch davon ab, wie entschieden der Einzelne sich auf den Weg macht, sich den Erfahrungen und Verletzungen stellt, sie anschaut und einen Weg der aktiven Auseinandersetzung einschlägt. Fest steht, dass es Zeit braucht und es häufig ein wirklich langer und leidvoller Weg sein kann, sich wieder aus einer Identität zu lösen, die durch das missbräuchliche System geformt wurde. Ob ganz am Ende auch die Entstehung einer neuen, gesunden, lebensförderlichen Spiritualität stehen kann, wird sich ebenfalls in jedem Fall ganz individuell zeigen müssen.

Wenn wir uns die Hypothesen aus den Forschungsergebnissen in Erinnerung rufen, ist im Beratungsprozess unbedingt die Grundsehnsucht der Betroffenen mitzudenken, die Antrieb für den Einstieg in das missbräuchliche System war und die mit dem Ausstieg massiv frustriert wurde: die Sehnsucht nach haltgebender Beziehung und Lebenssinn. Vor diesem Hintergrund liegt ein entscheidendes Risiko für den Beratungserfolg darin, dass in der beraterischen Beziehung ein erneutes Abhängigkeitsverhältnis entstehen kann. Mit dem Ausstieg aus dem missbräuchlichen System fällt ein ganzes Korsett an Vorgaben, Regeln, Normen, Rechten und Pflichten in sich zusammen. Verkörpert wurde dieses Korsett in der Regel durch die leitende Person, die ganze Gruppierung oder Gott selbst. Diese Personen sind nun ebenfalls weggebrochen und das Bedürfnis nach Abhängigkeit und Unterwerfung ist dadurch häufig besonders aktiviert. Die Betroffenen suchen dann oft unbewusst einen Ersatz, einen neuen »Ort der Bindung«, der ihnen Halt, Orientierung und Bestätigung vermittelt. Der Berater muss sich dieser Gefahr sehr bewusst sein und entschieden einer solchen (manchmal womöglich verlockenden) Rollenzuschreibung entgegenwirken. Um einer erneuten Bindung an eine einzelne Begleitperson vorzubeugen, kann es daher sinnvoll sein, dass Betroffene von geistlichem Missbrauch dauerhaft nicht nur einen einzigen Gesprächspartner haben, sondern neben der psychologischen Beraterin entweder noch eine geistliche Begleitung oder eine andere wichtige Bezugsperson haben. Die beraterische Unterstützung soll keine erneute Abhängigkeit schaffen, sondern vielmehr in die Befähigung zu einer persönlichen und eigenständigen Meinungsbildung und Entscheidungsfindung münden.

Die psychologische Brille

Wir setzen nun zunächst die psychologische Brille auf und nähern uns mit dieser Sichtweise der Frage, wie die Begleitung von Betroffenen geistlichen Missbrauchs hilfreich sein kann und was diese an Unterstützung brauchen, um sich auf einen heilsamen Weg zu machen. Dafür werden wir uns insbesondere mit Aspekten aus der Traumatherapie, mit Erfahrungen aus der Sektenausstiegsberatung sowie mit den Erkenntnissen aus den vorgestellten Forschungsergebnissen beschäftigen. Die sieben Phasen des Modells folgen dabei nicht stringent aufeinander, sondern verlaufen eher zirkulär, das heißt, sie können sich zeitlich überlappen oder phasenweise vor- bzw. zurückspringen. Wie lange und wie intensiv die einzelnen Phasen von den Klienten durchlaufen werden, hängt wie gesagt von der Schwere der Folgen ab, unter denen sie jeweils leiden.

Zusätzlich zum Angebot der Einzelberatung können im Übrigen auch Seminare oder Selbsthilfegruppen für Betroffene sehr hilfreich sein. Denn es ist etwas anderes, wenn ich einer Person meine Erfahrungen schildere, die selbst nie erfahren hat, was es bedeutet und wie es sich anfühlt, in einem missbräuchlichen System gelebt zu haben. Ich muss viel mehr erklären, beschreiben und erläutern, als wenn ich unter anderen Ehemaligen bin. Diese können daher ergänzend eine besonders wertvolle Quelle emotionaler Unterstützung und Information sein. Hier können Betroffene die wichtige Erfahrung machen, dass sie mit ihren Erlebnissen nicht allein sind. In einem geschützten Rahmen wird der Austausch über die eigenen Erfahrungen ermöglicht mit Personen, die sie verstehen und ihr glauben, weil sie Ähnliches erlebt haben. Für all diejenigen, die noch schwer zu kämpfen haben, gibt es zudem die Hoffnung, dass auch sie es schaffen werden, dass es ein langer Prozess ist und sein darf, aber dass sie wieder ins Leben finden und glückliche, produktive Menschen werden können.

Stabilisierung

Die Stabilisierung des Klienten ist das Kernstück einer traumasensiblen Beratungsarbeit. In welchem Umfang stabilisierende Maßnahmen im Einzelfall erforderlich sind, hängt entscheidend von der Resilienz des Klienten ab, von den Ressourcen, über die er verfügt, seiner Fähigkeit zur Stressregulation und seinem alltäglichen Funktionsniveau. Grundlage und Voraussetzung für den gesamten Beratungsprozess ist jedoch sowohl eine innere als auch eine äußere Stabilität der betroffenen Person und muss von der Beraterin immer wieder in den Blick genommen werden. Aus diesem Grund können zu Beginn zunächst lebenspraktische Themen vorrangig sein, die den Klienten äußerlich belasten und ihn viel Energie kosten, wie z. B. soziale und finanzielle Probleme, ein Umzug oder körperliche Krankheiten. Aufgabe der Beraterin ist es hier, die Beruhigung im Alltag zu begünstigen, indem sie den Klienten darin unterstützt, eine normale Alltagsstruktur sowie ein unterstützendes soziales Umfeld aufzubauen und basale Fähigkeiten im Bereich Grenzsetzung und Selbstschutz einzuüben. Dabei geht es in erster Linie darum, dass der Klient die stärkende und ermutigende Erfahrung macht, dass er selbstwirksam und handlungsfähig ist, sein Leben Stück für Stück selbst gestalten kann, selbst Verantwortung übernimmt und dabei zunehmend seine persönliche Freiheit entdeckt bzw. zurückgewinnt.

An dieser Stelle ist es wichtig, dass die Beraterin klärt, ob und inwieweit noch Kontakt zwischen Klient und Täterinnen bzw. anderen potentiellen Täterstrukturen besteht, z. B. anderen Gemeinschaften oder geistlichen Begleitern, durch die die Gefahr einer Reviktimisierung gegeben sein könnte. Für Betroffene ist es in diesem Fall wichtig zu lernen, welche Beziehungen ihnen guttun und sicher sind und welche Kontakte ihnen eher schaden und vor denen sie sich schützen müssen und dürfen. Ein Kontaktabbruch mit den Tätern ist Voraussetzung, um die traumatischen Erfahrungen bearbeiten und integrieren zu können. Die anfangs noch anhaltende Identifikation mit dem missbräuchlichen System hingegen hat zu diesem Zeitpunkt noch eine stabilisierende Wirkung. Daher sollte dagegen erst einmal nicht angegangen werden. Es kann sein, dass Betroffene aufgrund der erlebten Bewusstseinskontrolle das schädigende Verhalten zunächst weiterhin für richtig und (heils-)notwendig halten.

Sie haben noch immer die Glaubenssätze verinnerlicht, dass sie selbst schuld an ihrer Misere sind, dass sie das Problem sind, dass sie mehr beten oder geistlicher sein müssten, um Heilung zu erfahren, und dass die Gemeinschaft oder die geistliche Begleitung ja nur das Beste für sie wolle. Diesen Zwiespalt spiritualisieren sie häufig und erklären ihn mit ihrer eigenen Unzulänglichkeit. Die Beraterin ist in dieser spannungsreichen Zeit besonders herausgefordert, dem Klienten mit Geduld und Verständnis zur Seite zu stehen.

Für den gesamten Beratungsprozess ist die Beraterbeziehung von enormer Wichtigkeit, sodass der Aufbau einer tragfähigen Bindung in der Stabilisierungsphase nicht überschätzt werden kann. Betroffene von geistlichem Missbrauch sind stark verunsichert in der Wahrnehmung und Wahrung ihrer persönlichen Grenzen. Deshalb ist es besonders wichtig, dass die Beraterin sich verantwortlich fühlt für die Einhaltung der Grenzen, sowohl was die persönliche Abgrenzung angeht als auch in Bezug auf die zeitlichen, organisatorischen oder methodischen Rahmenbedingungen. Da die Betroffenen einen oft über Jahre andauernden massiven Kontrollverlust erlebt haben, ist es für sie von besonderer Bedeutung, dass ihre Autonomie und Selbstwirksamkeit beachtet und gestärkt werden. Daher sollte die Beraterin möglichst alles erklären, was sie in der Beratung anbietet oder unternimmt, auch für kleine Schritte das Einverständnis des Klienten einholen, den Prozess entschleunigen und für eine Beziehung auf Augenhöhe sorgen.

Als Gegenstück zur traumatischen Erfahrung des Kontrollverlusts soll der Klient nun erleben, dass die Zuverlässigkeit und Transparenz der Beraterin ihm Kontrolle und Wahlmöglichkeiten erlauben. Indem die Beraterin im geschützten Beratungsraum einen möglichst großen Kontrast zur missbräuchlichen Situation herstellt, dockt sie unmittelbar an die Grundsehnsucht Betroffener nach haltgebender Beziehung an. So wird sie zum Lernmodell für Sicherheit, Orientierung, Entscheidungsfreiheit, Klarheit, gleichwertige Beziehungsgestaltung, Abgrenzung und konstruktive Aggression, dass beispielsweise ein »Nein« sein darf und nicht gleich einen Beziehungsabbruch oder Liebesentzug bedeutet. Auf diese Weise kann die Beraterbeziehung zu einer neuen, sicheren Bindungserfahrung für den Klienten werden. Gleichzeitig können alte und destruktive Bindungen durchschaut und allmählich aufgegeben werden, sodass die betroffene Person auch im Bereich ihrer Beziehungsgestaltung befähigt wird, mehr Eigenverantwortung zu übernehmen, aus ihrer bisherigen Passivität herauszutreten und aktiv zu werden. Für die Beraterin ist für den gesamten Prozess eine gute Supervision unverzichtbar und beziehungsrettend, da es aufgrund der mächtigen Beziehungsverunsicherung des Klienten immer wieder zu starken idealisierenden oder vernichtenden Übertragungen und Gegenübertragungen kommen kann.

Eine wichtige Aufgabe in der Stabilisierungsphase ist zudem die Stärkung der Wahrnehmung und Wertschätzung von eigenen Gefühlen, Gedanken und basalen Bedürfnissen des Klienten, die im Rahmen des geistlichen Missbrauchs konsequent unterdrückt, missachtet und negativ bewertet wurden. Hier können einfache körperorientierte Achtsamkeits- und Atemübungen hilfreich sein, um zu lernen, den eigenen Körper mit seinen Grundbedürfnissen wahrzunehmen, sich ihm fürsorgend zuzuwenden und sich abzugrenzen. Nachdem ihnen oft jahrelang eingetrichtert wurde, dass die eigenen Bedürfnisse nicht zählen, sondern eher stören und unterdrückt werden müssen, fällt dies vielen Betroffenen von geistlichem Missbrauch äußerst schwer. Psychoedukation[152] kann dabei ein hilfreiches Mittel sein, um beispielsweise mithilfe der Konsistenztheorie nach Grawe, der Transaktionsanalyse, des inneren Teams oder der Arbeit mit dem inneren Kind die dahinterliegenden Dynamiken zu verstehen und zu verändern.

Ziel ist es, dass der Klient lernt, sich selbst gemeinsam mit der Beraterin, inneren Helfern oder einem sicheren Ort auf liebevoll-fürsorgliche Weise ein Stück weit »nachzubeeltern« und Versäumtes sowie tröstende Fürsorge nachzuholen. Diese Nachsorge kann sich sowohl auf einen erfahrenen Mangel in der Zeit der Mitgliedschaft als auch in der Kindheit beziehen, auch wenn es in der Regel erst später im Beratungsprozess um biografische Themen gehen wird. Da jedoch häufig ein Zusammenhang besteht zwischen Erfahrungen in der Gemeinschaft bzw. geistlichen Begleitung und Kindheitserfahrungen, können die frühen Erlebnisse hier schon Thema werden.

Mit diesem Schritt öffnen sich womöglich die Tore zu einer tieferen Trauerarbeit angesichts der umfassenden, existenziellen Verlusterfahrungen nach dem Ausstieg aus einem geistlich missbräuchlichen System. Auch dieser sehr schmerzhafte und schwierige Trauerprozess wird sich in unterschiedlicher Intensität durch die gesamte Beratung ziehen und bei Betroffenen möglicherweise die Angst auslösen, beim Zulassen der Trauer nicht mehr aus ihr herauszufinden. Letztlich ist dieser Prozess jedoch notwendig und eine Voraussetzung für eine umfassende innere Heilung. Die Trauer kann ein erleichterndes Ventil sein, um auch auf der körperlichen Ebene etwas von dem empfundenen Schmerz nach außen zu bringen und sich durch diese Öffnung wieder ein Stück weit als handlungsfähig zu erleben.

Hinweis für die Beraterin:

Hier kann die Beraterin unterstützen, indem sie die Traurigkeit als etwas Positives und Heilsames bewertet: Es geht nicht um Selbstmitleid, sondern um ein natürliches und notwendiges Betrauern und Abschiednehmen von einem Lebensentwurf, vergangener Lebenszeit oder unwiederbringlichen Lebensentscheidungen. Und sie kann beruhigen, dass jedes negative Gefühl vorübergeht. Nach der sogenannten 90-Sekunden-Regel sind Gefühle biochemische Prozesse in unserem Körper, die nicht länger als 90 Sekunden anhalten.[153] Bleiben wir doch länger in einer Emotion gefangen, liegt das daran, dass wir sie gedanklich »verlängern«, indem wir den negativen Gedanken weiter anhängen und uns darin verlieren. Indem Klienten lernen, ihre Emotionen bewusst zu durchleben, sie zu akzeptieren und nicht dagegen anzukämpfen, machen sie die befreiende Erfahrung, dass sich die negativen Gefühle nach einiger Zeit wieder auflösen und im besten Fall ein Gefühl der Erleichterung zurückbleibt.

Distanzierung

Neben der Stabilisierung der Klientin wird es für den Berater nun zur wichtigsten Aufgabe, durch ein ausführliches Erfragen von Hintergrundinformationen die Lebenswelt des missbräuchlichen Systems zu durchdringen und zu verstehen, in der die betroffene Person gelebt und welche sie verinnerlicht hat. Unabhängig von seinen eigenen möglichen Erfahrungen sollte er sich in eine neugierige Haltung des Nicht-Wissens begeben und akribisch begreifen wollen, welche absolut verbindliche Wertewelt in dem System herrschte: Was galt als erwünschtes oder unerwünschtes Verhalten? Mit welchen Sanktionen oder Konsequenzen war zu rechnen, wenn man sich nicht an die vorgegebenen Regeln und Erwartungen hielt? Die Klientin muss dabei das authentische Gefühl bekommen, dass der Berater wirklich versteht bzw. verstehen möchte und glaubt, was sie erlebt und in welcher Wirklichkeit sie gelebt und gedacht hat. Oder in welchem Dilemma sie sich befindet, wenn sie sich innerlich noch nicht frei machen kann von den Glaubenssätzen der Gemeinschaft und sich immer wieder zurückgeworfen erlebt in alte Denk- und Handlungsmuster. Aus diesem Grund wird es hilfreich sein, wenn der Berater sich zusätzlich spezifisches Wissen über die jeweilige Gruppierung und über die Beratung ehemaliger Sektenmitglieder im Allgemeinen aneignet.

In dieser Phase kann der Berater bereits unangemessene Erklärungsmuster kritisch hinterfragen. Insbesondere wenn Betroffene anstelle der Täterinnen Schuld- und Schamgefühle übernehmen, weil sie glauben, dass sie die Situation womöglich selbst herbeigeführt oder zumindest mitgemacht haben. Klientinnen benötigen dann Erklärungen des Beraters dazu, dass sie in ihrer Wahlmöglichkeit eingeschränkt und Opfer von Manipulation geworden sind, sodass die Verantwortung klar bei den Tätern liegt. Die Entlastung von Schuld und Scham beginnt auf diese Weise rational und benötigt häufig einige Zeit, bis sie auch im Gefühl und der Überzeugung der Betroffenen ankommt. Bei genügend alternativer Stabilität wird die Identifizierung mit dem missbräuchlichen System nun brüchig und die Schuld kann zunehmend auch bei Teilen des Systems gesehen werden. An diesem Punkt können endlich einzelne Personen und deren Verhalten hinterfragt werden, es kann offen benannt werden, welche Fehlentwicklungen ersichtlich sind, und es wird möglich, zu unterscheiden zwischen konstruktiven und destruktiven Aspekten.

Nach und nach setzt das Erkennen ein, dass neben den einzelnen Täterinnen das ganze System gezielt psychische, emotionale und spirituelle Manipulation und Gewalt eingesetzt hat und der Missbrauch schlichtweg zum Normalfall umgedeutet wurde. Die geschlossene Welt der Gemeinschaft hat es der Betroffenen nicht erlaubt, Kritik zu üben, und die eigene Wahrnehmung verzerrt. In dieser Phase braucht es viel Geduld seitens des Beraters sowie ein ständiges Erinnern und Wiederholen der bereits erarbeiteten Einsichten, da es immer wieder zu Rückschlägen kommen kann, bei denen das System oder einzelne Personen doch wieder in Schutz genommen werden, ihr Verhalten gerechtfertigt und die Schuld bei sich selbst gesucht wird.

Ein großer Gewinn ist, dass die Klientin mithilfe des Beraters endlich angemessene Worte findet für das, was ihr widerfahren ist, und sie sprachfähig wird. Indem er ihr Begrifflichkeiten wie Grenzverletzung, Machtmissbrauch und Ausbeutung anbietet, macht sie die Erfahrung, wie ihr Erleben auf den Punkt gebracht und in einen größeren Verstehenshorizont eingeordnet wird. Gleichzeitig können in diesem Stadium aber auch heftige Aggressionen aufkommen, die sich sowohl nach innen als auch nach außen richten können. Zunächst sind diese Emotionen ein positives Zeichen von freigesetzter Kraft und Energie. Die bisherige emotionale Betäubung und die Tendenz zum Verdrängen werden durchbrochen. Endlich schafft sich der Impuls Raum, die eigenen Grenzen schützen zu wollen und die erfahrene Ungerechtigkeit nicht länger hinzunehmen. Diese Wut kann sich jedoch gegen alles Mögliche richten, insbesondere gegen nahestehende Personen oder den Berater. Dieser sollte sich der Übertragungsdynamik bewusst sein und unerschütterlich auf der Seite der Klientin bleiben sowie nach wie vor gegen das missbräuchliche System einstehen.

Hinweis für den Berater:

Ebenso besteht die Gefahr, dass Betroffene die aufkommenden Aggressionen gegen sich selbst richten, in Form von heftigen Schuld- und Schamgefühlen bis hin zum Selbsthass. Nicht zuletzt wird auch Gott selbst häufig Ziel dieses Zorns. Auch hier kann der Berater die Klientin ermutigen, diesen Zorn so frei wie möglich herauszulassen. Für die Klientin ist dies eine Form, mit Gott in Kontakt zu bleiben und sich auf ehrliche Weise mit ihrer Gottesbeziehung und dem eigenen Gottesbild auseinanderzusetzen. An diesem Punkt im Beratungsprozess ist es wichtig, gemeinsam mit der Klientin konstruktive Ausdrucksformen ihrer berechtigten und notwendigen Wut zu finden, z. B. durch körperliche Aktivität, Imaginationsübungen oder sprachliche Ausdrucksformen.

Entschleierung

In der Phase der Entschleierung geht es um die Analyse und Enttarnung der religiösen Gemeinschaft als Missbrauchssystem. Durch Stabilisierung und Distanzierung sind die Vorbedingungen erfüllt, um gemeinsam mit dem Klienten auf seine persönliche Geschichte mit dem System zu schauen und zu erarbeiten, wie er von außen gedanklich beeinflusst wurde. Mit dieser klaren Benennung, dass andere an ihm schuldig geworden sind, kann er später leichter für den Eigenanteil an der erfahrenen Grenzüberschreitung Verantwortung übernehmen.

Das wichtigste Mittel in dieser Phase ist die Psychoedukation. Die Beraterin erklärt in erster Linie das Phänomen der Bewusstseinskontrolle anhand der acht Indikatoren nach Lifton sowie unterschiedliche sozial- bzw. wahrnehmungspsychologische Theorien. Der Psychologe und Sektenausstiegsberater Dieter Rohmann empfiehlt dazu beispielsweise folgende Denkansätze: die Konformität nach Asch, die kognitive Dissonanz nach Festinger, die erlernte Hilflosigkeit nach Seligman, die Gehorsamkeitsbereitschaft gegenüber Autoritäten nach Milgram, die Deindividuation nach Zimbardo, die Self Fulfilling Prophecy nach Merton oder die selektive Wahrnehmung nach Hernandez-Peon.[154] Für den Klienten geht es hierbei in erster Linie um die Auflösung der für ihn äußerst verwirrenden Frage: Was ist da mit mir passiert, ohne dass ich es bewusst wahrgenommen habe? Die Beraterin muss in dieser Phase die Stabilität der betroffenen Person gut im Blick haben und gegebenenfalls deren Erkenntniseifer bremsen, damit sie das neue Wissen gut verarbeiten kann.

Für den persönlichen Glauben des Klienten können diese analytischen Erkenntnisse spätestens jetzt eine erschütternde Wirkung haben. Häufig kommt es zum Verlust des bisherigen Glaubens, was jedoch durchaus als eine notwendige Form der Distanzierung betrachtet werden darf. Es braucht ein rigoroses Infragestellen der vermittelten Werte, Glaubenssätze und Überzeugungen, ja des ganzen missbrauchten Glaubens, um das eigene Erleben und die eigenen Vorstellungen, Bedürfnisse und Empfindungen zu festigen. Vielleicht können auch schon eigene Werte formuliert werden, die der betroffenen Person weiterhin wichtig sind, die sie in ihr Lebenskonzept übernehmen oder neu aufnehmen möchte. Auf diese Weise baut der Klient an seiner inneren Haltung, an seiner inneren Stabilität, an seiner persönlichen Lebensgestaltung, aus der später vielleicht sogar ein gesunder und reifer persönlicher Glaube hervorgehen kann.

Hinweis für die Beraterin:

Die Beraterin darf nicht versuchen, einen solchen Glaubensverlust zu verhindern. So schwer es manchmal auszuhalten sein mag. Sie selbst kann höchstens mit ihrer persönlichen Spiritualität und ihren eigenen religiösen Überzeugungen für einen lebensfördernden Glauben und ein wohlwollendes Gottesbild einstehen, allerdings ohne damit in irgendeiner Weise auf die betroffene Person einwirken zu wollen. Das Gleiche gilt auch andersherum: Die Beratung darf ebenso wenig zu einem Ort werden, an dem die Beraterin ihrer eigenen Frustration über die Kirche oder den Glauben Luft macht. Ihre Aufgabe ist das Halten und Aushalten und die Vermittlung der Botschaft: Du darfst hier über alles sprechen und allem Raum geben, was dich enttäuscht, befremdet, irritiert, verletzt oder wütend macht. Hier ist der Ort, wo alles gesagt werden darf. Ich halte das aus. Ich halte dich aus. Ich bin an deiner Seite.

Entgiftung

Je mehr die Klientin erkennt und (schmerzhaft) begreift, was ihr in und durch das missbräuchliche System widerfahren ist und wie sehr sie ihre Lebenskraft und Energie für etwas eingesetzt hat, das ihr am

Ende so sehr geschadet hat, desto mehr droht sie in eine Krise des eigenen Selbstverständnisses zu geraten. All das, was sie bisher über sich und ihr Umfeld geglaubt hat, wovon sie überzeugt war, wie sie ihr Leben gestaltet und wonach sie ihre Prioritäten gesetzt hat, verflüchtigt sich zunehmend. Der Grund, auf dem sie stand, wird wiederholt brüchig und wankend und die existenziellen Ängste werden erneut bedrohlich. Für die Klientin kann sich dieser Moment anfühlen, als stünde sie vor dem Scherbenhaufen ihres Lebens. Alles ist zerschlagen, nichts ist, wie es war. Es gibt keinen Halt und keinen Boden. Sie befindet sich im freien Fall. Eine betroffene Person berichtete mir, dass sie über Jahre immer denselben Traum hatte, nämlich dass sie immer wieder in die Tiefe fiel. Von einem Baum, von einem Gebäude, von einem Felsen. Und jedes Mal wachte sie auf, kurz bevor sie den Boden berührte.

Diese bodenlose Leere und Haltlosigkeit steht für ein massives Gefühl von Kontrollverlust. Der eigene Lebensentwurf, Überzeugungen, Vorstellungen, Werte, Ideale und Beziehungen bis hin zu dem Bild, das man von sich und der Welt hatte, das alles muss neu bedacht und neu definiert werden. Oft wird hier gerade langjährigen Mitgliedern schmerzhaft bewusst, wie sehr sie vieler Lebenserfahrungen beraubt wurden und dass sie ohne den Druck des Systems manches anders entschieden hätten, an manchen Weggabelungen eine andere Richtung eingeschlagen hätten. In einigen Fällen führt dies zu einem fast zwanghaften Drang, die verlorene Zeit wiedergutmachen zu müssen. Für Klientinnen, denen es so ergeht, ist es wichtig zu verstehen, dass dieser Weg ein etappenweiser Prozess ist und dass es Zeit brauchen darf, um sich zu erholen, neu zu orientieren und die eigene Entwicklung wieder aufzunehmen. Die Erfahrung der Haltlosigkeit kann in manchen Fällen so mächtig sein, dass der Berater auch eine mögliche Suizidgefährdung im Auge behalten muss. Somit geht es in dieser Phase der Entgiftung vorwiegend um eine erneute Stabilisierung.

Werfen wir an dieser Stelle noch einmal einen Blick auf die Ergebnisse der eingangs vorgestellten Studie. Für die Betroffenen ist mit dem Ausstieg aus dem geistlich missbräuchlichen System die Grundsehnsucht nach Lebenssinn frustriert worden. Diese will jedoch weiterhin gestillt und neu ausgefüllt werden. Wie bei einer Entgiftung ist es für die Klientin in dieser akuten Ohnmachts- und Hilflosigkeitserfahrung besonders wichtig, dass ihr Hoffnung auf die Zeit nach diesem schweren Durchgang induziert wird. In kleinen Schritten können Klientin und Berater gemeinsam in den Blick nehmen und vorbereiten, was in Zukunft ansteht, Orientierung schaffen und eine positive Haltung entwickeln zu dem, was das Leben auch an Aussichten und Chancen bereithält.

Für den Berater bedeutet das, die aktuelle Wahrnehmung mit allen Zweifeln und Ängsten zu entdramatisieren und zu normalisieren. Wem würde es nicht so gehen? Es ist ganz natürlich und normal, dass die Klientin diese dunklen Täler durchschreitet. Andere Betroffene erleben es sehr ähnlich. Gleichzeitig ist dies kein dauerhafter Zustand. Es gibt Lichtblicke und die gilt es zu fokussieren und den Blick langsam auf ein Leben ohne das früher so zentrale missbräuchliche System zu richten. In Gesprächen können Fantasien dazu entworfen werden, wie solch ein Leben sinnvoll und attraktiv gestaltet werden kann, das nicht mehr ausschließlich auf ein festes Gebetsprogramm, bestimmte Glaubenssätze oder Wertekriterien ausgerichtet ist.

Hinweis für den Berater:

Die Erschütterung des Selbst- und Weltbildes wiegt für Betroffene geistlichen Missbrauchs besonders schwer, da sie häufig nicht mehr auf die Ressource ihrer Religiosität und Spiritualität zurückgreifen können. Dass ihnen ausgerechnet diese Kraftquelle und dieser Lebenssinn geraubt und zudem in einer missbräuchlichen und schädigenden Weise gegen sie verwendet wurden, macht die Krise umso existenzieller und bodenloser. Betroffene sind daher ganz besonders herausgefordert, zu einem gesunden Selbstvertrauen zurückzufinden. Dabei ist die Erkenntnis essenziell, dass sie sich nicht absichtlich haben manipulieren, ausnutzen und missbrauchen lassen. Sie tragen keine Schuld an den Erfahrungen, die sei machen mussten, auch wenn sie erwachsen waren und scheinbar »freiwillig« gehandelt haben. Diese Einsicht ist wichtig, damit sie wieder lernen, sich selbst, ihrem Verstand und ihrer Intuition zu vertrauen. Dieses Selbstvertrauen ist zudem Grundlage dafür, dass sie mit der Zeit auch zu anderen wieder Vertrauen aufbauen können.

Kampf

Ist die Entgiftungsphase erfolgreich durchschritten und der Klient wieder in einer stabilen Situation mit einer grundsätzlich positiven Zukunftsperspektive angelangt, kommt es oft zu einer Etappe der kämpferischen Auseinandersetzung mit dem missbräuchlichen System.[155] Betroffene nutzen dann ihre freigesetzte Wut über das erfahrene Unrecht, indem sie sich sehr stark dafür einsetzen, auch andere Menschen, insbesondere zurückgebliebene Freunde, zu retten oder vor den Missbrauchserfahrungen zu bewahren. Dies kann sich darin zeigen, dass sie möglichst viele Informationen über das System sammeln und verbreiten oder dass sie sogar in die direkte Konfrontation gehen. Die Beraterin ist an dieser Stelle gefordert, den Klienten einerseits emotional zu unterstützen und zu ihm zu halten. Andererseits muss sie ihn jedoch auch vor den zu erwartenden Gegenreaktionen des Systems warnen. Da es in der Regel kein Schuldempfinden auf der Seite der Täter(gemeinschaft) gibt, reagieren diese vor allem mit Abwehr oder gehen sogar zum Gegenangriff über. Klienten sollten unbedingt eine direkte Konfrontation von

Angesicht zu Angesicht vermeiden, da diese nahezu chancenlos ist und nur zu weiteren Verletzungen und Schädigungen führen wird. Es ist damit zu rechnen, dass vonseiten der Täter alle verfügbaren Mittel eingesetzt werden: Rufschädigung (z. B. die betroffene Person sei psychisch krank oder habe böswillige Absichten), Diffamierungen, die Verbreitung von Lügen, Einflussnahme auf das soziale Umfeld der Betroffenen, Ausgrenzung, Mobbing bis hin zu finanziellen oder juristischen Angriffen.

Doch es geht den Betroffenen nicht nur um den Wunsch, das Missbrauchssystem und sein schädigendes Verhalten aufzudecken und zu enttarnen. Es geht auch um das Bedürfnis nach persönlicher Gerechtigkeit und Wiedergutmachung. Auch wenn nach dem aktuellen Stand der Dinge die Chancen recht gering sind, dass Täterinnen sanktioniert oder zur Rechenschaft gezogen werden, ist es für Betroffene enorm wichtig, sich in dieser Phase als handlungsmächtig zu erleben und bewusst aus dem Opferstatus herauszutreten und eine deutliche Gegenposition einzunehmen. Darin liegt die große Chance, dass die verinnerlichte Macht des Systems und der Täter aufgebrochen und überwunden wird.

Hinweis für die Beraterin:

Die Beraterin sollte den Klienten zwar ermutigen, sich für die Erfahrung von Gerechtigkeit einzusetzen, wenn er das Geschehene öffentlich machen und Anklage erheben möchte. Jedoch sollte sie ihm nicht allzu viel Hoffnung auf die Erfüllung seiner Erwartungen machen, um eine herbe Enttäuschung und erneute Destabilisierung zu vermeiden. Im Falle eines Scheiterns sind die vordringlichsten Aufgaben der Beraterin ihre Empathie und ihr konkreter Beistand im Aushalten und Abfedern der negativen Erfahrungen.

Biografische Aufarbeitung

Erst wenn Betroffene verstanden haben, in welcher Weise sie manipuliert und getäuscht wurden, wie das geistlich missbräuchliche System funktionierte und dass sie für einen Großteil des Geschehenen keine persönliche Schuld tragen, kann eine nächste wichtige Etappe im Beratungsprozess beschritten werden. Spätestens jetzt möchten Betroffene verstehen, warum gerade sie sich der Gemeinschaft angeschlossen haben und warum es ihnen nicht früher möglich war, sich vor den manipulativen Übergriffen zu schützen. Erst die Auseinandersetzung mit der eigenen Geschichte erlaubt eine langfristige und dauerhafte Integration des Erlebten. Sie soll die Klientin dazu befähigen, sich selbst den Eigenanteil an den missbräuchlichen Erfahrungen zu vergeben und eine Haltung der Selbstakzeptanz zu entwickeln.

In gesprächs- oder aktivitätsorientierter Biografiearbeit (z. B. Genogramm, Familienaufstellung, Familienbrett, Darstellung des Lebenslaufs) werden bedeutende Themenbereiche aus der Herkunftsfamilie oder anderen früheren Beziehungen und Erfahrungen in der Zeit vor dem Eintritt angeschaut. Welche Wünsche, Träume und Sehnsüchte waren damals bedeutend? Welche Ängste, Verletzungen und Enttäuschungen waren prägend? Was suchten Betroffene und was erhofften sie sich von der Gemeinschaft? Was glauben sie selbst im Rückblick, was sie empfänglich machte und wozu die engen Strukturen nützlich waren? Konnten sie vorher »Nein« sagen und sich abgrenzen? Warum brauchte es so lange, die Bewegung zu verlassen, und was hat sie ausschlaggebend dazu befähigt? Mit diesen und ähnlichen Fragen machen sich Berater und Klientin auf eine Reise in die Vergangenheit zu Themen wie frühen Bindungserfahrungen, Verlusten, Verletzungen, Ängsten, Frustrationen, Erwartungen, Vorbildern, Werteorientierung, Selbstwertgefühl, Beziehungserfahrungen in Familie, Freundschaften und Partnerschaften, Sexualität und vielem mehr.

Hinweis für den Berater:

Der Einstieg in diesen Aufarbeitungsprozess kann bei der Klientin Blockaden oder Enttäuschungen auslösen. Denn gerade die Mitgliedschaft in der Gemeinschaft bzw. die geistliche Begleitung ist häufig mit der Hoffnung verbunden gewesen, von alten Verletzungen oder belastenden biografischen Prägungen zu heilen und zu gesunden. Die Einsicht, dass diese Heilung womöglich gar nicht eingetreten ist, sondern stattdessen zusätzliches Leid zugefügt wurde, kann zu einer gewissen Frustration führen. Eventuell müssen Berater und Klientin in einer solchen Situation noch einmal besprechen, warum es so wichtig ist, sich mit den persönlichen Prägungen, Motiven, biografischen Entwicklungen und Dispositionen aus der Zeit vor der Gemeinschaft zu beschäftigen sowie mit den besonderen Lebensumständen, die den Eintritt damals begünstigten.

Akzeptanz

Die Akzeptanz und Integration der Missbrauchserfahrung als Teil der eigenen Geschichte steht ganz am Ende eines langen, mühsamen, häufig mit Rückschlägen übersäten Weges. Es braucht oft Jahre, bis Betroffene an den Punkt kommen, dass sie sich selbst vergeben können, dass sie in den geistlichen Missbrauch hineingeraten sind und sich selbst nicht schützen konnten. Daher darf diese Phase nicht vorschnell vorangetrieben werden, sondern vielmehr sollte die Beraterin den Prozess verlangsamen und prüfen, ob die Entwicklungen gefestigt sind oder ob es noch offene Fragen und Themen gibt. Die Nachwirkungen von Manipulation und alten Denkweisen aus dem Missbrauchssystem können sich hier noch immer zeigen, beispielsweise wenn der Wunsch nach einer schnellen und einfachen

Genesung laut wird sowie das übereilte Bedürfnis, den Täterinnen zu vergeben. Beide Aspekte, schnelle Heilung und Vergebung, sind Teil der systeminternen, überladenen Sprache toxischer Gemeinschaften. Vergebung wurde dort häufig als Unterdrückungs- und Verdrängungsinstrument eingesetzt. Im Heilungsprozess droht nun die Gefahr, dass eine vorschnelle Vergebung dieselbe alte Funktion übernimmt und das schuldhafte Verhalten der Täterinnen und dessen Bedeutung für die betroffene Person stark relativiert.

Gleichzeitig erleben diese die Folgen des Missbrauchs noch immer sehr gegenwärtig, spürbar und beeinträchtigend. Paradoxerweise sind Betroffene manchmal davon überzeugt, solange sie nicht vergeben hätten, könnten ihre seelischen Wunden nicht heilen. Ich persönlich glaube, dass eine Vergebung von den Betroffenen nur dann authentisch ausgesprochen werden kann, wenn diese einen intensiven Weg der inneren Heilung und Auseinandersetzung zurückgelegt haben. Vorher drohen eine »Lossprechung« oder Entschuldigung der Täter eine bloße Phrase zu sein, die womöglich vom Umfeld der Betroffenen oder von ihren eigenen internalisierten Glaubenssätzen erwartet und aufgezwungen werden. Deshalb lautet meine dringende Empfehlung zum Thema Vergebung: Zeit lassen und den Druck rausnehmen. Solange Täterinnen keine Reue und Veränderungsbereitschaft zeigen, ist Vergebung nicht angezeigt.

Mit der Phase des Akzeptierens beginnt das Leben danach. Jenseits einer »Nur-Opfer-Identität« wird das veränderte Selbst- und Lebensgefühl Schritt für Schritt in das eigene Leben integriert. Die Klienten sind nun eingeladen, einen Rückblick auf all das zu werfen, was sie durchlitten haben, was aber auch fruchtbar und entwicklungsfördernd war, welche enormen Ressourcen das Durchleben des eigenen Schicksals zutage gebracht hat. Neue Ziele und Zukunftsperspektiven können mithilfe der frei gewordenen Energie in den Blick genommen und geplant werden. Diese Erfahrung macht Betroffene enorm stark. Sie realisieren hier besonders kraftvoll, dass sie »Überlebende« sind und dass sie es aus eigener Kraft geschafft haben, mithilfe von Information, Selbstreflexion und emotionaler Arbeit das Leid und die Enttäuschungen zu überwinden.

Gleichzeitig rückt in dieser letzten Phase auch die Frage nach dem Sinn in den Fokus. Die Suche nach einem sinnstiftenden Leben hat viele Betroffene zum Eintritt in die Gemeinschaft motiviert. Genau dieses Sinnversprechen hat sich tragischerweise als Täuschung und Mittel zur Ausbeutung entpuppt. Dennoch bleibt das menschliche Grundbedürfnis bestehen, in einer Welt leben zu wollen, in der man sich als handlungsfähig erfährt und die mit ihren elementaren Regeln und Abläufen als sinnvoll erlebt wird. Auch wenn schmerzhafte und traumatische Erfahrungen an sich als sinnlos bewertet werden, müssen sie in der eigenen Lebensdeutung einen Platz finden. Indem der Klient all das fokussiert und aktiviert, was er als sinnhaft und sinnstiftend wahrnimmt, kann er ein Gegengewicht zur Sinnlosigkeit seiner leidvollen Erfahrungen herstellen und diese dadurch erträglicher machen.

Hinweis für die Beraterin:

Es kann hilfreich sein, dass Betroffene sich die Frage stellen, welchen Sinn sie ihren Erlebnissen abringen können, z. B. die positiven Erfahrungen, die sie in der Gemeinschaftszeit gesammelt haben und die sie in das neue Leben integrieren können. Das können beispielsweise Reiseerfahrungen, Fremdsprachen, rhetorische Fähigkeiten, Geduld oder Selbstdisziplin sein. Oder das persönliche Wachstum durch die spätere Auseinandersetzung mit der eigenen Geschichte sowie das gewonnene Empathievermögen und Verantwortungsgefühl anderen Betroffenen gegenüber. In jedem Fall haben Betroffene geistlichen Missbrauchs eine außergewöhnliche Erfahrung gemacht, die ganz gewiss dazu führt, dass sie den Begriff der Freiheit auf eine ganz neue und höhere Weise zu schätzen wissen. Sie wissen: Weil sie es geschafft haben, diese Erfahrung zu überleben und zu verarbeiten, haben sie die Kraft und die Fähigkeit, auch alle anderen Herausforderungen des Lebens zu bewältigen.

Die seelsorgerische Brille

Geistlicher Missbrauch zeichnet sich gerade dadurch aus und unterscheidet sich damit von anderen Formen emotionalen Machtmissbrauchs, dass er die Spiritualität und das geistliche Leben eines Menschen benutzt, entstellt und am Ende beschädigt. Der Glaube ist das »Deckmäntelchen«, unter dem die Manipulation geschieht. Mit (in unserem Fall) christlichen Werten, Lehren, Bibelworten oder Aussprüchen von Heiligen wird argumentiert und jegliches übergriffige Verhalten gerechtfertigt. Aus diesem Grund braucht es für den Beratungsprozess neben der psychologischen Brille auch eine seelsorgerische, theologische oder spirituelle Brille.

Die Frage nach der religiösen Sozialisation und Prägung einer betroffenen Person wird allerspätestens in der Phase der biografischen Aufarbeitung ins Zentrum des Interesses rücken. Doch auch unabhängig davon können Fragen nach dem eigenen Gottesbild und der Gestaltung eines religiösen Lebens im Laufe der Beratung immer wieder auftauchen. Ob sich Betroffene von geistlichem Missbrauch im Anschluss an die Phase der Akzeptanz und mit Integration des Geschehenen in das eigene Leben der Entwicklung einer gesunden Spiritualität zuwenden können (oder wollen), ist individuell abhängig von dem Ausmaß und der Intensität der missbräuchlichen Erfahrungen. Ebenso wird dabei eine Rolle spielen, ob die betroffene Person vor dem Anschluss an die Gemeinschaft oder die geistliche Begleitung bereits über ein positiv erlebtes Glaubensfundament verfügte oder ob sie ihren Glauben einzig und allein dort entwickelte und prägen ließ. In jedem Fall wird es darum gehen, wie sie neue Zugänge zu einem lebensfördernden und selbstbestimmten geistlichen Leben finden kann, ohne dabei an alte, vergiftete Erfahrungen und Gottesbilder anzuknüpfen.

Dies ist keine originäre Aufgabe des Beraters und hier kann es sinnvoll sein, dass Betroffene sich für diesen eigenen Prozess eine gut qualifizierte geistliche Begleitung suchen. Dennoch gilt es für die Beraterin auch mit Blick auf die spirituelle Dimension achtsam zu sein, da hier alte Muster reaktiviert werden können. Der damalige Wunsch, den Glauben besonders konkret und intensiv zu leben, hat die betroffene Person in das geistlich missbräuchliche System geführt. Nun besteht erneut die Gefahr, dass Betroffene in missbräuchliche Kontexte geraten oder gewisse geistliche Übungen als Trigger fungieren und ein intensives Wiedererleben vergangener Erlebnisse oder Gefühlszustände hervorrufen.

Wie gesagt ist der Berater vor allem für die psychologische Unterstützung verantwortlich. Dennoch möchte ich an dieser Stelle einen Leitfaden mit an die Hand geben, in welchem Rahmen der spirituelle Aspekt auch im Beratungsprozess mitberücksichtigt und integriert werden kann. Darüber hinaus kann dieses Modell auch eine Anregung für alle Seelsorgenden sein, die Betroffene von geistlichem Missbrauch begleiten. Dabei möchte ich mich an ein Konzept des Pastoralpsychologen Karl Frielingsdorf anlehnen, der sich im Rahmen seiner langjährigen Beratungstätigkeit intensiv mit der Auswirkung negativer und positiver Gottesbilder auf das persönliche Leben beschäftigt hat. Er unterscheidet zwischen krank machenden und heilenden Gottesbildern, die uns teils bewusst sind und teils unbewusst wirken. Mit seinen Überlegungen bietet er einen Weg an, diese verinnerlichten Gottesbilder aufzudecken und sich dem liebenden Gottesbild anzunähern, das uns in der Bibel offenbart wird, und so mit dem »wahren Gott« Bekanntschaft zu machen.

Die persönliche religiöse Lerngeschichte

Religionspsychologische Untersuchungen weisen darauf hin, dass das frühkindliche Gottesbild wesentlich durch konkrete Erfahrungen mit der Umwelt und besonders mit den primären Bezugspersonen geprägt wird. Dabei spielen nicht allein die Eltern eine Rolle, sondern auch alle anderen wichtigen Personen, die das Vertrauen, die Liebe und Wertschätzung der Kinder genießen und ihnen religiöse Inhalte vermitteln. Das können beispielsweise die Großeltern, andere Verwandte, geistliche Personen, Erzieherinnen oder Lehrer sein. Das Gottesbild entwickelt sich darüber hinaus in Abhängigkeit davon, inwieweit Kinder die Lebenshaltung und -gestaltung, die Wertvorstellungen sowie Sinngebungen ihrer primären Bezugspersonen spürbar erfahren. Erleben sie zum Beispiel Eltern, die aufgrund ihres eigenen Gottesbildes unter Ängsten leiden oder schnell Schuldgefühle entwickeln, integrieren Kinder diese Wahrnehmung in ihre eigenen unbewussten Gottesbilder. Neben einem bewusst vermittelten Gottesbild entsteht in Kindern so oft auch eine unbewusste innere Vorstellung, die aus dem verdrängten Gottesbild ihrer engen Bezugspersonen erwächst.

Ähnlich wie in der zuvor beschriebenen Phase der biografischen Aufarbeitung ist es auch im Rahmen der seelsorgerischen Dimension des Beratungskontextes sinnvoll, sich bewusst mit der persönlichen religiösen Lebensgeschichte auseinanderzusetzen. Hier stellen sich die Fragen: Welche unbewussten Gottesbilder habe ich von meinen Eltern oder anderen Bezugspersonen übernommen? Durch welches emotionale Erleben in der Familie sind diese entstanden? Inwiefern habe ich den Glauben meiner Eltern oder Bezugspersonen unreflektiert übernommen oder imitiert? Gibt es womöglich ein bewusstes Gottesbild von einem liebenden und gütigen Gott, das im Widerspruch steht zu einem unbewussten Gottesbild von einem strafenden und beherrschenden Gott? Denn das Verhängnisvolle oder Trügerische ist, dass die Gottesbilder aus dem Unbewussten heraus wirken, während die betroffenen Personen bewusst glauben und fest davon überzeugt sind, eine andere, positivere Vorstellung von Gott zu haben.

Mit Blick auf die Erfahrung des geistlichen Missbrauchs gilt es für die Betroffenen, zwei weitere Aspekte zu bedenken. Erstens: Welchen Einfluss hatten die von den Eltern vermittelten Gottesbilder oder deren latenten Erwartungen auf die Entscheidung, sich einer geistlichen Gemeinschaft anzuschließen? War sie womöglich Ausdruck einer unbewussten, rebellischen Auseinandersetzung mit den Eltern im Ablösungsprozess? Zweitens: Welche Auswirkung hatte das intensive religiöse Leben in der geistlichen Gemeinschaft auf das eigene Gottesbild? Frielingsdorf schreibt dazu: »Hier werden dann oft bei Menschen mit einer religiösen Sozialisation die verdrängten negativen Gottesbilder aktiviert und gegenabhängig ausgelebt. In diesen Gruppierungen wird ausdrücklich von Gott gesprochen. Und doch bieten sie nicht die Chance, dem ›wahren Gott‹ zu begegnen, weil sie ›Aber-Geister‹ (F. Stier) verehren, die konsequenterweise zum Aber-Glauben führen.«[156]

Schließlich ermöglicht der Blick auf die eigene Glaubensgeschichte auch die Erinnerung an positive und heilsame Lebens- und Glaubenserfahrungen, die es in der Regel ja durchaus gegeben hat, die aber in den Hintergrund gerutscht, überlagert oder verunsichert worden sind. Diese positiven Erfahrungen können beispielsweise beinhalten, dass es da einen treuen Begleiter gibt bzw. gegeben hat, der gerade in Nöten oder schwierigen Zeiten spürbar zur Seite stand, Kraft gegeben hat und immer wieder neu trägt oder Halt gibt. Die Auseinandersetzung mit den unbewussten Gottesbildern hat zum Ziel, die persönliche Gottesbeziehung zu heilen. Unterstützend zum psychologischen Prozess und der dortigen abschließenden Phase der Akzeptanz geht es auch hier darum, sich neu für das eigene Leben zu entscheiden, es zu akzeptieren und Verantwortung zu übernehmen.

Für die praktische Auseinandersetzung schlägt Frielingsdorf fünf Schritte vor, die sich vor allem auf die religiöse Sozialisation in der

Kindheit und die Rolle der elterlichen Gottesbilder beziehen.[157] Für alle Betroffenen, die ihren Glauben erst innerhalb einer geistlichen Gemeinschaft entdeckt haben und dadurch geprägt wurden, sind die Eltern durch die Personen zu ersetzen, die den größten Einfluss auf ihren Glauben und ihr Gottesbild genommen haben.

1. Die Lebensprinzipien, Werte und religiösen Einstellungen sowie die Gottesbilder der Eltern oder anderer wichtiger Bezugspersonen bewusst machen und anschauen.
2. Das eigene Gottesbild auf folgende Fragen überprüfen: Welche Eigenschaften meiner Eltern habe ich auf Gott übertragen? Welche Botschaften meiner Eltern an mich habe ich Gott in den Mund gelegt? Welche negativen, hinderlichen Gottesbilder haben sich dementsprechend in mir entwickelt? Welche kindlichen Überlebensstrategien habe ich auf mein religiöses Leben und meine Gottesbeziehung übertragen, um die Anerkennung und Zuwendung Gottes zu erhalten (wie damals die meiner Eltern)?
3. Die eigene Lebensgeschichte aufschreiben (wenn möglich von der Zeugung an) mit Blick auf all das, was Gott mit zugemutet hat. Die aufkommende Wut und Aggressionen zulassen und in Form eines Wutbriefs oder einer Anklageschrift an Gott mitteilen. Darin darf all mein Ärger und alle Enttäuschungen über ihn Raum haben. Dieser Phase folgt in der Regel eine tiefe Befreiung, aber auch das Erleben von innerer Leere und Sehnsucht.
4. Abschiednehmen von vertrauten kindlichen Erfahrungen, verbunden mit der Ahnung, dass der wahre Gott anders ist. Ein Abschiedsbrief an den Gott der Kindheit kann helfen, die tiefe Trauer auszudrücken, die dieser Zustand von »nicht mehr« und »noch nicht« auslöst. Dies ist die Zeit für eine Entscheidung, Verantwortung für den eigenen Lebens- und Glaubensalltag zu übernehmen und positive, lebensförderliche Glaubenssätze darin konkret zu verwirklichen. Hilfreich kann hier auch sein,

einen Antwortbrief Gottes auf den eigenen Wutbrief zu verfassen, indem ich mich in (einen liebenden und wohlwollenden!) Gott hineinversetze und versuche, mit seinen Augen auf mein Leben zu schauen. Damit kann eine qualitativ neue Beziehung zu Gott beginnen.

5. Die eigene Heilsgeschichte mit Gott erinnern und aufschreiben, um meine vielen positiven Erfahrungen mit Gott sichtbar zu machen. Dadurch erscheinen auch die negativen Erfahrungen in einem anderen Licht. Am Ende dieser persönlichen Heilsgeschichte kann man zudem ein persönliches Dankgebet formulieren.

Krank machende und heilende Gottesbilder

Im Rahmen seiner eigenen Beratungspraxis hat Frielingsdorf Beobachtungen gemacht, aufgrund derer er hauptsächlich vier krank machende Gottesbilder unterscheidet: den strafenden Richtergott, den Todesgott, den Buchhaltergott und den Leistungsgott. Diese unbewussten Gottesbilder »entspringen psychischen Erfahrungen und Vorstellungen und werden für den wahren Gott gehalten, bedienen sich seiner Sprache und Bilder, sind jedoch klar zu unterscheiden von dem Gott, der sich im Alten und Neuen Testament offenbart«[158]. Sie entstehen, indem ein negativer Teilaspekt des Gottesbildes verabsolutiert wird, z. B. die Bestrafung und Maßregelung beim Bild vom strafenden Richtergott oder der Leistungsdruck und die Beanspruchung in der Metapher des Leistungsgotts. Andere positive Aspekte oder Charaktereigenschaften dieses Gottes wie Barmherzigkeit, Nachsicht oder Geduld werden dabei ausgeblendet und können nicht miteinbezogen oder integriert werden. Die Betroffenen befinden sich mit diesem Gott nicht in einer wohlmeinenden, empathischen Beziehung auf Augenhöhe, sondern vielmehr in einer umfassenden und existenziellen Abhängigkeitsbeziehung. Der Gewinn ist für sie dabei das Gefühl, dass da eine übermenschliche Macht ist, die sie beschützt und trägt, wenn sie deren Erwartungen erfüllen. Ihre Bemühungen, den göttlichen Ansprüchen gerecht zu werden, können sie dabei bis zur Erschöpfung ihrer Lebensenergien bringen.

Führen wir uns noch einmal die Situation in geistlich missbräuchlichen Systemen vor Augen und spüren wir noch einmal der Atmosphäre nach, die dort herrscht: hohe Ideale, Erwartungen und Wertvorstellungen, ein ständiges Streben nach Perfektion, gegenseitige Beobachtung und Kontrolle unter den Mitgliedern, die direkte oder subtile Androhung von Konsequenzen bei Nonkonformität oder die starren Regeln, die das Konstrukt zusammenhalten. All diese Aspekte schaffen die »optimalen« Rahmenbedingungen dafür, dass in den Betroffenen eben solche krank machenden Gottesbilder entstehen bzw. (re)aktiviert werden und sich festsetzen können.

Ich möchte nun die vier Gottesbilder skizzieren und kurz vorstellen, die Frielingsdorf kategorisiert.[159] Dabei setzt er jedem krank machenden Gottesbild ein ergänzendes und heilsames Gottesbild anhand dessen gegenüber, wie sich uns der »wahre Gott« durch Jesus geoffenbart hat. Dieser »Gegenentwurf« beleuchtet die jeweils positiven Aspekte des Gottesbildes und soll so helfen, die eigene Vorstellung von Gott zu bereinigen, durch neue Erfahrungen zu »überschreiben« und die Gottesbeziehung allmählich zu heilen.

Der strafende Richtergott – der barmherzige und liebende Gott

Das Bild des strafenden Richters malt einen Gott, der ohne Rücksicht auf Intentionen und Umstände der Person die kleinsten Verfehlungen bestraft und dabei keinen Widerspruch duldet. Insbesondere wenn Menschen den eigenen Vater (bzw. die Mutter) oder Autoritätspersonen in religiösen Gemeinschaften und Begleitungen als herrisch und autoritär erlebt haben, kann dieser Gott als strenger und allmächtiger Vater-Gott auftreten, dem man sich als braves und gehorsames Kind unterwerfen muss. Die Folge sind

Autoritätsgläubigkeit, Obrigkeitsdenken und mangelnde Selbstverantwortung. Leiden Personen unter einem geringen Selbstwertgefühl und haben sie gelernt, dass man sich diesem Gott nicht widersetzen darf, kann sich die Wut darüber, nicht so sein zu dürfen, wie man ist, in Autoaggressionen und Selbstbestrafungen ausdrücken. Dieses Verhalten deuten die betreffenden Personen dann positiv als gottgewollte Selbstverleugnung und Demut um.

Der barmherzige und liebende Gott hingegen zeigt sich besonders im biblischen Gleichnis des barmherzigen Vaters (vgl. Lk 15, 11–32) und steht für die Sehnsucht Gottes nach dem Menschen. Aus einer väterlichen oder mütterlichen Fürsorge heraus macht er sich auf die Suche nach dem einzelnen Menschen, um ihn zu finden und ihm seine Liebe sowie Leben in Fülle zu schenken. Dabei lässt er seine Kinder frei, akzeptiert ihr Nein, ihr Abwenden, ihre eigenen Entscheidungen und bleibt trotzdem bedingungslos an ihrer Seite.

Der Todesgott – der Gott des Lebens

Machen Menschen zu Beginn ihres Lebens bereits die Erfahrung, nicht gewollt und erwünscht zu sein, verinnerlichen sie häufig ein negatives Grundgefühl und Misstrauen dem Leben gegenüber. Eine daraus erwachsende existenzielle Lebensangst kann dazu führen, dass diese Menschen sich in zwanghafte Verhaltensweisen oder Perfektionismus flüchten, um dadurch Sicherheit zu gewinnen und sich unangreifbar zu machen. Andere suchen immer wieder extreme Grenzerfahrungen, weil sie nur in der Angst vor dem Sterben den Wunsch nach dem Leben spüren. Für sie sind die Auseinandersetzung mit den negativen Glaubenssätzen ihrer Kindheit und eine bewusste Entscheidung gegen die lebensverneinenden Botschaften der Eltern oder anderer Bezugspersonen sowie für das Leben wichtig, um diesem Teufelskreis zu entkommen.

Dem Gott des Todes steht der Gott des Lebens gegenüber, der Urheber und Quelle unseres Lebens ist (vgl. Apg 3,15). Als Christen glauben wir, dass er uns gewollt und geschaffen und durch die Taufe zum Leben in der Freiheit der Kinder Gottes berufen hat. Nichts kann uns von ihm und seiner Liebe trennen (vgl. Röm 8,31 ff.). Der Glaube, dass wir in der Nachfolge Jesu auch über den Tod hinaus von ihm selbst zum ewigen Leben geführt werden, ist eine zentrale Hoffnung des Christentums (vgl. 1 Joh 5,11). Dieser Gott kann Menschen schon hier auch durch massive Todesbotschaften hindurch aus ihrer Erstarrung lösen und sie zu einem neuen freien Leben führen. Er trägt unsere Ängste und Leiden mit und erlöst sie, weil er ein mitleidender Gott ist.

Der Buchhaltergott – Gott, der gute Hirte

Die Bilder des Buchhaltergottes sowie des Leistungsgottes werden in geistlich missbräuchlichen Gemeinschaften wohl am stärksten geprägt. Die starren und kontrollierenden Strukturen des Systems und die pedantische Einhaltung der Regeln wird auf Gott projiziert, der infolgedessen als bedrohliche Überwachungsinstanz wahrgenommen wird. Haben Betroffene dieses Gottesbild schon im Elternhaus kennengelernt, wird es durch das missbräuchliche System reaktiviert, bestätigt und verstärkt. Menschen, die dieses Gottesbild verinnerlicht haben, erleben ihr Christsein wie einen Sklavendienst, in dem sie auf zahllose Verbote und Gebote achten müssen, die sie ohnehin niemals ganz werden erfüllen können.

Das Bild von Gott, dem guten Hirten, durchzieht sowohl das Alte als auch das Neue Testament (vgl. Ps 23; Joh 10,1–18). Es beschreibt einen liebevollen, gütigen und fürsorglichen Hirten, der auf Beziehung aus ist. Er hat die ihm anvertrauten Schafe liebevoll im Blick und macht sich auf die Suche nach ihnen, um sie auf ihrem Weg zu begleiten, zu führen, zu stärken oder zu tragen. Der Hirte kennt jedes einzelne der Tiere beim Namen, ruft sie und sie hören auf seine Stimme, weil er ein Vertrauter ist, der sie schützt und für sie eintritt. Der gute Hirte entlarvt den Buchhaltergott als falschen

Hirten, dem nichts an den Schafen liegt, der sie nur ausbeuten und zu seinem Vorteil benutzen will. Durch seinen Tod am Kreuz hat Jesus den Schuldschein bezahlt (vgl. Kol 2,14), um den Menschen in ein Leben in Fülle zu führen.

Der Leistungsgott – der Gott der Fruchtbarkeit

Gerade in einer leistungsorientierten Gesellschaft lernen Kinder oft schon früh, dass ihr Selbstwertgefühl sowie die Anerkennung und Zuwendung ihrer Eltern und Lehrerinnen von Leistung und Erfolg abhängig sind. Sind sie bereits geprägt von mehr oder minder stark ausgeprägten Ängsten, Skrupeln, Zwängen oder Perfektionismus, können sie diese Erfahrungen schnell auf Gott übertragen. In religiös missbräuchlichen Systemen begegnen diese Menschen erneut dem Bild des Leistungsgottes. Selbstverzicht und selbstlose Nächstenliebe werden idealisiert, während selbstfürsorgliche Achtsamkeit verteufelt wird. Weil die Leistung mehr zählt als der Mensch, lassen sich Betroffene von diesem krank machenden Gottesbild zu einer maßlosen Übertreibung verführen und glauben dabei, den Willen Gottes zu erfüllen und damit seine Liebe zu verdienen. Das Resultat sind Konkurrenz, Neid und Rivalität. Dadurch geraten Menschen zunehmend in eine Überforderung bis hin zur Selbstschädigung. Insbesondere der geistliche Aktivismus ist Ausdruck eines solchen Leistungsdenkens und führt nicht selten zum Burn-out-Syndrom der Betroffenen. Ohne eine geordnete Selbstliebe kann der Mensch sich jedoch weder seinen Nächsten noch Gott fruchtbar zuwenden. Betroffene müssen an dieser Stelle lernen, dass sie die eigenen Grenzen und Möglichkeiten wahr- und ernst nehmen dürfen und ihre persönlichen Bedürfnisse und Wünsche Raum benötigen, um zu einer gesunden Entfaltung der eigenen Persönlichkeit zu gelangen.

Ein ganz anderes Prinzip verfolgt der Gott der Fruchtbarkeit. Die Bibel ist voll von Bildern und Gleichnissen, die das Wachstum und Gedeihen der Natur beschreiben. Das Mitwirken und die Leistung des Menschen sind auch hier erforderlich, jedoch geschieht ein Großteil im Verborgenen, ohne dass der Mensch einen besonderen Einfluss darauf nehmen kann. Es geht darum, das (persönliche) Wachstum in Geduld geschehen zu lassen und die Frucht als Geschenk zu empfangen – so wie wir es auch von Grundwerten wie Freundschaft, Liebe und Gesundheit kennen, die wir nicht selbst machen können. An dieser Stelle kann auch eine kontemplative Dimension das Leben bereichern, bei der nicht die Leistung zählt, sondern die Intention und die Art und Weise des Tuns. Denn gerade die Kombination von Selbst-tätig-Werden und Geschehenlassen bzw. Von-Gott-her-Empfangen kennzeichnet das Geheimnis der Fruchtbarkeit.

9. PRÄVENTION: WIE KANN GEISTLICHER MISSBRAUCH VERHINDERT WERDEN?

Wie kann geistlicher Missbrauch verhindert werden? Was können wir tun, um ihm vorzubeugen? Wie können wir potenzielle Opfer schützen? Wie gehen wir mit Täterinnen um? Das sind die großen Fragen, auf die es keine schnellen und einfachen Antworten gibt. Als Resultat aus den zahlreichen Fällen sexuellen Missbrauchs, deren Bekanntwerden nicht abreißen will, hat die katholische Kirche die Gelegenheit bekommen, im Umgang mit Tätern und Betroffenen haufenweise Erfahrungen zu sammeln. Der öffentliche Druck hat dabei streckenweise sicherlich als Hilfsmotor gewirkt, um sich überhaupt in Bewegung zu setzen. Ob die kirchlichen Verantwortlichen diese Möglichkeit optimal für sich genutzt haben, ist fraglich. In jedem Fall besteht die Chance, dass die Kirche im Hinblick auf das Phänomen des geistlichen Missbrauchs aus den Erfahrungen mit dem sexuellen Missbrauch nachhaltige Lehren ziehen kann. Eine davon wäre, dass Vertuschung keine Lösung ist, sondern den Schaden oft noch größer macht, sowohl für die Betroffenen als auch für die Kirche selbst. Eine ernsthafte Auseinandersetzung mit der Thematik erfordert dabei, dass man den Betroffenen aufmerksam zuhört, ihnen Glauben schenkt und diejenigen konsequent zur Rechenschaft zieht, denen ein missbräuchliches Verhalten vorgeworfen wird.

Ein Schritt zurück – bevor wir von Prävention sprechen

Die Voraussetzung für die Erarbeitung sinnvoller Präventionskonzepte gegen geistlichen Missbrauch ist eine ausführliche Aufarbeitung der Geschehnisse. Zu Beginn eines solchen Prozesses muss daher immer stehen, Betroffene aufmerksam, behutsam, respektvoll und mit einem großen Vertrauensvorschuss anzuhören. Aufseiten der Leidtragenden braucht es Mut, die eigene Geschichte zu erzählen, sich mit den schmerzhaften und teils erniedrigenden Erfahrungen aufs Neue auseinanderzusetzen und sie einer anderen (fremden) Person anzuvertrauen. Ebenso braucht es aufseiten der Verantwortlichen den Mut, genau hinzuschauen und verstehen zu wollen, was den Betroffenen da widerfahren ist, welche Faktoren mitgewirkt haben, was die Täterinnen sowohl in ihrer Motivation als auch in ihrem Handeln ausmacht, in welchem Kontext der Missbrauch geschehen ist und unter welchen Auswirkungen die Geschädigten im Anschluss leiden. Dafür müssen die Personen, die die persönlichen Erlebnisse anhören, ihre eigenen Vorstellungen, Meinungen und Überzeugungen ablegen und eine vorurteilsfreie Haltung des Nicht-Wissens und der interessierten Neugierde einnehmen. Dabei kann es passieren, dass die eigenen Bilder von Kirche, religiöser Gemeinschaft oder geistlichen Personen stark irritiert und verunsichert werden. Erst aus diesem Gehörten kann dann allmählich eine Vorstellung von der Komplexität des Geschehens erwachsen und eine Idee davon, welche weiteren Handlungsschritte im jeweiligen Fall angebracht sind.

Ein zweiter Schritt ist eine positive Qualitätsbeschreibung dessen, was Kirche und explizit geistliche Gemeinschaften an sinnvollen, guten und förderlichen Inhalten und Handlungen anbieten können. Was macht Gemeinschaften und Seelsorge aus, die die Grenzen der sich ihnen anvertrauenden Menschen respektieren, diese in ihrer Reife fördern und dabei geistlich lebendig und fruchtbar sind? Was benötigen Menschen an spirituellen Inhalten, Ressourcen und Übungen, um sich auf ihrem geistlichen und persönlichen Weg gut und frei entwickeln zu können? Darüber braucht es klare und explizite Ideen oder Leitfäden, die allgemein akzeptiert und begründet sind, über die gesprochen wird und die verbreitet werden, nicht nur innerhalb einer kirchlichen Gemeinde oder Gemeinschaft, sondern auch darüber hinaus. Erst anhand dieser positiven Beschreibungen können Abweichungen und schädigendes Verhalten definiert werden und entsprechende Rahmenbedingungen für mehr Schutz sowie entsprechende Rollenbilder, Haltungen und ein Selbstverständnis für geistliche Leitung erarbeitet werden. Auf dieser Grundlage können schließlich konkrete Maßnahmen zur Prävention definiert werden, sowohl mit Blick auf die Betroffenen als auch auf die Täter.

Wie können wir Menschen vor geistlichem Missbrauch schützen?

Wirksame Maßnahmen zu treffen, die Personen vor geistlichem Missbrauch schützen können, ist äußerst schwierig. Und das in zweierlei Hinsicht. Zum einen müsste eine Prävention ganz basal und breit in der Erziehung und (Persönlichkeits-)Bildung ansetzen, das heißt in Familien, Katechesen, Religionsunterricht, Predigten oder den sozialen Medien. Dabei handelt es sich um einen Dauerauftrag bezüglich Grundhaltungen und Grundbotschaften, die (nicht nur junge) Menschen zu einem Wachstum in spiritueller Selbstbestimmung, Selbstvertrauen und Selbstwirksamkeit führen sollen. Dazu gehört auch die Befähigung, sich ein eigenes religiöses Urteil bilden zu können, theologische Sprachfähigkeit sowie Kritikfähigkeit und Reflexionsfähigkeit hinsichtlich der eigenen Überzeugungen. Denn der beste Schutz vor geistlichem Missbrauch bleibt neben der Ausbildung eines gesunden Selbstwertgefühls das Fundament einer gefestigten, eigenständigen und souveränen Gottesbeziehung, die Zweifel erlaubt, weil sie zu einem religiösen Leben ganz normal dazugehören.

Zum anderen gilt es aber auch, Interventionen für Menschen in den Blick zu nehmen, die sich bereits in einem missbräuchlichen System befinden. Hier liegt die Schwierigkeit nicht nur darin begründet, dass wir es mit einem geschlossenen System und einer internen Kommunikation zu tun haben. Das eigentlich Herausfordernde ist die tief greifende Indoktrination, die nicht ohne weiteres durchbrochen werden kann. Befinden sich Betroffene erst einmal in dieser internen gedanklichen »Blase« und unter dem Einfluss der manipulativen Strukturen, ist der Zugang von außen erheblich erschwert. Der Wunsch und Versuch, Freunde oder Angehörige aus einem solchen System herauszuholen, ist für gewöhnlich chancenlos, zumal diese ihre Mitgliedschaft (zunächst) überwiegend als einen Glückszustand erleben. Dennoch oder gerade deshalb spielen die Menschen im unmittelbaren Umfeld der Betroffenen eine entscheidende Rolle. Sie können deren Denken, Verhalten und Lebensgestaltung punktuell spiegeln, vorsichtig hinterfragen und zum Nachdenken anstoßen. Dafür ist es von erheblicher Bedeutung, gut und differenziert über die Gruppierung und ihre Praktiken informiert zu sein, jede Art von Gegenmission zu vermeiden, auch in Konflikten den persönlichen Kontakt aufrechtzuerhalten, die Betroffenen nicht finanziell zu unterstützen, wenn sie für ihr Leben in der Gemeinschaft darauf angewiesen sind, und eine große Portion Geduld zu zeigen. Die Milieukontrolle der Gemeinschaft wird konsequent versuchen, für Abstand zu sorgen. Doch je vertrauter und näher die Beziehung zu der »externen Person« ist, desto höher stehen die Chancen, dass sie ihre Außenperspektive bei der betroffenen Person wirksam anbringen kann.

Die dargestellten Forschungsergebnisse zur Frage nach dem langen Verharren im missbräuchlichen System lassen erahnen, wie unvorstellbar Betroffenen ein Ausstieg häufig erscheint. Vor diesem Hintergrund müssen stärkere Geschütze aufgefahren werden. Es braucht eine breite, öffentliche Debatte und Aufklärung über das Phänomen des geistlichen Missbrauchs und seine zerstörerischen Folgen, um mehr Bewusstsein und Aufmerksamkeit dafür zu schaffen. Das Schweigen darüber, dass es geistlichen Missbrauch gibt und was ihn kennzeichnet, ermöglicht erst, dass er sich ausbreitet und fortdauert. Indem Menschen befähigt werden, das zu benennen und einzuordnen, was sie erleben oder was ihnen widerfahren ist, wird auch das missbräuchliche System irritiert und geschwächt oder im besten Fall zur Selbstreflexion angeregt.

Der entscheidendste Punkt scheint also zu sein, betroffenen Menschen eine möglichst umfassende Außenperspektive anzubieten und dadurch ein persönliches Problembewusstsein zu ermöglichen. Dazu braucht es das entschiedene Eingreifen und eine entsprechende Kontrolle der Kirche als verantwortliche Institution. Jede geistliche Gemeinschaft ist auf dem Gebiet einer Ortskirche tätig und hat in vielen Fällen auch eine kirchliche Approbation. Damit haben die kirchlichen Verantwortungsträger alle Mittel in der Hand, um gezielte Maßnahmen einzufordern. Sinnvoll wäre beispielsweise die Verpflichtung aller Mitglieder von geistlichen Gemeinschaften zu regelmäßigen externen Präventionsschulungen in Analogie zur Prävention von sexuellem Missbrauch. Wichtige Themen für solche Schulungen wären beispielsweise: Was verstehen wir unter einem gesund gelebten Glauben? Wie gelange ich zu spiritueller Selbstbestimmung und was kennzeichnet diese? Was bedeutet eigenverantwortlicher Glaube und religiöse Mündigkeit? Welche verschiedenen Spiritualitätsformen gibt es innerhalb der Kirche und wie unterschiedlich können geistliche Wege aussehen? Wo beginnen Grenzüberschreitungen im religiösen Bereich und woran erkenne ich manipulatives Verhalten?

Auf diese Weise hätte jede Person die Möglichkeit, anhand von offiziellen, kirchlich festgelegten Kriterien eine eigene Einschätzung ihrer Erfahrungen vorzunehmen. Ebenso wichtig ist in diesem Rahmen eine umfassende Aufklärung über das Phänomen des geistlichen Missbrauchs sowie über die Methoden und Wirkungen der Bewusstseinskontrolle. Um weitere Außenperspektiven zu ermöglichen und das eigene Verhalten zu reflektieren, sollten die jeweiligen Schulungen möglichst nicht intern stattfinden, sondern mit Mitgliedern aus unterschiedlichsten Gemeinschaften besetzt werden.

Wichtig sind an dieser Stelle zudem Hinweise und entsprechende Informationen zu persönlichen Rechten und Beschwerdewegen in den jeweiligen Bistümern. Dazu ist es notwendig, dass auf diözesaner Ebene qualifizierte Ansprechpersonen benannt werden, die mit dem Phänomen des geistlichen Missbrauchs vertraut sind und Betroffene auf ihrem Weg begleiten, unterstützen und vor jeglicher Art von Reviktimisierung schützen – seien sie noch im System, im Ablösungsprozess oder bereits in der Zeit nach dem Ausstieg. Dabei ist die Kooperation mit den kirchlichen Beratungsstellen, z. B. für Ehe-, Familien- und Lebensfragen (EFL), sinnvoll, da Betroffene hier auf schnellem und unbürokratischem Wege professionelle psychologische Hilfe erhalten können. Teile des Personals dieser Beratungsstellen sollten daher für das Thema sensibilisiert und qualifiziert sein, um betroffene Personen angemessen unterstützen zu können.

Je geschlossener das System ist, umso wichtiger ist es für die Mitglieder von geistlichen Bewegungen oder Ordensgemeinschaften, dass es ein verbindliches Angebot externer, nicht gemeinschaftsverbundener geistlicher Begleiterinnen oder Beichtpriester, Exerzitien oder Weiterbildungen gibt, um das persönliche spirituelle Sichtfeld zu weiten und supervisorische Hilfestellungen zu erhalten. Für die weitere Öffnung des eigenen Horizonts ist es zudem erforderlich, dass es einen leichten Zugang zu einer breit gefächerten religiösen und theologischen Literatur gibt sowie die Möglichkeit, sich über das Internet oder soziale Medien über weitere Angebote und spirituelle Ansätze zu informieren.

Wie können wir vor Tätern und Täterorganisationen schützen?

Da das Täterprofil im Kontext geistlichen Missbrauchs noch nicht eindeutig beschrieben werden kann, müssen präventive Maßnahmen zunächst einmal für alle Personen gelten, die sich innerhalb der katholischen Kirche in leitenden bzw. begleitenden Positionen befinden. Hinsichtlich geistlicher Gemeinschaften und Gruppierungen sind dabei auch all diejenigen einzubinden, die in keinem kirchlichen Amts- oder Anstellungsverhältnis stehen.

Eine erste Maßnahme muss sein, dass jede Person, die mit der Aufgabe der geistlichen Begleitung und Leitung betraut ist, eine entsprechende Ausbildung oder Qualifizierung erhält. Zudem sollte es zum verpflichtenden Standard gehören, dass diese Personen im Rahmen von eigener geistlicher Begleitung sowie regelmäßigen Supervisionen, Aus- und Fortbildungen sich selbst und ihr Handeln kritisch hinterfragen und die Grenzen zwischen Begleitung, Hilfestellung und Übergriffigkeit kennen. Umso wichtiger sind diese Standards für Leitungen von Gruppen und Gemeinschaften, je stärker die Bindungen an eine einzelne Persönlichkeit oder einen engen Führungskreis ausgeprägt sind. Sollten sich die betreffenden Personen dieser Reflexion und Aufsicht widersetzen, kann der Forderung durch das Androhen oder Durchsetzen von Sanktionen Nachdruck verliehen werden. Dies könnte im Falle eines Priesters der Entzug der Beichtjurisdiktion[160] oder bei einer kirchlich anerkannten Gemeinschaft der Entzug der Approbation, die Untersagung des apostolischen Handelns in der eigenen Diözese oder eine öffentliche Distanzierung sein. In Bezug auf geistliche Gemeinschaften, die nicht dem diözesanen Recht unterliegen, kann eine solche Sanktion die Klage vor den zuständigen vatikanischen Stellen sein.

Dass solche Schritte möglich sind, zeigte Bischof Dr. Felix Genn (Bistum Münster) im November 2021 mit der Auflösung der Gemeinschaft »Totus Tuus«. Die Gemeinschaft war im Bistum Münster seit 2007 als »privater Verein von Gläubigen« kirchlich anerkannt und bundesweit aktiv. Nach Vorwürfen des geistlichen Missbrauchs durch ehemalige Mitglieder hatte das Bistum in einen zweijährigen Gesprächs- und Aufarbeitungsprozess mit der Gruppierung investiert.[161] Schließlich löste Bischof Genn 2021 die Gemeinschaft per Dekret auf mit der Begründung, dass »die Verantwortlichen in der Vereinigung Totus Tuus nicht willens, bereit und in der Lage sind, die erkannten schwerwiegenden Mängel im geistlichen Umgang mit Mitgliedern dieser Gemeinschaft zum einen einzusehen und zum anderen die gravierenden Missstände auch abzustellen«[162]. Nachdem der Verein beim Dikasterium für die Laien in Rom Rekurs eingelegt hatte, wurden dort alle Punkte zurückgewiesen. Auch der Vatikan wertete die Fakten als schwerwiegenden Schaden und bestätigte die Auflösung durch den Bischof.[163]

Entscheidend ist, dass die zuständige Kirchenleitung ihre Leitungsverantwortung zur Aufsicht und Kontrolle vollumfänglich wahrnimmt. Dazu gehört die gewissenhafte Prüfung von Statuten und Verordnungen, insbesondere wenn sie zur Approbation vorgelegt werden, um mögliche missbräuchliche Strukturen von vorneherein zu unterbinden. Gerade dem Ortsbischof kommt hier eine Schlüsselrolle zu, da er die seelsorgerischen Aufgaben in seinem Bistum regelt und die pastorale Letztverantwortung trägt. Kommt er seiner Aufsichts- und Fürsorgepflicht nicht nach, indem er die kirchenrechtlichen Normen zum Schutz der spirituellen Selbstbestimmung nicht konsequent einfordert, anwendet und umsetzt, macht er sich mitschuldig[164] am geistlichen Missbrauch. Die Ortsbischöfe müssen hier beherzt eingreifen und sich mutig ihrer Amtsgewalt bedienen, die ihnen durch die Leitung ihrer Diözese anvertraut ist. Es geht darum, ausgewiesenen Tätern das Handwerk zu legen und zu unterbinden, dass spirituell totalitäre Gruppierungen seelsorgliche Aufgaben in ihrem Bistum durchführen und damit vor allem junge, suchende Menschen hinters Licht führen. Mit einem klaren und entschiedenen Auftreten sorgen sie für Transparenz, Eindeutigkeit und Aufklärung angesichts eines Phänomens, das mit seinem subtilen, heimlichen und nebulösen Vorgehen oftmals für Unklarheit und Missverständnisse sorgt.

Damit Betroffene wissen, wohin sie sich mit der Meldung von Missständen wenden können, und damit dies auch die Kirchenleitung erreicht, braucht es ein gutes Hinweis- und Beschwerdemanagement in allen Bistümern. Dabei ist es wichtig, dass dieser Weg nicht bei der Gemeinschaftsleitung und damit häufig beim potenziellen Täter endet, sondern am besten gleich mehrere Personen auf unterschiedlichen Hierarchieebenen involviert sind. Solch ein standardisierter »Schutzprozess«[165] wurde bereits im Bistum Osnabrück ausgearbeitet, das deutschlandweit als Vorreiter auf diesem Gebiet bezeichnet werden darf. Auf der Website des Bistums finden sich darüber hinaus umfassende Informationen zum Thema, die Kontaktdaten von zwei unabhängigen Ansprechpartnern sowie eine Checkliste zur Orientierung bei geistlichem Missbrauch.[166] Dieses Vorgehen kann von anderen Bistümern als Vorbild genommen werden.

In Frankreich richteten die Bischöfe bereits 2015 eine Koordinierungsstelle für gefährliche sektiererische Entwicklungen innerhalb der katholischen Kirche ein. Die neue Koordinierungsstelle, die nun von einem Bischof geleitet wird und aus Psychologen, Theologinnen und Juristen besteht, erhält jedes Jahr um die hundert Meldungen über (auch ältere) religiöse Gemeinschaften, Gebetsgruppen, Priester oder einzelne Ordensleute. Die Fälle werden geprüft und an die Bischöfe weitergeleitet.[167] Zuletzt sei auch an die Ausbildung von pastoralen Berufsgruppen und Priestern gedacht. Hier muss ein Schwerpunkt auf das Phänomen des geistlichen Missbrauchs gelegt und dafür sensibilisiert werden. Die Thematik »Begleitung von Betroffenen geistlichen Missbrauchs« sollte dabei ein fester Bestanteil des Curriculums von Seelsorgerinnen werden. Darunter fallen auch Überlegungen dazu, wie sinnvoll es ist, dass jeder Priester mit seiner

Weihe automatisch die Vollmacht erhält, Beichte zu hören, und ob eine solche Legitimation entweder zeitlich begrenzt wird oder unter gewissen Umständen auch wieder entzogen werden kann. Ebenso ist es sinnvoll – und einige Bistümer orientieren sich bereits an diesen Richtlinien –, eine geistliche Begleitung von vornherein zeitlich zu begrenzen, damit keine ungesunden Abhängigkeiten entstehen.

Neben diesen kurz- und mittelfristigen Maßnahmen zur Prävention geistlichen Missbrauchs ist auf lange Sicht wohl eine theologische Grundlagenarbeit notwendig. Darunter fällt die Frage, inwiefern das Festhalten an einem überhöhten und moralisch aufgeladenen Priesterbild die Wahrscheinlichkeit erhöht, in gewisse Opfer- und Täterstrukturen zu verfallen, die sich hier geradezu anbieten. Wir brauchen eine solide und differenzierte Theologie und Spiritualität, die die gesamte Breite der katholischen Lehre ausleuchtet und sich vor jeglicher Einseitigkeit hütet. Egal ob links oder rechts, progressiv oder konservativ: sobald ein Pol übermäßig besetzt wird, löst er eine Gegenbewegung aus, die den jeweils anderen Pol auszufüllen sucht und entsprechende Gruppierungen fördert, die sich schnell absondern und in einer »eigenen Welt« leben. Eine selbstkritische Reflexion erzielen wir nicht damit, dass wir die individuellen Überzeugungen der »Gegenseite« abwerten, missbilligen und attackieren, sondern indem wir uns dafür öffnen, die Gesamtheit des Katholischen ernst zu nehmen und die theologischen Tiefen und Weiten gründlich auszuloten.

10. EIN WORT ZUM SCHLUSS: HEILSAME STATT TOXISCHE GEMEINSCHAFTEN

Aufgrund der hohen Komplexität des Phänomens steht die katholische Kirche mit der Aufarbeitung des geistlichen Missbrauchs noch ganz am Anfang. Um in diesem Gebiet Fortschritte zu erzielen, muss sie in ausführliche Forschungsarbeit investieren und die vielfältigen Kontexte berücksichtigen, in denen es zu spirituellem Machtmissbrauch kommen kann. Denn dieser beschränkt sich natürlich nicht nur auf geistliche Gemeinschaften oder die geistliche Begleitung. Dabei kann es durchaus hilfreich und förderlich sein, einen aktiven kultur- und religionsübergreifenden Austausch zu suchen und auf die Forschung von Experten verschiedener Disziplinen zurückzugreifen. Dabei denke ich beispielsweise an eine intensive Auseinandersetzung mit den Erkenntnissen aus der Sektenforschung. Da gerade die Strategien, Absichten und Interessen der Täterinnen noch zu sehr im Dunkeln liegen, wäre eine Erforschung dieses Bereichs sehr begrüßenswert, idealerweise durch unabhängig agierende, fachlich bewanderte Personen wie Psychologen, (Sozial-) Pädagogen, Theologen, Soziologen, Juristen oder Historiker. Ebenso müssen professionelle und wirksame Konzepte zur Prävention erarbeitet werden, wie sie hier bereits angerissen wurden. Mit wachsendem Wissen sowie zunehmender Sensibilisierung und Schulung zur Thematik wird sich der Druck aufseiten der Verantwortlichen erhöhen, zu handeln und die Forderungen umzusetzen. Schlussendlich wird damit auch die Entdeckungswahrscheinlichkeit geistlich missbräuchlicher Strukturen wachsen. Dafür müssen Verantwortungsträger innerhalb der katholischen Kirche unbedingt eine klare Haltung entwickeln, die deutlich macht, dass sie sich den dunklen Seiten ihrer Institution stellen, das Schweigen brechen, Verantwortung übernehmen und geistlichen Missbrauch nicht nur aufdecken, sondern auch für dessen Beendigung kraftvoll eintreten wollen.

Der Bischof von Dresden-Meißen, Heinrich Timmerevers, forderte in diesem Sinne, »analog zum Umgang mit Fällen sexuellen Missbrauchs in der katholischen Kirche über die Schaffung von interdiözesan standardisierten Mechanismen zur Meldung, Dokumentation, Aufarbeitung und Entschädigung nachzudenken und insbesondere die Vermittlung und Finanzierung einer psychologischen Betreuung für Betroffene […] zu stärken und Beratungsangebote auszubauen. Es wird auch darüber nachzudenken sein, ob und wie Ergänzungen im kirchlichen Straf- und Arbeitsrecht vorzunehmen sind.«[168] Dieser Aspekt der Sanktionen und Wiedergutmachung ist in zweierlei Hinsicht wichtig. Zum einen senden diese Maßnahmen ein deutliches Signal an die Täterinnen, dass sie von kirchlicher Seite durchaus Konsequenzen zu fürchten haben. Zum anderen hat er eine besondere Bedeutung für Betroffene von geistlichem Missbrauch, die oftmals über Jahre selbst zur Ursache ihrer persönlichen Probleme erklärt wurden, denen nicht geglaubt wurde, die billig vertröstet oder an die Seite geschoben und als Lügnerinnen oder psychisch erkrankt dargestellt wurden.

An dieser Stelle möchte ich als Mitarbeiterin einer katholischen Beratungsstelle für Ehe-, Familien- und Lebensfragen ein Plädoyer dafür halten, diesen psychologischen Fachdienst in kirchlicher Trägerschaft als fachliche Unterstützung zu nutzen und auf die geballte Kompetenz der Kollegen und Kolleginnen zurückzugreifen. Sei es bei der Aufgabe der Prävention in Form von Schulungen oder bei der psychologischen Begleitung von Betroffenen geistlichen Missbrauchs. Wenn einzelne Beraterinnen in der Thematik fortgebildet und sensibilisiert sind, können sie das Phänomen erkennen und Betroffene professionell auf ihrem Weg der Aufarbeitung und Heilung unterstützen und begleiten. Ich hoffe, dass auf diese Weise weniger Leidtragende vor verschlossen Türen stehen bleiben, verwiesen werden und schließlich frustriert aufgeben, sondern dass ihr Hilfegesuch zeitnah und professionell versorgt wird. Die Mittel hätten wir.

Eine Schlüsselfrage bleibt die Frage nach der Möglichkeit gesunder Strukturen geistlichen Lebens: Wie kann die Einführung in den Glauben, seine Inhalte und Vollzüge gelingen und gleichzeitig die Freiheit der Adressaten respektiert werden? Wie kann Leitung konstruktiv ausgeübt werden? Wie ist eine gesunde Spannung zwischen Nachfolge und Selbstbestimmung aufrechtzuerhalten? Wie kann die Kirche aus einer mangelnden Ambiguitätstoleranz und der Sicherheit eines Schwarz-Weiß-Denkens ausbrechen, die missbräuchlichen Strukturen Vorschub leisten? Das Bistum Limburg hat in seinem institutionellen Schutzkonzept zur Prävention vor sexualisierter Gewalt »eine flächendeckende Kultur der Aufmerksamkeit, des Hinschauens und der Sensibilität zur Gefahrenvermeidung in allen Pfarreien, Einrichtungen und Verbänden«[169] zur Grundlage und zum Ziel allen Engagements erklärt. Damit werden nicht nur die Kategorien »Täter« und »Opfer«, sondern »vor allem auch das System, die Institution mit seiner Kultur, seinen Strukturen und ausgesprochenen und unausgesprochenen Regelungen und Verfahrensabläufen in den Blick«[170] genommen. Die hier geforderte Sensibilität für eine Kultur der Achtsamkeit braucht es in gleicher Weise für die Aufarbeitung und Prävention des geistlichen Missbrauchs. Nur so können Menschen, die in der katholischen Kirche und im christlichen Glauben einen Ort der Heimat und des Friedens für sich suchen, tatsächlich zu einer gesunden spirituellen Selbstbestimmung hingeführt werden und statt toxischer Gemeinschaft eine heilsame Gemeinschaft erfahren.

DANKSAGUNG

An dieser Stelle möchte ich einigen wichtigen Menschen danken, ohne die dieses Buch nicht entstanden wäre.

Zuallererst danke ich all den von geistlichem Missbrauch betroffenen Menschen, die sich bereit erklärt haben, mir ihre Geschichten zu erzählen, und die es damit erst möglich gemacht haben, dass ich mich dem Thema so intensiv widmen konnte. Danke für euren Mut, mit dem ihr einen sehr wichtigen Beitrag leistet, damit das Thema mehr Aufmerksamkeit erhält und anderen geholfen werden kann.

Dann danke ich meiner treuen Freundin Joanna Jagielski, die mich durch all die Jahre der Gemeinschaftszeit, des Ausstiegs und der turbulenten Zeit danach bis heute begleitet hat. Danke, dass du mir immer wieder geduldig einen Spiegel vorgehalten, mich ermutigt, geerdet und bestätigt hast. Danke, dass mit dir alles besprechbar war und ist.

Ich danke meinem guten Freund Jonas Mieves, der noch vor mir wusste, dass ich ein Buch schreiben werde und wie es heißen wird. Danke, dass du mich unermüdlich ermutigt und für diese Sache begeistert hast (auch wenn der Titel nun ein anderer ist). Du warst mein Türöffner zum Verlag Herder und hattest zeitweise mehr Mut als ich, danke dafür.

Ich danke Johanna Oehler und Simon Biallowons für ihre Offenheit dem Thema gegenüber und dass sie mich dankenswerterweise davon überzeugt haben, das Thema auf andere toxische Systeme hin zu weiten. Danke für eure Unterstützung, den Austausch und die hilfreichen Anregungen.

Und dann danke ich all den unzähligen guten und nahen Menschen, die mir auf den Weg gestellt wurden und für die ich unendlich dankbar bin. Danke für eure Freundschaft, euer offenes Herz und Ohr, eure Unterstützung, Nähe, Liebe, Ermutigung, das gemeinsame Lachen und Weinen und jedes stärkende Wort, das mir Kraft gegeben hat, weiterzumachen, wenn ich gerne alles hingeworfen hätte. Ohne euch hätte ich es nicht geschafft!

Und zu guter Letzt, weil ihr die Wichtigsten seid, danke ich meiner Familie: meinen Eltern Marianne und Franz-Heiner und meinen Geschwistern Christine, Katharina, Christopher und Dominik. Danke, dass ihr immer da seid, ganz präsent oder im Hintergrund. Ihr seid mein sicheres Fundament, das immer trägt, auch wenn alles wankt. Danke für alles!

Stephanie Butenkemper

WEITERFÜHRENDE LITERATUR

Althaus, R. (2018): Geistlicher Missbrauch. Kirchenrechtliche Aspekte. In: Geist und Leben, 91. Jg. (2/2018), S. 159–169.

Blue, K. (2011): Heilung erfahren nach geistlichem Missbrauch. Gießen: Brunnen.

De Lassus, D. (2022): Verheißung und Verrat. Geistlicher Missbrauch in Orden und Gemeinschaften der katholischen Kirche. Münster: Aschendorff.

Deutsche Bischofskonferenz (2018): Zum Umgang mit geistlichem Missbrauch. Dokumentation der Fachtagung der Pastoralkommission (III), der Kommission für »Geistliche Berufe und Kirchliche Dienste« (IV) und der Jugendkommission (XII) in Mainz. In: Erzdiözese München und Freising Fachbereich Weltanschauungsfragen, unter: https://www.geistlicher-missbrauch.org/assets/Uploads/Zum-Umgang-mit-geistlichem-Missbrauch.pdf (abgerufen am 06.10.2022).

Festinger, L. (1978): Theorie der kognitiven Dissonanz. Bern, Stuttgart, Wien: Huber.

Flesch, M. (2022): Die Betroffenen. Seelische Leidensräume in der Katholischen Kirche. Würzburg: Echter.

Frielingsdorf, K. (1997): Der wahre Gott ist anders. Von krankmachenden zu heilenden Gottesbildern. Mainz: Topos.

Frielingsdorf, K. (2008): Vom Überleben zum Leben. Wege zur Identitäts- und Glaubensfindung. Ostfildern: Grünewald.

Frings, B. u. a. (2022): Macht und sexueller Missbrauch in der katholischen Kirche. Betroffene, Beschuldigte und Vertuscher im Bistum Münster seit 1945. Freiburg: Herder.

Großbölting, T. (2022): Die schuldigen Hirten. Geschichte des sexuellen Missbrauchs in der katholischen Kirche. Freiburg: Herder.

Hassan, S. (1994): Ausbruch aus dem Bann der Sekten. Psychologische Beratung für Betroffene und Angehörige. Hamburg: Rowohlt.

Hörting, G. (2021): Grauzonen in Kirche und Gesellschaft: Geistiger Missbrauch. Wien: LIT.

Hole, G. (1994): Die depressive Dekompensation – pathologische Endstrecke einer religiösen Anstrengung. In: Klosinski, G. (Hrsg.): Religion als Chance oder Risiko. Bern: Huber, S. 209–222.

Hoyeau, C. (2023): Der Verrat der Seelenführer. Freiburg: Herder.

Hundertmark, P. (2017, 20. Dezember): Geistliche Begleitung an der Seite von Menschen, die spirituellen Missbrauch erleben mussten, unter: https://geistlich.net/geistliche-begleitung-an-der-seite-von-menschen-die-spirituellen-missbrauch-erleben-mussten/ (abgerufen am 26.04.2021).

Hundertmark, P. (2019, 24. Juli): Etappen eines Gesundungsprozesses nach spiritualisiertem Machtmissbrauch, unter: https://geistlich.net/etappen-eines-gesundungsprozesses-nach-spiritualisiertem-machtmissbrauch/ (abgerufen am 19.04.2021).

Johnson, D.; Van Vonderen, J. (2003): Geistlicher Mißbrauch. Die zerstörende Kraft der frommen Gewalt. Asslar: Gerth Medien.

Gahleitner, S. B.; Frank, C.; Leitner, A. (2015): Ein Trauma ist mehr als ein Trauma. Biopsychosoziale Traumakonzepte in Psychotherapie, Beratung, Supervision und Traumapädagogik. Weinheim und Basel: Beltz Juventa.

Gross, W. (1994): Psychomarkt – Sekten – Destruktive Kulte. Bonn: Deutscher Psychologen-Verlag.

Haslbeck, B.; Heyder, R.; Leimgruber, U.; Sandherr-Klemp, D. (2020): Erzählen als Widerstand. Berichte über spirituellen und sexuellen Missbrauch an erwachsenen Frauen in der katholischen Kirche, Münster: Aschendorff Verlag.

Karl, K.; Weber, H. (2021): Missbrauch und Beichte. Erfahrungen und Perspektiven aus Praxis und Wissenschaft. Würzburg: Echter.

Kaufmann, K.; Illig, L.; Jungbauer, J. (2021): Sektenkinder. Über das Aufwachsen in neureligiösen Gruppierungen und das Leben nach dem Ausstieg. Köln: Balance.

Kießling, K. (2021): Geistlicher und sexueller Machtmissbrauch in der katholischen Kirche. Würzburg: Echter.

Kluitmann, K. (2019). Was ist geistlicher Missbrauch? Grenzen, Formen, Alarmsignale, Hilfen. Manuskript. In: Ordenskorrespondenz 2/2019, S. 184–192.

Langel, H. (2000): Kulte und Sekten. Gefährliche Zeiterscheinung oder moderne Religionsvielfalt? München: Olzog.

Löbsack, T. (1971): Die manipulierte Seele. Von der Gehirnwäsche zum gesteuerten Gefühl. München: Deutscher Taschenbuchverlag.

Lützner-Lay, E. (2016): Trauma und Resilienz in Beratung und Therapie. Wie die Schatten unserer Geschichte uns begleiten und die Lebenskraft uns trägt. Wiesbaden: Springer.

Mertes, K. (2017): Geistlicher Machtmissbrauch. In: Geist und Leben. Zeitschrift für christliche Spiritualität, 90 (3/2017). Würzburg: Echter, S. 249–259.

Mertes, K. (2018): Missbrauch institutionell aufarbeiten. In: Stimmen der Zeit 9/2018, S. 627–638.

Mertes, K. (2019): Geistlicher Missbrauch. Theologische Anmerkungen. In: Stimmen der Zeit 2/2019, S. 93–102.

Reithmeier, L. (2006): Religiöser Missbrauch. Ursachen – Auswirkungen – Heilung. Hamburg: GGE Praxis.

Rohmann, D. (2000): Darstellung der therapeutischen Arbeit mit Kultmitgliedern bzw. -aussteigern anhand eines Drei-Stufen-Modells (veröffentlicht als Originalmaterial im »Report Psychologie 5,6/2000«), unter: https://kulte.de/3-stufen-modell/#tab-1-3 (abgerufen am 19.04.2021).

Schulz, H. A. (2019): Perfide Konstrukte. Was ist geistlicher Missbrauch? In: Herder Korrespondenz. Monatsheft für Gesellschaft und Religion, 73, S. 36–38.

Schulz, H. A. (2022): Durch Nebel hindurch. Aus ignatianischer Sicht geistlichen Missbrauch erkennen und überwinden. Würzburg: Echter.

Slawek, A. (2022): Spirituellem Missbrauch zuvorkommen. Was wir von Frankreich lernen können. In: Geist und Leben, 95. Jg. (3/2022), S. 258–266.

Stahl, A. (2019): Traumasensible Seelsorge. Grundlinien für die Arbeit mit Gewaltbetroffenen. Stuttgart: Kohlhammer.

Tempelmann, I. (2007): Geistlicher Missbrauch. Auswege aus frommer Gewalt. Ein Handbuch für Betroffene und Berater. Wuppertal: Brockhaus.

Timmerevers, H.; Arnold, T. (2020): Herder Thema. Gefährliche Seelenführer? Geistiger und geistlicher Missbrauch. Freiburg: Herder.

Utsch, M. (2012): Pathologische Religiosität. Genese, Beispiele, Behandlungsansätze. Stuttgart: Kohlhammer.

Wagner, D. (2014): Nicht mehr ich. Die wahre Geschichte einer jungen Ordensfrau. Wien: Edition a.

Wagner, D. (2018): #Nuns too. In: Stimmen der Zeit (6/2018), S. 374–384.

Wagner, D. (2019): Spiritueller Missbrauch in der katholischen Kirche. Freiburg: Herder.

Wagner, D.; Schönborn, C. (2019): Schuld und Verantwortung. Ein Gespräch über Macht und Missbrauch in der Kirche. Freiburg: Herder.

HILFREICHE LINKS

Dokumentation und Podcast über die Katholische Integrierte Gemeinde:

Querne, Eckhart; Wölfel, Christian (2022): Geknechtet unterm Kreuz – Leben in einer katholischen Sekte, BR Fernsehen, unter: https://www.ardmediathek.de/video/dokthema/geknechtet-unterm-kreuz-leben-in-einer-katholischen-sekte/br-fernsehen/Y3JpZDovL2JyLmRlL3ZpZGVvL2JkMDBiZGJjLTY3OWYtNGMxYS05ZDVlLThjMjExMzA1NWY5Yg (abgerufen am 23.01.2023).

Paysen-Petersen, Katja; Querner, Eckhart; Wölfel, Christian (2022, 3. Dezember): Seelenfänger – Verrat im Namen des Herrn: Die Integrierte Gemeinde, Bayrischer Rundfunk, unter: https://open.spotify.com/show/3qZbfNLy2QSBnW8akCImx0?si=ab435329f4b6444 (abgerufen am 23.01.2023).

Anlaufstellen für Betroffene:

Onlineberatung: Anlaufstelle für Frauen, die im kirchlichen Raum Gewalt erfahren haben (von der Arbeitsstelle für Frauenseelsorge der Deutschen Bischofskonferenz), unter: https://www.gegengewalt-an-frauen-inkirche.de/startseite.html

Checkliste für kritische Anzeichen von geistlichem Missbrauch (Bistum Münster), unter: https://www.bistum-muenster.de/fileadmin/user_upload/Website/Downloads/Rat-Hilfe/2018-05-Checkliste-kritische-Anzeichen.pdf

AVREF (Aide aux Victimes de mouvements Religieux en Europe et Familles): Verein mit Sitz in Paris, der sich um Opfer von geistlichem Missbrauch in katholischen Gemeinschaften kümmert, unter: https://www.avref.fr/

Allgemeine Informationen zum Geistlichen Missbrauch vom Fachbereich Weltanschauungfragen der Erzdiözese München und Freising, unter: https://www.geistlicher-missbrauch.org

Checkliste der Sekteninfo NRW: https://sekten-info-nrw.de/media/documents/Faltblatt-SINRW-Checkliste.pdf

Ausgewiesene Ansprechpersonen einiger Bistümer:

Bistum Münster: https://www.bistum-muenster.de/startseite_rat_hilfe/geistlicher_missbrauch

Bistum Osnabrück: https://bistum-osnabrueck.de/geistlicher-missbrauch/

Erzdiözese Wien: https://www.erzdioezese-wien.at/pages/inst/24072557/informationen/einrichtungenindererzdioe

ANMERKUNGEN

1 Johannes vom Kreuz (2000, vollst. Neuübersetzung): Die lebendige Liebesflamme. Freiburg: Herder.

2 Ende Januar 2010 wandte sich Pater Klaus Mertes, der damals amtierende Rektor des Canisius-Kollegs in Berlin, in einem Brief an mehr als 600 ehemalige Schüler. Darin informierte er sie über den in den 1970er- und 1980er-Jahren stattgefundenen systematischen sexuellen Missbrauch durch einzelne Jesuiten. Durch einen Artikel in der Berliner Morgenpost wurde der Inhalt des Briefs und damit die Missbrauchsfälle der Öffentlichkeit bekannt.

3 Timmerevers, Heinrich (2020, 13. November): Statement von Bischof Heinrich Timmerevers (Dresden-Meißen) bei der Pressekonferenz zum Abschluss der Tagung »Gefährliche Seelenführer? Geistiger und geistlicher Missbrauch« vom 12. bis 13. November 2020 in Leipzig – digital [Pressemeldung], unter: https://www.dbk.de/fileadmin/redaktion/diverse_downloads/presse_2020/2020-193b-Digitale-Tagung-Gefaehrliche-Seelenfuehrer-Statement-Bi.-Timmerevers.pdf (abgerufen am 29.05.2021).

4 Beispielsweise zwischen Gemeinschaftsleiterin und Gemeinschaftsmitglied, Pfarrer oder Pastoralreferentin und Gemeindemitglied, Seelsorgerin und Ratsuchender, Eltern und Kind.

5 »Les abus spirituels dans l'Église ne conduisent pas toujours à des abus sexuels, mais ils en sont l'antichambre.« Dinechin, Blandine de; Léger, Xavier (2019): Abus spirituels et dérives sectaire dans l'Église. Paris: Médiaspaul, S. 19.

6 Kluitmann, Katharina (2019): Was ist geistlicher Missbrauch? Grenzen, Formen, Alarmsignale, Hilfen. In: Deutsche Ordensobernkonferenz, unter: https://www.orden.de/dokumente/4._Aktuelles/Themen/Missbrauch/ok_innenseiten_ok_2_2019_kluitmann.pdf (abgerufen am 17.09.2022)

7 Conférence des évêques de France (2016, 11. März): Cellule des dérives sectaires dans des communautés catholiques. In: Église catholique en France, unter: https://eglise.catholique.fr/conference-des-eveques-de-france/cef/autres-services-et-instances/418017-derives-sectaires-dans-des-communautes-/ (abgerufen am 29.05.2021)

8 Zitat aus einem der Interviews mit Betroffenen geistlichen Missbrauchs.

9 Love Bombing (aktualisiert 2022, 8. Juli). In: Wikipedia, unter: https://de.wikipedia.org/wiki/Love_Bombing#cite_ref-6 (abgerufen am 19.09.2022).

10 Zur vertiefenden Lektüre empfehle ich Kaufmann, Kathrin; Illig, Laura; Jungbauer, Johannes (2021): Sektenkinder. Über das Aufwachsen in neureligiösen Gruppierungen und das Leben nach dem Ausstieg. Köln: Balance.

11 Bucay, Jorge (2008): Komm, ich erzähl dir eine Geschichte. Frankfurt a. M.: Fischer Taschenbuch.

12 Die Evangelisationsarbeit dieser Gemeinschaft wird als »Einsatz« bezeichnet.

13 Bei der Datenauswertung werden alle Informationen, die für die Forschungsfrage wichtig sein könnten, in größere Sinneinheiten kategorisiert. Basierend auf den Schlüsselkategorien wird die Theorie gebildet.

14 Lifton, Robert J. (1989): Thought Reform and the Psychology of Totalism: A Study of ‹Brainwashing› in China. Chapel Hill and London: The University of North Carolina Press.

15 Camus, Albert (1997): Der Fall: Roman. Hamburg: Rowohlt.

16 Hassan, Steven (2020): The bite model of authoritarian control: undue influence, thought reform, brainwashing, mind control, trafficking and the law (Dissertation). In Freedom of Mind Resource Center, unter: https://freedomofmind.com/wp-content/uploads/2021/01/Dr-Hassan-Dissertation-Published.pdf (abgerufen am 28.09.2022).

17 Zur weiteren Vertiefung dient der Endbericht der Enquete-Kommission »Sogenannte Sekten und Psychogruppen« des Deutschen Bundestags, unter: https://dip21.bundestag.de/dip21/btd/13/109/1310950.pdf (abgerufen am 31.05.2021).

18 »Alles, was Sie da erzählt haben, könnte auch im Kegelverein oder im Fußballclub passieren.«

19 Füller, Christian (2011, 26. August): Missbrauch an der Odenwaldschule. »Hört auf mit der Lüge und dem Selbstbetrug«. In: Spiegel Online, unter: https://www.spiegel.de/lebenundlernen/schule/missbrauch-an-der-odenwaldschule-hoert-auf-mit-der-luege-und-dem-selbstbetrug-a-781300.html (abgerufen am 05.09.2022).

20 Gustav Wyneken (aktualisiert 2022, 22. Januar). In: Wikipedia, unter: https://de.wikipedia.org/wiki/Gustav_Wyneken (abgerufen am 05.09.2022).

21 Paul Geheeb (aktualisiert 2022, 26. Juni). In: Wikipedia, unter: https://de.wikipedia.org/wiki/Paul_Geheeb (abgerufen am 05.09.2022).

22 Ebd.

23 Gerold Becker (aktualisiert 2022, 2. August). In: Wikipedia, unter: https://de.wikipedia.org/wiki/Gerold_Becker (abgerufen am 05.09.2022).

24 Reformpädagoge Gerold Becker: »Hier, an der Odenwaldschule, ist alles erlaubt.« (2011, 12. August). In: Medrum, unter: https://www.medrum.de/content/reformpaedagoge-gerold-becker-hier-der-odenwaldschule-ist-alles-erlaubt (abgerufen am 05.09.2022).

25 Himmelrath, Armin (2016, 2. Mai): Odenwaldschule. Sexueller Missbrauch – Die Rolle von Internatsleiter Gerold Becker. In: Deutschlandfunk, unter: https://www.deutschlandfunk.de/odenwaldschule-sexueller-missbrauch-die-rolle-von-100.html (abgerufen am 05.09.2022).

26 Odenwaldschule (aktualisiert 2022, 15. August). In: Wikipedia, unter: https://de.wikipedia.org/wiki/Odenwaldschule (abgerufen am 05.09.2022).

27 Tenorth, Heinz-Elmar (2011, 20. Juni): Tilman Jens' Buch über die Odenwaldschule: Vibratoren statt Kanonen. In: Süddeutsche Zeitung, unter: https://www.sueddeutsche.de/kultur/tilman-jens-buch-ueber-die-odenwaldschule-wenig-mitleid-mit-den-opfern-1.1110618 (abgerufen am 05.09.2022).

28 Missbrauch an der Odenwaldschule: Weiterer renommierter Pädagoge im Zwielicht (2010, 15. Dezember). In: Stern, unter: https://www.stern.de/panorama/stern-crime/missbrauch-an-der-odenwaldschule-weiterer-renommierter-paedagoge-im-zwielicht-3873272.html (abgerufen am 05.09.2022).

29 Ruf, Christoph (2010, 14. März): Missbrauch an Odenwaldschule: »Da bricht ein Weltbild zusammen«. In: Spiegel Online, unter: https://www.spiegel.de/panorama/gesellschaft/missbrauch-an-odenwaldschule-da-bricht-ein-weltbild-zusammen-a-683289.html (abgerufen am 05.09.2022).

30 Brinck, Christine (2011, 9. Oktober): Missbrauch an der Odenwaldschule: Der Bericht eines Opfers. In: Der Tagesspiegel, unter: https://www.tagesspiegel.de/kultur/missbrauch-an-der-odenwaldschule-der-bericht-eines-opfers/4735060.html (abgerufen am 05.09.2022).

31 Hans, Barbara (2010, 17. April): Zwischen Traum und Trauma. In: Spiegel Online, unter: https://www.spiegel.de/panorama/gesellschaft/debatte-an-der-odenwaldschule-zwischen-traum-und-trauma-a-689524.html (abgerufen am 05.09.2022).

32 Himmelrath, Armin (2016, 2. Mai): Odenwaldschule. Sexueller Missbrauch – Die Rolle von Internatsleiter Gerold Becker. In: Deutschlandfunk, unter: https://www.deutschlandfunk.de/odenwaldschule-sexueller-missbrauch-die-rolle-von-100.html (abgerufen am 05.09.2022).

33 Odenwald-Rektorin berichtet von grausamen Demütigungen (2010, 7. April). In: Spiegel Online, unter: https://www.spiegel.de/panorama/justiz/sexueller-missbrauch-odenwald-rektorin-berichtet-von-grausamen-demuetigungen-a-687553.html (abgerufen am 05.09.2022).

34 Lehrer ohne Kleider (2010, 12. Juli). In: Süddeutsche Zeitung, unter: https://www.sueddeutsche.de/karriere/missbrauch-an-der-odenwaldschule-nackte-lehrer-waren-normal-1.973599-2 (abgerufen am 05.09.2022).

35 Schultz, Tanjev (2010, 12. Juli): Nackte Lehrer waren normal. In: Süddeutsche Zeitung, unter: https://www.sueddeutsche.de/karriere/missbrauch-an-der-odenwaldschule-nackte-lehrer-waren-normal-1.973599 (abgerufen am 05.09.2022).

36 Keupp, H./Mosser, P./Busch, B./Hackenschmied, G./Straus, F./Brachmann, J. (2019): Die Odenwaldschule als Leuchtturm der Reformpädagogik und als Ort sexualisierter Gewalt: Eine sozialpsychologische Perspektive, Berlin: Springer.

37 Odenwaldschule: Missbrauch mit System (2010, 17. Dezember). In: Süddeutsche Zeitung, unter: https://www.sueddeutsche.de/politik/politik-kompakt-proteste-vor-papst-rede-im-bundestag-1.1037393 (abgerufen am 05.09.2022).

38 Gerold Becker (aktualisiert 2022, 2. August). In: Wikipedia, unter: https://de.wikipedia.org/wiki/Gerold_Becker (abgerufen am 05.09.2022).

39 Schindler, Jörg (aktualisiert 2019, 31. Januar): Wer protestierte, wurde als Spießer geächtet. In: Frankfurter Rundschau, unter: https://www.fr.de/politik/protestierte-wurde-spiesser-geaechtet-11620250.html (abgerufen am 10.09.2022).

40 Haeming, Anne (2011, 9. August): Ein schreckliches Paradies. In: Spiegel Online, unter: https://www.spiegel.de/kultur/tv/doku-ueber-odenwaldschule-ein-schreckliches-paradies-a-779127.html (abgerufen am 10.09.2022).

41 Jens, Tilmann (2011): Freiwild. Die Odenwaldschule – Ein Lehrstück von Opfern und Tätern. Gütersloh: Gütersloher Verlagshaus.

42 Jens, Tilmann (2021): Die Freiheit zu leben – und zu sterben: Ein Bekenntnis. München: Ludwig Buchverlag.

43 Füller, Christian (2011, 26. August): Missbrauch an der Odenwaldschule. »Hört auf mit der Lüge und dem Selbstbetrug«. In: Spiegel Online, unter: https://www.spiegel.de/lebenundlernen/schule/missbrauch-an-der-odenwaldschule-hoert-auf-mit-der-luege-und-dem-selbstbetrug-a-781300.html (abgerufen am 05.09.2022).

44 Ebd.

45 Schindler, Jörg (aktualisiert 2019, 31. Januar): Der Lack ist ab. In: Frankfurter Rundschau, unter: https://www.fr.de/politik/lack-11620273.html (abgerufen am 10.09.2022).

46 Dehmers, Jürgen; Huckele, Andreas (2011): Wie laut soll ich denn noch schreien? Die Odenwaldschule und der sexuelle Missbrauch. Hamburg: Rowohlt.

47 Von Bebenburg, Pitt (aktualisiert 2019, 24. Februar): Mehr als 500 Opfer an der Odenwaldschule Heppenheim. In: Frankfurter Rundschau, unter: https://www.fr.de/rhein-main/mehr-opfer-11792091.html (abgerufen am 10.09.2022).

48 Hans, Barbara (2010, 10. Juli): »Ich wurde erzogen, mit Erwachsenen ins Bett zu gehen«. In: Spiegel Online, unter: https://www.spiegel.de/panorama/justiz/aufarbeitung-an-odenwaldschule-ich-wurde-erzogen-mit-erwachsenen-ins-bett-zu-gehen-a-705715.html (abgerufen am 10.09.2022).

49 Hans, Barbara (2010, 17. April): Zwischen Traum und Trauma. In: Spiegel Online, unter: https://www.spiegel.de/panorama/gesellschaft/debatte-an-der-odenwaldschule-zwischen-traum-und-trauma-a-689524.html (abgerufen am 05.09.2022).

50 Ruf, Christoph (2010, 14. März): Missbrauch an Odenwaldschule: »Da bricht ein Weltbild zusammen«. In: Spiegel Online, unter: https://www.spiegel.de/panorama/gesellschaft/missbrauch-an-odenwaldschule-da-bricht-ein-weltbild-zusammen-a-683289.html (abgerufen am 05.09.2022).

51 Hans, Barbara (2010, 17. April): Zwischen Traum und Trauma. In: Spiegel Online, unter: https://www.spiegel.de/panorama/gesellschaft/debatte-an-der-odenwaldschule-zwischen-traum-und-trauma-a-689524.html (abgerufen am 05.09.2022).

52 Mehr als halbe Million Euro für Missbrauchsopfer der Odenwaldschule (2020, 18. Mai). In: Zeit Online, unter: https://www.zeit.de/gesellschaft/zeitgeschehen/2020-05/sexueller-missbrauch-odenwaldschule-hessen-opfer-entschaedigung (abgerufen am 10.09.2022).

53 Ebd.

54 Odenwald-Rektorin berichtet von grausamen Demütigungen (2010, 7. April). In: Spiegel Online, unter: https://www.spiegel.de/panorama/justiz/sexueller-missbrauch-odenwald-rektorin-berichtet-von-grausamen-demuetigungen-a-687553.html (abgerufen am 05.09.2022).

55 Eiskunstläuferin Walijewa dankt umstrittener Trainerin Tutberidse (2022, 21. Februar). In: RP Online, unter: https://rp-online.de/sport/olympia-winter/olympia-2022-peking-eiskunstlaeuferin-kamila-walijewa-dankt-trainerin-tutberidse_aid-66467825 (abgerufen am 31.08.2022).

56 Anwälte schieben die Schuld auf den kranken Opa der russischen Eiskunstläuferin (2022, 15. Februar). In: Welt Online, unter: https://www.welt.de/sport/article236911823/Olympia-Kamila-Valieva-Anwaelte-schieben-die-Schuld-auf-ihren-Opa.html (abgerufen am 31.08.2022).

57 Eisenreich, Ruth (2020, 26. Februar): Machtmissbrauch im Sport – Nicola Werdenigg spricht. In: Brigitte Online, unter: https://www.brigitte.de/aktuell/gesellschaft/machtmissbrauch-im-sport---nicola-werdenigg-spricht-11726430.html (abgerufen am 31.08.2022)

58 Fünf Jahre Haft für Peter Seisenbacher (2019, 2. Dezember). In: ORF, unter: https://orf.at/stories/3146214/ (abgerufen am 31.08.2022).

59 4. Öffentliches Hearing »Sexueller Kindesmissbrauch im Sport« (2020, 20. Oktober). In: Unabhängige Kommission zur Aufarbeitung sexuellen Kindesmissbrauchs, unter: https://www.aufarbeitungskommission.de/service-presse/service/meldungen/oeffentliches-hearing-sport/ (abgerufen am 31.08.2022).

60 Ebd.

61 Safe Sport – Schutz von Kindern und Jugendlichen im organisierten Sport in Deutschland – Analyse von Ursachen, Präventions- und Interventionsansätzen bei sexualisierter Gewalt (o.D.). In: Deutsche Sporthochschule Köln, unter: https://fis.dshs-koeln.de/portal/de/projects/safe-sport--schutz-von-kindern-und-jugendlichen-im-organisierten-sport-in-deutschland--analyse-von-ursachen-praventions-und-interventionsansatzen-bei-sexualisierter-gewalt(8770344e-007b-4a17-9a12-ebf95ea45190).html (abgerufen am 31.08.2022).

62 »Safe Sport« – Ein Handlungsleitfaden zum Schutz von Kindern und Jugendlichen vor Grenzverletzungen, sexualisierter Belästigung und Gewalt im Sport (o. D.). In: Deutscher Olympischer Sportbund, unter: https://cdn.dosb.de/user_upload/SafeSport/Dateien/2020/dsj_sexgewalt_2020.pdf (abgerufen am 31.08.2022).

63 Forschungsprojekt »SicherImSport«. Online-Befragung von Vereinsmitgliedern und Funktionär*innen (o. D.). In: Landessportbund Nordrhein-Westfalen, unter: https://www.lsb.nrw/unsere-themen/gegen-sexualisierte-gewalt-im-sport/forschungsprojekt-sicherimsport (abgerufen am 31.08.2022).

64 Schültke, Andrea (2020, 25. August): Sexualisierte Gewalt im Sport. Studie soll Breitensport untersuchen. In: Deutschlandfunk, unter: https://www.deutschlandfunk.de/sexualisierte-gewalt-im-sport-studie-soll-breitensport-100.html (abgerufen am 31.08.2022).

65 Ergebnisse zu »SicherImSport«-Studie vorgestellt (2021, 4. November). In: Hamburger Sportbund, unter: https://www.hamburger-sportbund.de/aktuelles/news/10-sonstiges/657-ergebnisse-zu-sicherimsport-studie-vorgestellt (abgerufen am 31.08.2022).

66 Schültke, Andrea (2021, 11. März): Fachtagung zu Machtmissbrauch im Sport. Weg von Härte, Drill und Herabwürdigung. In: Deutschlandfunk, unter: https://www.deutschlandfunk.de/fachtagung-zu-machtmissbrauch-im-sport-weg-von-haerte-drill-100.html (abgerufen am 31.08.2022).

67 Schültke, Andrea (2021, 28. Januar): Gewaltvorwürfe im Turnen. Bundesinnenministerium will Untersuchungsbericht nicht einsehen. In: Deutschlandfunk, unter: https://www.deutschlandfunk.de/gewaltvorwuerfe-im-turnen-bundesinnenministerium-will-100.html (abgerufen am 31.08.2022).

68 Treusch, Wolf-Sören (2021, 24. Februar): Psychische Gewalt im Turnen. Sportausschuss berät über besseren Schutz für Kinder. In: Deutschlandfunk, unter: https://www.deutschlandfunk.de/psychische-gewalt-im-turnen-sportausschuss-beraet-ueber-100.html (abgerufen am 31.08.2022).

69 4. Öffentliches Hearing »Sexueller Kindesmissbrauch im Sport« (2020, 20. Oktober). In: Unabhängige Kommission zur Aufarbeitung sexuellen Kindesmissbrauchs, unter: https://www.aufarbeitungskommission.de/service-presse/service/meldungen/oeffentliches-hearing-sport/ (abgerufen am 31.08.2022).

70 Laure, Tobias (aktualisiert 2022, 28. Juni): Tamara Vrhovec klagt Machtmissbrauch und sexuelle Übergriffe bei Tennis-Schiedsrichterin an. In: Eurosport, unter: https://www.eurosport.de/tennis/wimbledon/2022/tamara-vrhovec-schiedsrichter-machtmissbrauch-sexuelle-uebergriffe-skandal-interview-telegraph_sto9009535/story.shtml (abgerufen am 31.08.2022).

71 Schültke, Andrea (2021, 11. März): Fachtagung zu Machtmissbrauch im Sport. Weg von Härte, Drill und Herabwürdigung (2021, 11. März). In: Deutschlandfunk, unter: https://www.deutschlandfunk.de/fachtagung-zu-machtmissbrauch-im-sport-weg-von-haerte-drill-100.html (abgerufen am 31.08.2022).

72 Grybowski, Lukas (2022, 22. Februar): »Das wird eine gravierende Rolle spielen«: Sportrechtler klärt auf, wie es im Doping-Skandal um Kamila Valieva weitergeht. In: Watson, unter: https://www.watson.de/sport/analyse/166317547-olympia-2022-nach-dem-doping-skandal-um-kamila-valieva-wie-es-nun-weitergeht (abgerufen am 31.08.2022).

73 Kamila Valieva bricht ihr Schweigen nach Olympia-Desaster (2022, 21. Februar). In: Sport Online, unter: https://www.sport.de/news/ne4816884/olympia-2022-kamila-valieva-bricht-schweigen-nach-eiskunstlauf-desaster/ (abgerufen am 31.08.2022).

74 Ebd.

75 Ebd.

76 Eiskunstlauf-Legende verteidigt Valieva-Trainerin (2022, 19. Februar). In: Sport Online, unter: https://www.sport.de/news/ne4813113/olympia-2022--eiskunstlauf-ikone-verteidigt-valieva-trainerin-schaut-auf-ihre-wikipedia-seite/ (abgerufen am 31.08.2022).

77 Ebd.

78 Kayser, Sebastian (2022, 18. Februar): Wer schlecht trainiert, muss in die Mülltonne! In: Bild Online, unter: https://www.bild.de/sport/olympia/olympia/olympia-2022-eteri-tutberidze-wer-bei-valievas-trainerin-schlecht-trainiert-muss-79193224.bild.html (abgerufen am 31.08.2022).

79 Ebd.

80 Ebd.

81 Die Königin der Unbarmherzigkeit (2022, 19. Februar). In: ntv, unter: https://www.n-tv.de/sport/olympia/Die-Koenigin-der-Unbarmherzigkeit-article23139120.html (abgerufen am 31.08.2022).

82 »I want you to panic« – 16-jährige Greta Thunberg spricht in Davos (2019, 26. Januar). In: Deepwave, unter: https://www.deepwave.org/i-want-you-to-panic-16-jaehrige-greta-thunberg-spricht-in-davos/ (abgerufen am 29.08.2022).

83 Blockaden, Sabotageakte und »grüne RAF«: Klimaschützer wollen radikaler werden (2022, 20. Februar). In: Redaktionsnetzwerk Deutschland, unter: https://www.rnd.de/politik/klimaschutz-gruene-raf-aktivisten-wollen-radikaler-werden-GV7XTCGLWJBVVMNBKTUHGHIDYY.html (abgerufen am 29.08.2022).

84 Pascal (2022, 16. Februar): Verlesung offener Brief – Letzte Generation stellt Ultimatum. In: Letzte Generation, unter: https://letztegeneration.de/blog/2022/02/verlesung-offener-brief-letzte-generation-stellt-ultimatum/ (abgerufen am 29.08.2022).

85 Klimaschützer wollen radikaler werden (2022, 20. Februar). In: report-k.de Internetzeitung Köln, unter: https://www.report-k.de/klimaschuetzer-wollen-radikaler-werden/ (abgerufen am 29.08.2022).

86 Schaible, Jonas (2021, 21. November): Aktivist Tadzio Müller im Interview. »Wer Klimaschutz verhindert, schafft die grüne RAF«. In: Spiegel Online, unter: https://www.spiegel.de/politik/deutschland/tadzio-mueller-wer-klimaschutz-verhindert-schafft-die-gruene-raf-a-5e42de95-eaf2-4bc1-ab23-45dfb0d2db89 (abgerufen am 29.08.2022).

87 Ebd.

88 »Letzte Generation«. Klimaaktivisten stören Warenverkehr am Hamburger Hafen (2022, 21. Februar). In: Zeit Online, unter: https://www.zeit.de/gesellschaft/zeitgeschehen/2022-02/klimaaktivisten-letzte-generation-hamburg-hafen-besetzung (abgerufen am 29.08.2022).

89 Zuschlag, André (2022, 21. Februar): Aktivist sprang ins Hafenbecken. Blockade nach Ultimatum. In: Taz Online, unter: https://taz.de/Aktivist-sprang-ins-Hafenbecken/!5830295/ (abgerufen am 29.08.2022).

90 Frankfurt: Bilanz der Polizei zu den Blockadeaktionen der Woche (2022, 15. April). In: Rhein Main Verlag, unter: https://www.rheinmainverlag.de/2022/04/15/frankfurt-bilanz-der-polizei-zu-den-blockadeaktionen-der-woche/ (abgerufen am 29.08.2022).

91 Schäden durch Attacken auf Gemälde fünfstellig – Aktivist sieht »keine Alternative« (2022, 26. Oktober). In: Welt Online, unter: https://www.welt.de/vermischtes/article241795197/Letzte-Generation-Schaeden-durch-Attacken-auf-Gemaelde-fuenfstellig-Aktivist-sieht-keine-Alternative.html (abgerufen am 02.01.2023).

92 Wer wir sind (o. D.). In: Letzte Generation, unter: https://letztegeneration.de/wer-wir-sind/ (abgerufen am 29.08.2022).

93 Letzte Generation [@AufstandLastGen] (2022, 21. Februar). Eilmeldung. #Letzte Generation blockiert heute in #Hamburg. Twitter. https://twitter.com/search?q=Die%20massiven%20St%C3%B6rungen%20im%20Hafen%20sind%20nichts%20im%20Vergleich%20zu%20St%C3%B6rungen%20durch%20Fluten%2C%20D%C3%BCrren%2C%20Essensknappheit.%20Es%20ist%20unsere%20Pflicht%2C%20gegen%20eine%20todbringende%20Politik%20Widerstand%20zu%20leisten.&src=-typed_query (abgerufen am 29.08.2022).

94 Extinction Rebellion (aktualisiert 2022, 22. Dezember). In: Wikipedia, unter: https://de.wikipedia.org/wiki/Extinction_Rebellion (abgerufen am 02.01.2023).

95 Wir sind die letzte Generation (o. D.). In: Letzte Generation, unter: https://letztegeneration.de/ (abgerufen am 29.08.2022).

96 Röhe, Matthias (2022, 12. Februar): Aufschrei der »Letzten Generation«. In: Hamburger Wochenblatt, unter: https://hamburgerwochenblatt.de/ausgabe-horn/rothenburgsort/aufschrei-der-letzten-generation/ (abgerufen am 29.08.2022).

97 Heinsch, Marc-Julien (2022, 21. Februar): Das treibt die Aktivistinnen und Aktivisten vom »Aufstand der letzten Generation« an. In: SWR Aktuell, unter: https://www.swr.de/swraktuell/baden-wuerttemberg/aufstand-der-letzten-generation-das-treibt-die-aktivisten-an-100.html (abgerufen am 29.08.2022).

98 Schwilden, Frédéric (2022, 9. Februar): »Liege im Bett und weine, weil ich Angst habe, dass meine Familie stirbt«. In: Welt Online, unter: https://www.welt.de/politik/deutschland/plus236662419/Klimaschutz-radikal-Ich-weine-weil-ich-Angst-habe-dass-meine-Familie-stirbt.html (abgerufen am 29.08.2022).

99 Pieper, Oliver (2022, 4. Dezember): »Die Letzte Generation«: Weltretter oder Klima-Radikale? In: Deutsche Welle, unter: https://www.dw.com/de/die-letzte-generation-weltretter-oder-klima-radikale/a-63969287 (abgerufen am 02.01.2023).

100 Klimaforscher Mojib Latif: Radikaler Klimaprotest: »Ein No-Go« (2022, 4. November). In: ZDFheute, unter: https://www.zdf.de/nachrichten/video/panorama-klimaproteste-kritik-latif-100.html (abgerufen am 02.01.2023).

101 Pfahler, Lennart (2022, 19. April): Die Radikalisierung der Klimaaktivisten folgt einem stringenten Plan. In: Welt Online, unter: https://www.welt.de/debatte/kommentare/plus238250515/Aufstand-der-letzten-Generation-Die-Radikalisierung-kommt-mit-Ansage.html (abgerufen am 29.08.2022).

102 Wiedemann, Johannes (2022, 1. März): »Freiheit heißt nicht, mit Benzin-betriebenem SUV in jede Ecke der Republik zu fahren. In: Welt Online, unter: https://www.welt.de/politik/deutschland/article237212353/Greenpeace-Chef-Apokalyptische-Denke-bringt-uns-nicht-weiter.html (abgerufen am 29.08.2022).

103 Dinger, Alexander; Pfahler, Lennart (2022, 10. Februar): »Im Endeffekt gehen linke Aktivisten gegen Arbeiter vor. In: Welt Online, unter: https://www.welt.de/politik/deutschland/plus236791157/Autobahnblockaden-Im-Endeffekt-gehen-linke-Aktivisten-gegen-Arbeiter-vor.html (abgerufen am 29.08.2022).

104 Wer wir sind (o. D.). In: Letzte Generation, unter: https://letztegeneration.de/wer-wir-sind/ (abgerufen am 29.08.2022).

105 Dinger, Alexander; Pfahler, Lennart (2022, 8. April): Wenn eine Klimabewegung an eine Sekte erinnert. In: Welt Online, unter: https://www.welt.de/politik/deutschland/plus237933257/Extinction-Rebellion-Wenn-Klimaschutz-an-eine-Sekte-erinnert-ein-Aussteiger-berichtet.html (abgerufen am 29.08.2022).

106 Ebd.

107 Hackenbruch, Felix (2021, 12. November): Scholz trifft hungernde Klimaaktivisten. »Sie führen uns in eine Klimahölle!In: Der Tagesspiegel Online, unter: https://www.tagesspiegel.de/politik/scholz-trifft-hungernde-klimaaktivisten-sie-fuehren-uns-in-eine-klimahoelle/27796426.html (abgerufen am 29.08.2022).

108 Mohr, Reinhard (2022, 5. April): Hungerstreik, Kinderverzicht, Studienabbruch – der Klimaprotest der »letzten Generation« trägt sektenhafte Züge. In: Neue Zürcher Zeitung, unter: https://www.nzz.ch/meinung/klimaprotest-der-letzten-generation-traegt-sektenhafte-zuege-ld.1677176 (abgerufen am 29.08.2022.

109 Wir sind die letzte Generation (o. D.). In: Letzte Generation, unter: https://letztegeneration.de/ (abgerufen am 29.08.2022).

110 Mohr, Reinhard (2022, 5. April): Hungerstreik, Kinderverzicht, Studienabbruch – der Klimaprotest der »letzten Generation« trägt sektenhafte Züge. In: Neue Zürcher Zeitung, unter: https://www.nzz.ch/meinung/klimaprotest-der-letzten-generation-traegt-sektenhafte-zuege-ld.1677176 (abgerufen am 29.08.2022).

111 Dinger, Alexander; Pfahler, Lennart (2022, 10. Februar): »Im Endeffekt gehen linke Aktivisten gegen Arbeiter vor«. In: Welt Online, unter: https://www.welt.de/politik/deutschland/plus236791157/Autobahnblockaden-Im-Endeffekt-gehen-linke-Aktivisten-gegen-Arbeiter-vor.html (abgerufen am 29.08.2022).

112 Dinger, Alexander; Pfahler, Lennart (2022, 23. Juli): Straßenblockierer profitieren von Fördergeldern. In: Welt Online, unter: https://www.welt.de/politik/deutschland/plus240069137/Letzte-Generation-Strassenblockierer-profitieren-von-Foerdergeldern.html (abgerufen am 29.08.2022).

113 Pfahler, Lennart (2022, 19. April): Die Radikalisierung der Klimaaktivisten folgt einem stringenten Plan. In: Welt Online, unter: https://www.welt.de/debatte/kommentare/plus238250515/Aufstand-der-letzten-Generation-Die-Radikalisierung-kommt-mit-Ansage.html (abgerufen am 29.08.2022).

114 Schwilden, Frédéric (2022, 9. Februar): »Liege im Bett und weine, weil ich Angst habe, dass meine Familie stirbt. In: Welt Online, unter: https://www.welt.de/politik/deutschland/plus236662419/Klimaschutz-radikal-Ich-weine-weil-ich-Angst-habe-dass-meine-Familie-stirbt.html (abgerufen am 29.08.2022).

115 Özdemir, Cem (2022, 21. Februar): Kommentar von Bundesminister Özdemir zu den Protesten gegen Lebensmittelverschwendung. In: Bundesministerium für Ernährung und Landwirtschaft, unter: https://www.bmel.de/SharedDocs/Meldungen/DE/Presse/2022/220221-lebensmittelverschwendung.html (abgerufen am 29.08.2022).

116 Pfahler, Lennart (2020, 24. September): »Die meisten bei Fridays for Future haben ihre privilegierte Blase nie verlassen.« In: Welt Online, unter: https://www.welt.de/vermischtes/plus216429948/Clemens-Traub-Ausgestiegen-bei-Fridays-for-Future.html.

117 Dinger, Alexander; Pfahler, Lennart (2022, 8. April): Wenn eine Klimabewegung an eine Sekte erinnert. In: Welt Online, unter: https://www.welt.de/politik/deutschland/plus237933257/Extinction-Rebellion-Wenn-Klimaschutz-an-eine-Sekte-erinnert-ein-Aussteiger-berichtet.html (abgerufen am 29.08.2022).

118 Schwilden, Frédéric (2022, 9. Februar): »Liege im Bett und weine, weil ich Angst habe, dass meine Familie stirbt.« In: Welt Online, unter: https://www.welt.de/politik/deutschland/plus236662419/Klimaschutz-radikal-Ich-weine-weil-ich-Angst-habe-dass-meine-Familie-stirbt.html (abgerufen am 29.08.2022).

119 Dinger, Alexander; Pfahler, Lennart (2022, 8. April): Wenn eine Klimabewegung an eine Sekte erinnert. In: Welt Online, unter: https://www.welt.de/politik/deutschland/plus237933257/Extinction-Rebellion-Wenn-Klimaschutz-an-eine-Sekte-erinnert-ein-Aussteiger-berichtet.html (abgerufen am 29.08.2022)

120 Schwilden, Frédéric (2022, 9. Februar): »Liege im Bett und weine, weil ich Angst habe, dass meine Familie stirbt«. In: Welt Online, unter: https://www.welt.de/politik/deutschland/plus236662419/Klimaschutz-radikal-Ich-weine-weil-ich-Angst-habe-dass-meine-Familie-stirbt.html (abgerufen am 29.08.2022).

121 Ebd.

122 Ebd.

123 Klimaaktivisten kleben sich an Van-Gogh-Gemälde fest (2022, 30. Juni). In: Spiegel Online, unter: https://www.spiegel.de/panorama/gesellschaft/london-courtauld-gallery-klimaaktivisten-kleben-sich-an-van-gogh-gemaelde-fest-a-10188ece-0552-4f3f-82db-0e66e979d495 (abgerufen am 29.08.2022).

124 Heinsch, Marc-Julien (2022, 21. Februar): Das treibt die Aktivistinnen und Aktivisten vom »Aufstand der letzten Generation« an. In: SWR Aktuell, unter: https://www.swr.de/swraktuell/baden-wuerttemberg/aufstand-der-letzten-generation-das-treibt-die-aktivisten-an-100.html (abgerufen am 29.08.2022).

125 Schwilden, Frédéric (2022, 09. Februar): »Liege im Bett und weine, weil ich Angst habe, dass meine Familie stirbt«. In: Welt Online, unter: https://www.welt.de/politik/deutschland/plus236662419/Klimaschutz-radikal-Ich-weine-weil-ich-Angst-habe-dass-meine-Familie-stirbt.html (abgerufen am 29.08.2022).

126 Ebd.

127 Ebd.

128 Krischke, Ben (2022, 11. März): Bitte brechen Sie aus »Klimaangst« nicht die Schule ab. In: Cicero Online, unter: https://www.cicero.de/kultur/letzte-generation-klimaschutz-aktivismus-bildung-schule (abgerufen am 29.08.2022).

129 Dinger, Alexander; Pfahler, Lennart (2022, 10. Februar): »Im Endeffekt gehen linke Aktivisten gegen Arbeiter vor.« In: Welt Online, unter: https://www.welt.de/politik/deutschland/plus236791157/Autobahnblockaden-Im-Endeffekt-gehen-linke-Aktivisten-gegen-Arbeiter-vor.html (abgerufen am 29.08.2022).

130 »Letzte Generation«: Radikal gut oder radikal gefährlich? (aktualisiert 2022, 14. April). In: Hessenschau, unter: https://www.hessenschau.de/gesellschaft/letzte-generation-in-hessen-radikal-gut-oder-radikal-gefaehrlich,faq-letzte-generation-100.html.

131 Ebd.

132 Dinger, Alexander; Pfahler, Lennart (2022, 8. April): Wenn eine Klimabewegung an eine Sekte erinnert. In: Welt Online, unter: https://www.welt.de/politik/deutschland/plus237933257/Extinction-Rebellion-Wenn-Klimaschutz-an-eine-Sekte-erinnert-ein-Aussteiger-berichtet.html (abgerufen am 29.08.2022).

133 Ebd.

134 Ebd.

135 Ebd.

136 Ebd.

137 Die »16-jährige Schwedin« ist jetzt 17 (2020, 3. Januar). In: Spiegel Online, unter: https://www.spiegel.de/panorama/leute/greta-thunberg-die-beruehmte-16-jaehrige-schwedin-wird-17-a-1303438.html (abgerufen am 29.08.2022).

138 4. Öffentliches Hearing »Sexueller Kindesmissbrauch im Sport« (2020, 20. Oktober). In: Unabhängige Kommission zur Aufarbeitung sexuellen Kindesmissbrauchs, unter: https://www.aufarbeitungskommission.de/service-presse/service/meldungen/oeffentliches-hearing-sport/ (abgerufen am 31.08.2022).

139 Keul, Hildegund: Einleitung: Missbrauch und Vertuschung in Neuen Geistlichen Gemeinschaften – warum sich der Blick nach Frankreich lohnt. In: Hoyeau, Celine (2023): Der Verrat der Seelenführer. Freiburg: Herder.

140 Hassan, Steven (1994): Ausbruch aus dem Bann der Sekten. Psychologische Beratung für Betroffene und Angehörige. Hamburg: Rowohlt.

141 Ebd.

142 Mertes, Klaus (2018): Ethische und theologische Beurteilung. In: Zum Umgang mit Geistlichem Missbrauch. Fachtagung der Pastoralkommission (III), der Kommission für »Geistliche Berufe und Kirchliche Dienste« (IV) und der Jugendkommission (XII) in Mainz, S. 35–45.

143 Wagner, Doris (2019): Spiritueller Missbrauch in der katholischen Kirche. Freiburg: Herder, S. 79.

144 Articus, M. Petra (2018): Anwaltschaftliches und stellvertretendes Einbringen der Opferperspektive. In: Zum Umgang mit Geistlichem Missbrauch. Fachtagung der Pastoralkommission (III), der Kommission für »Geistliche Berufe und Kirchliche Dienste« (IV) und der Jugendkommission (XII) in Mainz, S. 7–19.

145 Mertes, Klaus (2017): Geistlicher Machtmissbrauch. In: Deutsche Provinz der Jesuiten: Geist und Leben. Zeitschrift für christliche Spiritualität, 90 (3). Würzburg: Echter, S. 249–259.

146 Mitglieder der von Maciel gegründeten Gemeinschaft »Legionäre Christi«.

147 Benedikt XVI. nach Deckers, Daniel (2012, 28. März): Marcial Maciel Degollado. Der falsche Prophet. In: Internetseite Frankfurter Allgemeine Zeitung, unter: https://www.faz.net/aktuell/politik/ausland/marcial-maciel-degollado-der-falsche-prophet-11696063-p6.html (abgerufen am 30.03.2021).

148 Legionäre Christi (aktualisiert 2022, 24. Oktober). In: Wikipedia, unter: https://de.wikipedia.org/wiki/Legion%c3%a4re_Christi#Privatgel%C3%BCbde (abgerufen am 12.01.2023).

149 Schlegelmilch, Renardo (2021, 11. November): »Eine Art Gehirnwäsche«. In: Domradio, unter: https://www.domradio.de/artikel/eine-art-gehirnwaesche-expertin-erlaeutert-den-begriff-geistlicher-missbrauch (abgerufen am 12.01.2023).

150 Bei den Büchern handelte es sich um »Nicht mehr ich« von Doris Wagner und »Geistlicher Missbrauch« von Inge Tempelman(siehe »Weiterführende Literatur«).

151 Hundertmark, Peter (2019, 24. Juli): Etappen eines Gesundungsprozesses nach spiritualisiertem Machtmissbrauch. In: Geistlich.net, unter: https://geistlich.net/etappen-eines-gesundungsprozesses-nach-spiritualisiertem-machtmissbrauch/ (abgerufen am 29.09.2022).

152 Vermittlung bzw. Übersetzung von wissenschaftlich fundiertem Wissen in für Klienten gut verständlichen Worten.

153 Taylor, Jill B. (2010): Mit einem Schlag: Wie eine Hirnforscherin durch ihren Schlaganfall neue Dimensionen des Bewusstseins entdeckt. München: Knaur.

154 Rohmann, Dieter (2000): Darstellung der therapeutischen Arbeit mit Kultmitgliedern bzw. -aussteigern anhand eines Drei-Stufen-Modells. In: Report Psychologie, 5–6/2000, 25. Jg., S. 356–358).

155 Da die Phasen nicht linear verlaufen, kann diese Entwicklung auch früher, später oder gar nicht eintreten.

156 Frielingsdorf, Karl (1997): Der wahre Gott ist anders. Von krankmachenden zu heilenden Gottesbildern. Mainz: Topos.

157 Frielingsdorf, Karl (2008a): Mein Leben mit Gott versöhnen. Ein Kursbuch für geistliches Wachsen und Begleiten. Würzburg: Echter.

158 Frielingsdorf, Karl (1997): Der wahre Gott ist anders. Von krankmachenden zu heilenden Gottesbildern. Mainz: Topos.

159 Ebd.

160 Die Vollmacht, Beichte zu hören, wird dem Priester mit der Priesterweihe verliehen.

161 Leven, Benjamin (2019): Totus Tuus: Bistum verteidigt Vorgehen. In: Herder-Korrespondenz 7/2019, S. 11–12.

162 Vatikan bestätigt Auflösung von »Totus Tuus« durch Bischof Felix Genn (2022, 14. Juli). In: Kirche und Leben Online, unter: https://www.kirche-und-leben.de/artikel/vatikan-bestaetigt-aufloesung-von-totus-tuus-durch-bischof-felix-genn (abgerufen am 05.10.2022).

163 Ebd.

164 In dem apostolischen Schreiben »Come una madre amorevole« vom 4. Juni 2016 präzisiert Papst Franziskus, dass zu den schwerwiegenden Gründen, aufgrund derer Bischöfe ihres Amtes enthoben werden können, auch Nachlässigkeiten in der Amtsausübung gehören (vgl. https://www.vatican.va/content/francesco/it/motu_proprio/documents/papa-francesco-motu-proprio_20160604_come-una-madre-amorevole.html; abgerufen am 28.06.2021).

165 »Anfang 2019 ist im Bistum Osnabrück das ›Konzept gegen sexualisierte Gewalt und geistlichen Missbrauch im Bistum Osnabrück‹ in Kraft getreten, kurz ›Schutzprozess‹. Es benennt fünf Handlungsfelder: die Prävention, die Intervention, die Begleitung Betroffener, den Umgang mit Beschuldigten und die Sanktionierung von Tätern sowie die Bearbeitung systemischer Grundsatzfragen. Für jedes dieser Felder sind Arbeitsgruppen eingerichtet, in denen neben Fachleuten aus dem Bistum Osnabrück unabhängige externe Expert*innen mitwirken. Auch Betroffene bringen sich in den Prozess ein. Zudem sorgt eine Monitoring-Gruppe für die Steuerung und Kontrolle der verschiedenen Arbeitsgruppen und -abläufe.« (https://bistum-osnabrueck.de/dioezesaner-schutzprozess/).

166 https://bistum-osnabrueck.de/wp-content/uploads/2017/01/Grundsatzpapier-geistlicher-Missbrauch-102020.pdf (abgerufen am 05.10.2022).

167 Hoyeau, Celine (2023): Der Verrat der Seelenführer. Freiburg: Herder.

168 Timmerevers, Heinrich (2020): Geistigen und geistlichen Missbrauch benennen und verhindern. Prävention durch eine selbstkritische Pastoral. In: Timmerevers, H.; Arnold, T. (Hg.): Herder Thema. Gefährliche Seelenführer? Geistiger und geistlicher Missbrauch, S. 4–6.

169 Bischöfliches Ordinariat Bistum Limburg (2018, April): Kultur der Achtsamkeit. Institutionelles Schutzkonzept zur Prävention vor sexualisierter Gewalt im Bistum Limburg. Arbeitshilfe zur Entwicklung und Einführung von Institutionellen Schutzkonzepten vor Ort, unter: https://praevention.bistumlimburg.de/fileadmin/redaktion/Bereiche/praevention.bistum-limburg.de/downloads/Kultur_der_Achtsamkeit_2020.pdf (abgerufen am 17.05.2021).

170 Ebd.